语文学习与学生语文能力培养研究

李媛媛 著

吉林人民出版社

图书在版编目（CIP）数据

语文学习与学生语文能力培养研究 / 李媛媛著. --
长春：吉林人民出版社, 2021.5
　　ISBN 978-7-206-18086-6

　　Ⅰ . ①语… 　Ⅱ . ①李… 　Ⅲ . ①中学语文课—教学研究
—高中 　Ⅳ . ①G633.302

中国版本图书馆 CIP 数据核字(2021)第 078255 号

语文学习与学生语文能力培养研究
YUWEN XUEXI YU XUESHENG YUWEN NENGLI PEIYANG YANJIU

著　　者：李媛媛
责任编辑：孙　一　　　　　　　封面设计：吴志宇
出版发行：吉林人民出版社(长春市人民大街 7548 号　邮政编码：130022)
印　　刷：三河市悦鑫印务有限公司
开　　本：710mm × 1000mm　　　　1/16
印　　张：13.75　　　　　　字　　数：210 千字
标准书号：ISBN 978-7-206-18086-6
版　　次：2022 年 1 月第 1 版　　印　　次：2022 年 1 月第 1 次印刷
定　　价：79.00 元

如发现印装质量问题，影响阅读，请与出版社联系调换。

前　　言

　　创新是一个民族进步的灵魂，是一个国家兴旺发达的不竭动力。在语文教学中重视培养学生的自主学习能力，打破课堂单调的教与学的传统理念，在教会学生理解知识、运用知识的基础上，注重下功夫培养学生的创新意识，激发学生的创新能力，提高学生的语文学习能力显得非常重要。中国基础教育进入了核心素养时代，《中国学生发展核心素养》要求，要注重培养学生理性思维、批判质疑、勇于探究的能力；《普通高中语文课程标准（2017年版）》强调：语文教学要在传授知识、训练语文能力的同时，培养学生阅读能力，发挥学生写作能力，发展学生思辨能力，提升学生思维品质。由此可见，语文的学习离不开思维的参与，培养学生的思辨能力是核心素养对语文教学提出的要求。

　　语文本是一种文化交流的工具，而如今在新课改的背景下，逐渐成为一门系统的、规范的且兼具工具性与人文性的一门学习语言文字运用的综合性、实践性课程。增强语文"听说读写"教学的品质，全面提升语文综合能力，是目前语文教师不可忽视的课题。由于语文是能够使学生多方面得到提升的学科，所以语文的学习内容和教育的目的是多样化的。比如，语文的阅读能力、语文的写作能力、语文的思辨能力、语文的审美能力。

　　语文的阅读能力是语文教学中的核心部分，是培养学生自主学习能力的有效途径。在语文阅读教学过程中，语文教师需要以学生为本，充分调动学生的自主性，使学生能够积极参与学习，认真思考、学会质疑文本、探究事物本质、评判观点，批判性地吸收文本知识。教师要引导学生主动发现问题并能解决问题。

　　语文的写作能力是个人文采的直接体现，也是语文中不可或缺的部分。写作是在某种强烈的情感支配下，对语言和文字进行深加工的过程，也是学生进行语言积累、梳理与思想感情的一个外化形式。通过作文能够评价学生的语文基础知识、语言表达能力、创新思维能力和价值观的倾向。

　　语文的思辨能力被称为21世纪的核心技能，思辨人才是推动社会进步的中坚力量，在高中语文阅读教学中培养学生的思辨能力是新课标要求下的重要任务，语文学科的性质决定语文是思维的表达工具，思维的发展与提升是语文学科的核心素养之一。

语文学习与学生语文能力培养研究

语文审美教育是素质教育的重要组成部分，它对学生的全面发展有着不可取代的教育价值。语文教育提出并强调美育是为了通过具有学科特色的审美教育，借助文学经典更好地促进人的审美素质等精神能力的提升。

语文学科面临着如下问题需要教师重视及解决：第一，现在的学生普遍对阅读不感兴趣，只学习教材固定的内容，语文教学没有真正意义上引导学生发现读书的乐趣；第二，学生写作辞藻华丽但内容空洞、生搬硬套凑字数和背诵万能例子写总结等问题；第三，学生写作时缺乏思辨能力；第四，学生能在品味文字语言魅力的同时，加深情感体验、提升人格品质等方面的语文审美能力培养还需要提高。除此之外，学习自主性差、学习动力不足，在语文学习中表现较低的积极性。因此，优化当前语文教育，激发学生学习语文的兴趣，着力培养学生的语文学习能力及语文学习的自我调控能力是非常必要的。

本书立足语文教学现实，结合语文教育理论与作者的教学经验，从上述问题做出细致分析，针对语文的阅读能力培养、写作能力培养、思辨能力培养及审美能力培养进行深入的探究。为了提升学生的自主学习能力，本书还对学生学习语文的调控能力培养策略进行了分析和探讨。教师可以从多角度对学生的自主学习进行强化，才会实现对学生综合学习能力的培养作用，这是为了培养学生终身自主学习的能力所奠定基础。本书共分为七章，内容分别为：高中语文教育与学习面临的困境，语文学科价值的时代认识，学生阅读能力培养，学生写作能力培养，学生表达交流能力培养，学生思辨能力培养，学生审美能力培养。

本书对提高教师的语文教学质量和学生的自主学习能力及想要学好语文的读者们具有参考的价值。本书在创作过程参考了众多专家学者的研究成果，在此表示诚挚的感谢！由于时间和精力的限制，书中难免有欠缺和遗漏，恳请广大读者批评指正。

作　者

2020 年 10 月

目　　录

第一章　高中语文教育与学习面临的困境

第一节　高中语文教育现状

一、高中语文诵读教学现状

（一）现状调查

诵读教学在经历过鼎盛、淡化、复苏等多个阶段后，于上世纪末再次受到重视。而在现今语文教育改革的新背景下，我们要讨论的问题已经不再是要不要诵读，而是该诵读什么，诵读多少以及怎样诵读才能达到最佳效果。

调查人员针对某学校高一高二年级的学生进行问卷调查，发放问卷 250 份，回收 246 份，有效问卷 211 份，其中男生 114 人，女生 97 人。本问卷从对诵读的理解、诵读的内容、开展形式等方面进行调查，样本真实有效（见表 1-1 ～ 表 1-8 和图 1-1）。

表 1-1　学生对诵读含义与诵读作用的理解

你认为诵读是？	比例	诵读有什么作用？	比例
朗读	8.5%	提高口语表达能力	26.7%
背诵	0.5%	有助于理解文意、体会情感	24.3%
理解并朗读	38%	培养写作能力	22.1%
理解、朗读并背诵	52%	提升文化素养	20.8%
其他	1%	其他	5.4%
		没有作用	0.7%

表 1-2　学生朗读时间

选项	语文早读	语文课上	课余时间	以上都有
比例	49.7%	55.5%	32.9%	64.2%

表 1-3　学生花费在语文学习上的时间与其他科目比较

	语文和英语	语文和数学
语文学习时间多	7.2%	4.5%
语文学习时间少	79.3%	82.1%
差不多	13.5%	13.3%

表 1-4 学生课上诵读情况

选项	课上老师经常让学生诵读吗？			读完老师会做出评价吗？			你希望在课上诵读吗？		
	经常	偶尔	从不	很细致	很简单	不评价	希望	不希望	无所谓
比例	49.3%	48.4%	2.3%	25.1%	32.2%	42.7%	27.7%	43.7%	28.6%

表 1-5 学生诵读指导情况表

老师课上进行过诵读指导吗？		你希望老师进行诵读指导吗？	
系统指导	53.5%	希望	54.4%
简单点拨	4.3%	不希望	5.1%
从不	42.2%	无所谓	40.5%

表 1-6 教师在课堂上的范读情况

老师在课上范读吗？	比例	你希望老师在课上范读吗？	比例
经常	24.9%	希望	42.3%
偶尔	37.5%	不希望	41.8%
从不	37.6%	无所谓	15.9%

表 1-7 教师的诵读能力

你认为语文老师诵读水平如何？（学生卷）	比例	你认为自己诵读水平如何？（教师卷）	比例
很好	45.5%	很好	3.5%
还过得去	43.3%	还过得去	46.3%
很一般	8.9%	很一般	20.4%
不怎么样	2.3%	不怎么样	29.7%

表 1-8 所在的班级、学校开展过关于诵读的活动

选项	诵读比赛	选修课	其他
比例	14%	74.8%	11.2%

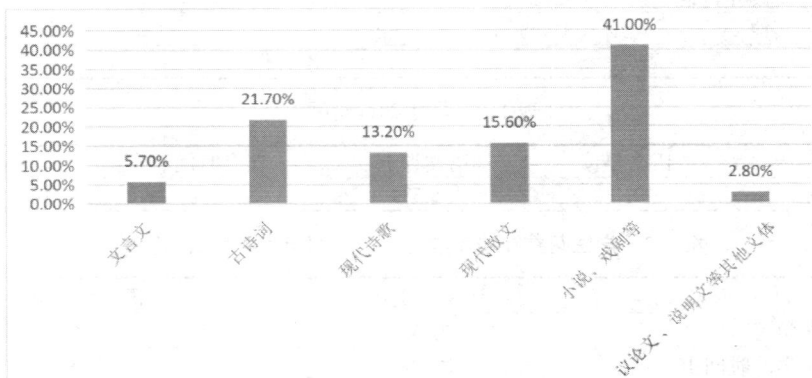

图 1-1 学生对所诵读的不同体裁的喜欢程度排序

（二）问题梳理

1．师生对诵读重视程度低

依据表 1-1 可以看出，学生对语文教学中诵读的理解与认识偏差不大，一半以上同学认为诵读包含读、理解、背诵，诵读的意义重大，有且仅有极个别同学认为诵读毫无作用。由此证明，诵读教学的问题并不在于师生对诵读的认识上，而是对使用诵读这一教学、学习方式缺乏耐心与恒心。

学生在英语、数学等其他课上会尽力振奋精神，语文课却放纵自己昏昏欲睡；在语文练习课上写其他学科作业的情况也是屡见不鲜。由此可见，学生对于语文学习的重视程度较低。而在教师方面，部分教师会根据具体情况来确定是否课上诵读，但即使在课上诵读也常常是蜻蜓点水式的一带而过。通过对多个班级的《烛之武退秦师》《荆轲刺秦王》《鸿门宴》的教学情况调查来看，教师并不重视文章的诵读，将大量时间用于人物分析、情节梳理上，甚至有少数同学存在上完一篇文言文，依旧读不通顺课文的现象。不重视，是高中语文诵读教学开展难的重要原因。

2．学生的诵读兴趣不浓，尤其是文言文诵读

从表 1-2 中可以看出，基于兴趣的诵读在调查的整体中所占比例较少，大部分学生带功利目的地进行诵读。大多数的学生对诵读秉持既不喜欢也不讨厌的态度；对于课外诵读与积累，大部分同学较少进行课外诵读，部分同学是在教师要求下完成课外诵读任务。在诵读内容的选择上，学生的喜欢程度如下：戏剧类＞古诗词＞现代散文＞现代诗歌＞文言文＞议论文、说明文等其他体裁。文言文教学向来是语文教学中的难题，诵读是帮助学生熟悉文言的最佳途径，是学习文言的基石，当代教育名家张必馄先生认为："文言文非诵读不可。"学生对于文言文诵读的兴趣低，是教师开展文言文教学的困难之一。

兴趣是人认识某种事物或从事某种活动的心理倾向，它是以认识和探索外界事物的需要为基础的，是推动人认识事物、探索真理的重要动机。诵读兴趣促使学生进行诵读活动，能充分调动学生主动诵读的积极性，使学生集中精力进行思考、记忆，充分调动大脑中的语文知识储备，使原有的知识常识等能与诵读的内容之间搭建起融会贯通的桥梁。没有兴趣作为基础，诵读效果也会大打折扣。

所谓："知之者不如好之者，好之者不如乐之者"，诵读兴趣是推动学生进行诵读活动的重要动机，是集中学生诵读注意力、充分调动学生眼耳口脑，协调诵读、思考、感悟、记忆的动力。缺乏兴趣的诵读活动，难以使学生全身心投入，有口无心地读是在做无用功，这也是造成现阶段诵读教学效率低的重要原因。

3．可供教师进行诵读教学的时间少，学生课下诵读时间少

通常情况下中高年级学生读书的时间较少，尤其是高中阶段，年级越高读书时间越少，各科试卷铺天盖地，已没有诵读的容身之地。在高中阶段学生读书的时间大多局限于语文早读，而每周早读通常是语文、英语交叉进行，一周有三天的语文早读，一节早读45分钟，一周135分钟，而这还不包括时常被讲题讲试卷所占据的时间；部分班级会有课前五分钟的活动，主要是分享自己的课外阅读心得，课前读书与课前分享不可兼得，分享尚且可以充分利用五分钟，但课前读书往往是读一两篇就结束了，视语文教师从办公室到教室的时间而定，最多不过两三分钟。每天两节语文课，每周12节，加起来也不过30多分钟，几乎可以忽略不计。语文课上的时间，在解读写作背景、赏析据点，拆分结构后所剩无几，往往多读就难以保证教学进度，少读又显得敷衍了事。

高中的课余时间不同于初中小学阶段，学习压力大学习科目难，高一年级除开语文、英语、数学之外，还有物理、化学、政治等六门科目需要耗费时间精力。高二分科后，文科生情况或许稍微好点，减少了一定程度上"题海战术"的时间，理科生愿意花在语文学习上的时间明显少于文科生。无论文理科，高中生花费在语文学习上的时间都远远赶不上英语、数学。

由于语言学科的长期性，短期努力难以见到成效，更何谈诵读需要大量时间，反复吟咏体会、钻研探究，才能厚积薄发。考虑到高中阶段学习的特殊性，在高考的大环境下，学生诵读时间少也是可以理解的。

4．"应试"背景下的诵读范围狭窄，学生课外积累少

高中阶段的语文学习，在新课标的指导下要求促进学生全面发展，注重知识

与技能、过程与方法、情感态度价值观三个维度的整合，但在考核上依旧是单一的"应试"模式，命题不涉及口语、诵读，无法考核到学生的口语表达与文本诵读能力上。高考背诵篇目中涉及高中仅 14 篇古诗文，初中占较大比重，诵读范围窄，考试以简单机械的理解性默写为主，既不能全面反映学生背诵情况，又限制了学生诵读范围。同时，由于高考默写分数比重低，如全国卷 5 分、江苏卷 8 分、北京卷 6 分，对基础性知识的考核较少，师生于是将语文教与学的重心放在了答题技巧的训练，对诵读并不十分上心。

5．教师诵读水平有限

新课标扬起了"诵读教学"的大旗，学者教师们也在大力倡导诵读教学，但是有效的诵读教学需要有具备较高的诵读专业水平的教师来开展、引导。就高中必修、选修教材而言，哪些课文适合诵读、该如何诵读，一篇课文之内，哪些片段适合诵读，哪些不适合诵读，都要依靠教师的正确判断。一篇文章并不是任何地方都适合诵读，诵读的方法也不是越多越好。一般说来，文学色彩较浓的小说、散文、诗歌等比较适合诵读，而逻辑性较强的说明文和议论文就不太适合诵读，另外，一些篇幅较长的课文在课堂上也不适合整篇诵读，应该选择有特点的片段来读。一篇新课文，开始就在教师的指引下读，缺乏一个自由思考的过程。教材中选编的文章涉及古今中外，涉猎的作品在风格、流派上又大不相同，学生在现阶段的生活经验、审美能力的基础上，有不同于教师阅历丰富的独特阅读视角，因而应充分给予学生先行体会的时间。在把握情感基调上，教师可以在学生反复诵读后、对文章有着初步感知的情况下引导学生把握情感大方向，同时也应保留学生个人的见解，这对教师自身的诵读水平提出了较高的要求。

依据表 1-6 可以看出，该校教师的范读情况有待改进，有近 40%的学生表明教师从未在课上范读，我们可以考虑到问卷调查中一部分学生刚入学几个月，高中学习时间短，调查结果存在一定偏差，但这并不能作为教师从未范读的理由。课文《沁园春·长沙》《雨巷》《再别康桥》，无一不是适合教师进行示范诵读的；即使刚开学两个月，也不应该是"从未在课上范读"。甚至有四分之一的教师认为自己的诵读水平"不怎么样"，诵读水平有限也是制约诵读教学有效开展的因素之一。

综上所述，诵读教学在实践过程中存在不受师生重视、学生兴趣不浓、诵读范围狭窄、教师诵读水平有限等，这些都是亟待解决的问题。首先我们要从源头抓起，紧扣新课标的培养要求，改变诵读教学不受重视的传统思想观念，树立全新的诵读教学观；其次要因地制宜，依据教学实践中发现的问题寻找解决办法，在实践中不断探索，寻求有效可行的诵读教学方案，切实提高语文教学质量。

二、高中语文应用文写作教学现状

（一）应用文写作情况

在我国古代，应用文写作可谓源远流长，它几乎与文字同步出现，距今已有3 000多年的历史。在漫长而曲折的历史发展中，应用文随着社会需求的改变不断成熟，文种日渐繁多，格式日趋规范，技法日益完善。到了现代社会，随着科技的发展，经济的繁荣，现代化、国际化的交往越来越频繁，应用文写作的重要作用愈发突出。

其实在教育领域，老一辈的教育家们是十分重视应用文写作学习的。著名教育家叶圣陶先生早在《国文百八课》的《编辑大意》中就强调应用文为中学国文教学的一个重要纲目，要和普通文同样处置。将应用文教学视为语文教学不可或缺的一部分。他还说过中学生能写应用文是原则，会写小说是例外，明确表示应用文教学应该是常规语文教学的重点内容。以及大学毕业生可以不会写小说、诗歌、剧本，但必须会写工作和生活中实用的文章，而且非写得既扎实又通顺不可。又一次承认了应用文写作在教学、生活、工作中的重要地位及作用。语言学家、教育家张志公先生在写作的实用性上与叶圣陶先生持相同的态度，他曾提出说：学作文是为了用。这一点必须明确起来。教作文是要教给学生实际应用的能力和不断自行提高实际应用的能力，或者，用个时髦的说法，教给他们在写作方面的应变能力，也就是适应今后会产生的各种新的需要的能力。重视应用文在教育、生活、工作中的重要作用，这种传统是值得我们继承的。

在教育史上，应用文曾一度占据很重要的地位。然而，在现在的教学中，应用文却沦落到边缘地位，成为可有可无的部分。针对这样的转变，本书将从以下几方面来分析现状并探索原因。

（二）高中语文课标和高考对应用文学习的影响

课程标准规定了学科的课程性质、教学目标、教学内容以及在具体教学活动中的实施建议等内容，在教学中有很强的指导意义。高中语文教学的标杆，即为教育部于 2003 年颁布的《普通高中语文课程标准（实验）》，但是随后在 2011 年教育部又对其进行了修订。尽管两版课程标准都一致认为，高中语文课程应该注重语文的应用性特征，在加强与社会发展、科技进步之间的紧密联系的同时，语文课程要能适应学生自我发展的需要和现实生活的需要。高中生要通过学习语文课程，获得作为社会公民必须具备的语文素养。但是将二者进行仔细对比就不难发现，在修订本中，编写人员以更明确的态度表明了对应用文的重视。

首先在课程理念上，修订本强调要在原有基础上，"进一步"提升对语文应用性特征的重视。

其次在课程目标上，修订本从必修课到选修课，从阅读到表达，都增加了对应用文的新要求。在必修课的"阅读与鉴赏"中，修订本在"能阅读理论类、实用类、文学类等多种文本"的基础上，提出学生要"了解理论类、实用类、文学类文本的文体特征和表达方法"。在"表达与交流"中更是旗帜鲜明地指出，学生要能够写作一些实用类文本，如报告类文书，包括读书报告、实验报告、考察报告、研究报告等；纪要类文书如会议纪要、提要、访谈录等等。在选修课上同样新增了对应用文的要求，首先要求学生对应用文要从性质、用途、特点和写作要领等方面有所了解，其次在了解的基础上，能根据需要，写作相应的应用文。

课程标准的修订，表明了语文教育专家及学者已经在社会的不断发展中意识到了应用文写作在基础教育中的重要性。课程标准在教学中的指导作用，一则体现在教材的编写上，这一点将会在下一节详细阐述；一则体现在《普通高等学校招生全国统一考试大纲的说明》中。确定语文考试内容的依据即为教育部 2003

年颁布的《普通高中课程方案（实验）》和《普通高中语文课程标准（实验）》。

所以，随着课程标准的修订，与之相配套的《普通高等学校招生全国统一考试大纲的说明》（以下简称《考试说明》）对"写作"的要求也多次删改。2003年的《考试说明》将2002年不作考试要求的常用应用文纳入了考试范围，要求学生能写记叙文、议论文、说明文及常用应用文。然而两年后，在2005年又取消了对应用文的考查，将"常用应用文"模糊为"其他常见体裁文章"。直到2013年《考试说明》才做出新的改动，对原有的文章体裁进行了重新分类，取消了记叙文、议论文、说明文的说法，而改为论述类、实用类和文学类文章。

《考试说明》的删改，直接影响的就是这场全国范围内的选拔性考试——高考。自高考恢复以来，考场上出现过的应用文类型有：1980年和1981年的读后感、1983年的漫画说明、1985年的倡议信、1987年的简讯、1989年的回信、1991年的辩论赛发言稿、1993年的广播稿、1996年的漫画说明、2008年江西卷的代拟信件、2015年全国新课标卷的书信。从前文所罗列内容可以看出，自1997年至2007年的11年间，不管是全国统一试卷还是各省自主命题试卷，从未出现过任何与应用文相关的作文题目，而这一时期恰好亦是《考试说明》取消应用文考查的阶段。

从课程标准的修订到《考试说明》的删改再到高考作文出题的变化，不难发现，尽管在课程标准中早已重拾对应用文写作的重视，但《考试说明》与高考作文仍存在滞后现象，尤其在实际教学中，应用文依然得不到足够的关注。课程标准的出发点是值得肯定的，但是在具体的实践中如何操作，如何将贯彻落实到教学活动中，如何使课程标准有效地指挥教学，这仍有待专家学者进一步讨论。

（三）高中应用文写作问卷调查

为了具体了解目前高中生对应用文的了解状况，调查人员抽取了某高中二年级4个教学班共计230人进行了问卷调查。调查问卷采用了封闭式，所有问题都设置为选择题（见表1-9）。

本调查共发放问卷230份，回收220份，回收率为93.6%。

表 1-9　关于应用文知识了解调查

调查问题	选项		人数	比例
你对应用文了解多少？	非常了解		25	11.4%
	了解一点		157	71.4%
	不了解		38	17.2%
你认为在高中有学习应用文写作的必要吗？	有	工作需要	84	38.2%
		考试需要	98	44.5%
	没有		38	17.3%
你认为在目前的语文教材中应用文的篇目是否合适？	正好		72	32.7%
	偏少		122	55.5%
	偏多		26	11.8%
你在写作应用文时遇到的困难有哪些？	格式不规范		56	25.5%
	内容表达不准确		122	55.5%
	语言不符合要求		42	19.0%

　　从表 1-9 来看，总体而言，学生对应用文的相关知识知之甚少，仅有 11.4%的学生对应用文了解得比较透彻，而 17.2%的学生表示根本不了解应用文，绝大多数学生也只是略知皮毛而已。但是 82.7%的学生认为在高中阶段有必要学习应用文，他们主要是从两方面来考虑，一是考试需要，二是毕业后工作中需要。对于目前所使用的人教版新课标教材中所选入的应用文，在数目与种类上，超过半数的学生认为偏少，三分之一的学生认为恰到好处。而对于应用文的写作，大多数学生认为在内容表达上存在障碍，格式问题紧随其后，语言难题则排在最后。

　　对于 2015 年新课标全国卷中出现的书信体高考作文，有三分之一的学生认为并不惊讶，因为在历年的高考作文中，有不少优秀作文就是以书信体来完成的。因而书信体对他们来说并不陌生。但是仍有不少同学大吃一惊，面对书信体的应用文完全不知该如何下笔。因此在下一题中，仅有 20%的学生自信地认为能在考场中交出一份满意的答卷，而余下 80%的学生还是忐忑不安。

　　虽然 77.7%的学生认为这种应用型作文还会出现在考场上，并且在平时的作文训练中也应该加入相应的写作训练，但是在讨论高考作文是否应该以应用文为大作文时，有不少学生动摇了自己的立场，选择了否定答案。这说明学生对于考场上的应用文写作仍带有排斥的心理。

从此次问卷调查结果可以看出，国内应用文教学现状不容乐观。第一，学生的应用文知识是匮乏的，学生所知道的应用文文种主要集中在书信类、报告类以及演讲稿等三类上，对其他文种几乎从未涉猎，也无法说出更多的类别。第二，虽然学生能意识到应用文学习的必要性，但是由于从教材课文的编排、练习的设计到考试作文的考查，基本都围绕着"重文学，轻实用"的观点展开，学生仍旧不愿花费时间在应用文写作上。在调查学生最擅长的文体时，记叙文首当其冲，议论文紧随其后，而应用文则被学生认为是最难掌握的一种文体。第三，学生之所以在面对突如其来的书信体作文时手足无措，追根到底是因为经过多年的写作训练，学生的写作能力并没有得到实质性改变，不能做到随机应变。学生写作能力的亟待提高，尤其是应用写作能力。

三、高中语文课程智慧教育现状的调查与分析

为了更好地了解高中语文课程智慧教育的现状，分析高中语文课程智慧教育中存在的问题，调查人员以天水市某重点中学为调查地点，针对教师和学生两个主体进行调查与分析，主要采用问卷调查法和访谈法两种方法进行数据的收集与整理。

通过整理和分析可以针对性地发现高中语文课程智慧教育中存在的不足，进而提出有效的解决措施，帮助高中语文课程智慧教育更好地实施。

（一）调查的设计与实施

根据论文选题需要以及当前实际情况，调查从学生和教师两个方面入手。学生方面主要调查高中生在当前语文课程教育中存在的问题以及学生当前学习语文的心态。调查问卷的设置采取结构型问题和无结构型问题两种形式，可以给学生更多回答问题的空间。教师方面则采取访谈的方式进行调查，访谈对象包括高中各年级语文教师。

1. 调查对象的选取

根据论文的选题、教育实习的学校以及调查的可行性情况综合考虑，调查对

象为某重点中学的学生和语文教师，学生的整体水平较高，按新课标的要求，语文教学中文化教育始终贯穿其中，因而，具有较大参考价值。在学生方面，调查对象的样本从高中每个年级随机抽取一百人，并发放调查问卷。至于教师方面，分别对三个年级的语文教师进行访谈，主要对象是资深语文教师。

2．调查问卷的编制

（1）前期准备工作

要了解和整理有关智慧教育的知识，随后通过大量的听课、观摩，与学生和教师进行交流，从而掌握高中语文课程智慧教育的实际情况。

（2）问卷内容编制

根据分层分类的问卷编制原则编制高中语文课程智慧教育调查问卷。问卷围绕高中语文课程智慧教育现状提出问题，主要从智慧教育的无所执着、平等不二、周遍含容等三个方面的性质展开调查。分别对这三方面存在的问题、造成问题的原因和解决问题的对策来进行问卷的内容设置。

（二）高中语文课程智慧教育现状分析

通过对某中学的学生进行问卷调查，发现高中语文课程智慧教育中存在的问题，这些问题相对可以反映出高中语文课程教育中存在的不足。根据问卷所反映出来的不足，针对性地找到优化教学的方向。同时通过对语文教师的访谈，了解当前高中语文课程智慧教育的一些教学方法、教学观念等。对学生和教师的调查与访谈，不仅可以了解高中语文课程智慧教育的现状，也能分析出存在的问题，找出症结所在。

1．学生问卷分析

通过给随机选取的高一、高二、高三各一百名学生发放调查问卷，并对问卷结果进行整理分析，了解了当前高中语文课程智慧教育现状的真实状态。此次共发放问卷 300 份，回收 268 份，回收率 89%，其中无效问卷 15 份，有效问卷 254 份，为便于后期的数据统计与分析，把有效问卷设置为 250 份，有效率为 94.7%。为了便于统计，经过数据分析统计将高中三个年级的数据结果放在一起进行分析。

语文学习与学生语文能力培养研究

学生调查问卷共 22 个问题，主要从语文课堂中对中国经典文化、传统文化的重视程度、语文课程教育过程中对其他学科的涉及情况、语文教师对待课程和学生的态度这三个方面进行分析。

（1）学生对语文课程教育的认识调查

在语文学习过程中，学生对于语文课程教育目的及功能作用的认识体现出他们对语文这门课程的学习诉求，对语文认识的调查可以了解学生对语文这门课程的认识深度，间接反映出他们对语文课程的重视程度（见表 1-10）。

表 1-10　学生对语文课程教育的认识

问题	选项	百分比
1. 你认为语文课程教育的目的是什么？	A、讲授语言文字、培养听说读写能力培养学生的语文应用能力	40.38%
	B、培养学生的语文应用能力、审美能力和探究能力	36.54%
	C、形成智慧	21.15%
	D、其他	1.93%
2. 你认为语文课程最重要的功能和作用是（　）	A、提升学生的语文素养	13.86%
	B、让学生具备语文应用和语文审美、探究能力	30.72%
	C、提升道德，形成和谐人格	53.01%
	D、使学生顺利通过考试，获得接受高等教育的资格	2.41%

从表 1-10 可以看出，有相当一部分学生认为语文主要的目的是讲授语言文字、培养听说读写能力和语文应用能力，占比达 40.38%。与此同时，36.54%的学生认为语文课程教育的目的是培养学生的各种能力两者占比相差不大。只有 21.15%的人认为语文课程教育的目的在于让我们形成智慧；在语文课程的功能作用中的认识中，50.31%的学生认为，语文学习可以促进学生完整和谐人格的形成，可以看出这些学生对教育的认识更为深刻。30.72%的学生肯定语文课程教育的功能性作用，他们认为语文课程教育使学生具有较强的语文应用能力，他们更关注语文的实用性。13.86%的学生认为学习语文能进一步提高学生的文学素养。仅有 2.41%

的学生认为语文课程的学习就是为了使学生顺利通过考试，获得高等教育资格。

综合来看，学生基本能够认识到语文课程教育的基础性功能和作用，但是对形成智慧这一目的没有足够的重视，从侧面反映出他们对于智慧教育的了解不够充分。

（2）经典文化、传统文化占位调查

在当前高中语文教材选文中，关于中国传统文化、经典文化的内容都有所涉及。在语文课程教育中对传统文化、经典文化的重视程度直接决定了学生在语文学习中的基础积累和视野拓展（见表1-11）。

表 1-11　经典文化、传统文化占位

问题	选项	百分比
1. 你对中国传统经典文化的态度是	A、非常感兴趣	55.68%
	B、有一点兴趣	42.31%
	C、不感兴趣	2.01%
2. 你读过《易经》《坛经》等此类书籍吗？	A、简单了解过	45.69%
	B、深入钻研过	16.31%
	C、从未阅读过	38.00%
3.《坛经》是佛教经典，作为21世纪的我们，了解禅宗和《坛经》有什么意义？	A、对我国文化史、思想史的发展有重大作用	25.34%
	B、获得对佛法的正确认识，通过反省、觉悟来正知正见	36.31%
	C、指导我们的思想行为，净化烦恼，变"污染"的行为为清净境界	38.85%
问题	选项	百分比
4. 语文课堂教学过程中对中国传统文化的内容重视程度如何	A、很重视，将传统经典文化内容作为讲授重点	24.68%
	B、一般重视，只涉及有关考试内容	56.78%
	C、不重视，没有认识到传统文化、经典文化的重要性，一定程度上有所忽略	18.54%

从表 1-11 可以看出，55.68%的学生表示对中国传统经典文化非常感兴趣，42.31%的同学表示有一点兴趣，两者占比加起来占了绝大部分。由此可以看出，学生对于教材中传统文化选文内容较感兴趣。教师应在此基础上，多多拓展学生的学习渠道，加深他们对中国传统文化的理解。有 2.01%的人对传统文化、经典文化不感兴趣，教师可通过趣味教学等方式唤起学生兴趣；关于经典文化书籍阅读，45.69%的学生表示他们对《坛经》等书籍做过简单了解阅读，38%的学生表

示从未阅读过此类书籍，仅有 16.31%的学生对经典文化书籍做过深入的了解研究，但后经调查发现，他们的深入研究也只不过是百度释义、难辨别字词注音等，并没有在相关的历史脉络和根系等方面下功夫。在作用认识方面，答案占比分布较均匀，有 38.85%的学生认为禅宗、佛教等可以指导我们的思想，净化烦恼，变"污染"的行为为清净境界。36.31%的学生认为可以通过佛法的正确认识，来反省、觉悟自我。25.34%的学生站在宏观立场，认为了解佛经对我国文化史、思想史的发展有重大作用。在语文课堂教学过程中，对中国传统文化的内容重视程度较低。56.78%的学生表示，教师在课堂讲解过程中对中国传统文化内容不够重视，教学内容仅仅是对涉及考试内容的部分进行重点讲解。24.68%的同学表示，教师在课堂上会将传统文化内容作为讲授重点。18.54%的学生表示，教师在语文课堂上对优秀传统文化和经典文化不够重视。这几道题主要是调查和探究学生对经典文化的感受与认识。学习经典文化和优秀传统文化有助于增强学生的文化认同感，所以在语文教学过程中，要为学生提供良好的学习氛围，让学生喜闻乐见地接受中国优秀作品、经典作品。

（3）其他学科涉及情况

智慧语文课程教育要求教师在语文学科知识之外对其他学科内容有所涉及，通过对教师授课过程的调查研究，统计语文的拓展教育情况（如图 1-2 和图 1-3）。

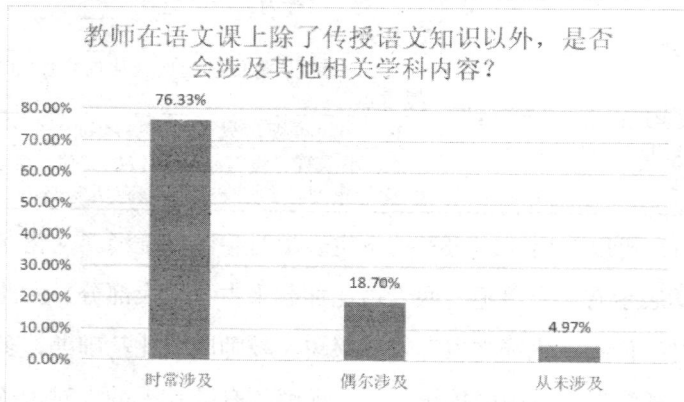

教师在语文课上除了传授语文知识以外，是否会涉及其他相关学科内容？

图 1-2　语文涉及其他学科知识情况

由图 1-2 得知，在语文课上，教师对自然科学、社会科学的等的关注程度较高。76.33%的学生认为，教师在讲课过程中会对其他学科内容有所涉及。18.7%的学生表示，在语文授课过程中教师偶尔涉及其他学科内容。4.97%的学生表示，教师在讲课时从未涉及其他学科内容。由此我们可以看出，虽然教师时常涉及的占比较高，但我们不难推理出教师在课堂上对涉及其他学科的知识建立在应试的基础上。教师本身对其他相关学科也没有深入地了解，加之课堂教学时间有限，自然在涉及其他学科内容时只能泛泛而谈。

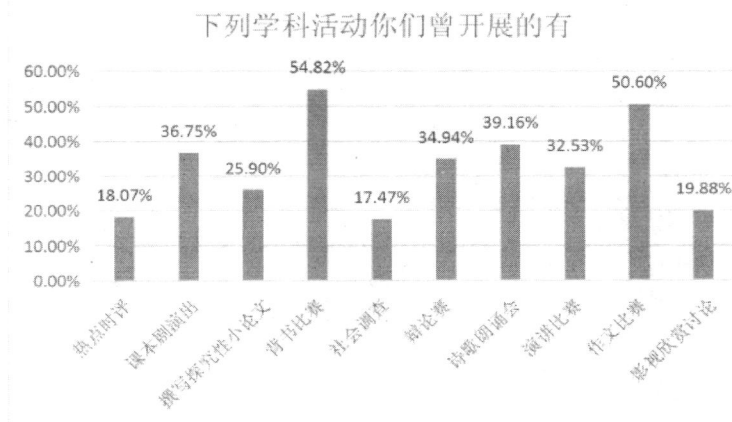

图 1-3　语文涉及其他学科活动情况

由图 1-3 我们可以得知，在学校开展的一系列学科活动中，学生通过热点时评可以了解时事热点，还能关注到时评与作文写作方式的不同；通过课本剧演出进一步深入感受作者和主人公的内心世界及情感，同时能够简单了解到短剧的演出特点；通过撰写探究性小论文提升思维，培养学生研究能力，有利于创新；通过社会调查可以提升学生的动手能力、探究能力；通过辩论赛提高学生临场应变能力，同时也有助于学生思维培养；通过诗歌朗诵提升学生对诗歌感情的感悟；通过演讲比赛提高学生口语能力，一定程度上有助于交际能力；通过影视欣赏讨论增强学生鉴赏总结能力。

总体来说，在语文课程教育中开展形式丰富的学科活动，有利于学生各方面的发展。从图中可以看出，学校开展最多的是背书比赛和作文比赛，分别占比54.82%，50.60%。课本剧演出、辩论赛、诗歌朗诵会、演讲比赛占比基本相差不大，分别为 36.75%，34.94%，39.16%，32.53%。撰写探究性小论文开展频率占比 25.9%。热点时评、社会调查及影视欣赏讨论相对占比较低，分别为 18.07%，17.47%，19.88%。整体可以看出，开展的活动还是以比赛类活动为主，对探究性及鉴赏性活动开展较少。

另外，针对语文教师在课堂讲授过程中涉及其他学科内容的原因及建议的调查（见表 1-12）。

表 1-12　语文涉及其他学科内容的原因及建议

问题	选项	百分比
1. 你认为教师在课堂很少涉及其他学科内容的原因是	A、应试为主，只教授高考知识	25.92%
	B、课堂可利用时间较少，没有足够时间涉及太多内容	22.43%
	C、教师对在语文教学中涉及的其他学科知识不够重视	18.96%
	D、语文教材选文本身就较少涉及其他学科内容	32.69%
2. 针对上述问题你有什么建议？（　）		

从表 1-12 可以看出，32.69%的学生认为，语文教材选文本身就较少涉及其他学科内容。25.92%学生觉得教师在课堂上以应试教育基础知识为主，只教授高考知识内容。22.43%学生表示课堂可利用时间较少，没有足够时间涉及太多内容，他们也比较难消化过多的学习内容。18.96%的学生认为教师对在语文教学中涉及道德以及其他学科知识不够重视。

由此可知，在语文课程教育中，其他学科内容的涉及在教材和教法上都有待完善。高中语文课程教育应与其他学科，如人文科学、社会科学及自然科学等融会贯通，让学生建构相对全面的知识。越接近完整的知识结构，才可能形成较为开阔的思维视野或者周全的思维方式。语文课程教育应以学生获取知识尤其书本知识形成完整知识结构作为终极目标。

（4）学生心态

学生心态决定了他们的处世态度，而语文课程教育在塑造学生心态方面起着至关重要的作用。智慧的语文课程教育应该塑造学生心态的平等（如图1-4）。

面对考试失利你的态度是

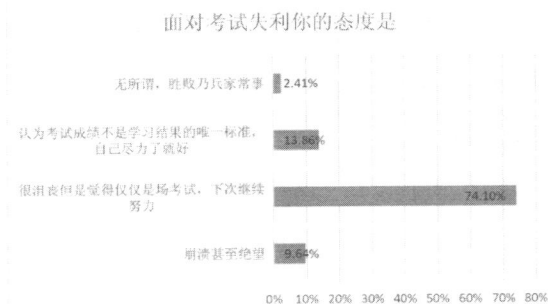

图 1-4　学生面对考试失利的态度

由图 1-4 得知，在面对考试失利时，有 74.1%的学生能够重拾心态，重新出发。13.68%的学生认为考试成绩不是学习结果的唯一标准，自己尽力了就好，他们表现出的心态正是现代青年人所谓"佛系"，能坦然面对结果，淡然处之。9.64%的学生表示会崩溃甚至绝望，表示他们抗压能力不足，同时也说明他们执着于成败观念，认为没有成功就是失败，这是极其危险的一种情绪。语文课程智慧教育就是要做到让学生能够淡化功利意识和成败意识，能够坦然接受生命中的一切事物，能够无所区别、无所执着地对待一切事物。有 2.41%的学生对待考试成绩抱着无所谓的态度，他们觉得胜败乃兵家常事，考试成绩并不会影响到他们。

（5）教师对学生态度

教师对学生的态度一定程度上决定学生未来的发展，教师在课堂上对学生的态度是否能达到一视同仁，间接影响着学生对待语文学科的态度（如图1-5）。

老师经常提问哪一类同学

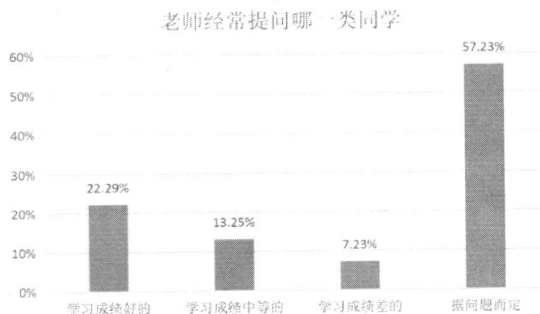

图 1-5　教师提问的学生类型

由图 1-5 得知，57.23%的学生表示，教师在课堂上对学生的提问主要是根据问题的情况而定。教师在课堂上经常提问好学生的次数占比 22.29%，相较于其他两者占比较高，说明教师在教学中还是更倾向提问成绩好一点的学生。

（6）学生思维培养调查

此题的设置可以了解教师教学思维及教师在语文课程教育过程中对学生思维的培养状况（如图 1-6）。

教师在课堂教学中是否会强调"重点""非重点"或者"难点""非难点"

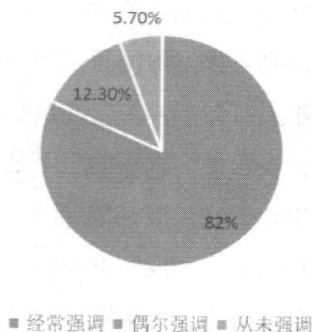

5.70%

12.30%

82%

■ 经常强调 ■ 偶尔强调 ■ 从未强调

图 1-6　教师在教学中强调教学内容的情况分析

由图 1-6 可知，教师在教学中经常强调教学内容的重难点。有 82%的学生表示教师在课堂强调重难点的频率很频繁，12.3%的学生表示教师偶尔在教学中强调重难点，仅仅只有 5.7%的同学表示教师在教学中从未提到重难点知识的区分。通过这个调查可以看出应试教育的授课模式下教师对于课堂授课内容惯于区分重难点，他们在课堂讲授过程中度重点、难点内容十分重视从而忽略其他非重难点内容，导致学生在学习过程中对知识的获取有所偏差。在进行教学设计时，固定的教学设计格式要求必须突出重难点内容，这种固定模式导师教师对非重难点内容的忽视。

此外，还有教师对语文课在学生思维发展方面设置的题目进行分析（见表 1-13）。

表 1-13　语文课的思维发展题目设置

问题	选项	百分比
1. 课堂教学过程中教师是否会强调"正确答案"或"标准答案"	A、有时	32.53%
	B、经常	40.36%
	C、偶尔	18.07%
	D、从不	9.04%
2. 当你自己的答案与所谓的标准答案不相符时，教师的反应是	A、指出你的答案错误，让你根据标准答案再思考	16.31%
	B、肯定你的答案，鼓励你思考问题时的创新思维	51.72%
	C、从学生的学习能力和学习态度方面给出评价	25.34%
	D、无特别反应	6.63%
3. 在阅读过程中，教师是否按照固定模式进行课文解读？例如作者简介，生平思想，划分段落，总结段落大意，归纳主题思想等一系列固定模式	A、是，每个环节都有涉及	68.85%
	B、否，教学方法较灵活	31.15%

　　由表 1-13 得知,是教师在课堂经常强调"正确答案"的次数较多,占比 40.36%,有时强调答案的占比也达 32.53%,偶尔强调答案占比 18.07%。这些数据表明,教师在教学时过分执着于应试知识,承认文学文本存在唯一正确终极阐释的看法,这样做会在很大程度上扼杀学生的创造性。在教学方式上，教师倒是愿意较多地采取鼓励的方法，有 51.72% 的学生表示当他们的答案和标准答案不相符时，教师更愿意肯定学生的答案，鼓励学生的创新性思维，同时有 25.34% 的学生表示教师会从学生的学习能力和学习态度方面给出评价。总体而言，教师强调标准答案但是并没有将标准答案作为唯一判断学生的标准。仅仅只有 16.31% 的老师在教学过程中会执着于唯一标准答案，并将这种唯一作为评判学生学习能力的唯一标准。6.63% 学生表示教师在他们回答错误时并无多大反应。

　　现行语文课程教育习惯于一系列教学模式化的教学方式，在阅读教学中，教

语文学习与学生语文能力培养研究

师大多围绕作者简介、生平思想、划分段落、总结段落大意、归纳主题思想等固定模式，也喜欢套用揭露了什么样的社会现状等套话。68.85%的学生表示教师在阅读教学过程中经常围绕这些方面展开。31.15%的学生表示教师的教学方法较灵活，但经过后续调查发现，学生所谓教师教学的灵活是指教学形式的多样化，实际上内容方面还是围绕这些进行。智慧的语文课程教育应该不执着于结构主义，应该对说明文、议论文等文体有所区分。

从教师方面来说，教师有自己的思维方式，多开展课外活动能帮助学生学会质疑，主动思考。教师应该承担领路人的角色，而不是知识的灌输者。填鸭式的教育，是教不出来智慧的。教师要充分挖掘个人思想，采用理论加实践式的教学方法，用科学的方法启迪学生的智慧，引导学生，学而思，思而学。此外，在教学中，要延伸知识点，采取从点到面的教育模式，同时要合理安排相关课程。

从教育内容上来说，教师应该注重中国传统优秀文化，贯通生活，重视国学教育，加强相关方面课程的引导，在探索现代智慧的同时加重对传统文学的理解。在关注课本知识的同时，走出课本，回归到经典作品的学习，比如儒家经典、散文诗歌等。进而培养孩子们的情感态度及价值观，激起他们学习语文的兴趣。

从学校层面来说，学校应加强对学生的兴趣教育、思想教育、素质教育等。要教会学生"学习"而不是被学习，培养学生心性。多方面结合多元的教育，在贯穿文史哲知识的同时，进行高中语文的智慧教育。进而培养普世观念，提高感悟世界的能力。此外，学校要重视理想信念，让学生多听、多看、多写、多学国学传统文化，丰富多元的知识种类与素质，注意学生心态和知识教育协同发展，树立正确良好的价值观，不脱离现实生活。同时要让学生德智体美全面发展，开展全面素质教育。

从学生个人层面来说，不仅仅是要学会书本上的知识，更多是用灵活的思维去不断探索实践，研读国学经典。要学生意识到，学习是为了自己。通过社交以及活动等方式，充分地让学生懂得知识的魅力。同时，也有教师认为这是一个漫长的过程，需要学校与学生，乃至家长，共同努力。

2．教师访谈分析

为了对高中语文智慧教育有更全面的了解，研究人员对某中学三个年级的语文教师进行访谈，主要对语文教师在高中语文课程教育的内容、教学方法、教学影响、目前的高中语文课程教育中存在的问题、提出他们的观点看法等方面进行访谈。结合多位采访教师的访谈记录，从而对高中语文课程智慧教育的现状展开分析。

在教学内容方面：目前高中语文教师在语文语言教学中存在的问题是不能触类旁通。汉字的最大优势是借助字形可推断字义，可触类旁通地认识一大批汉字的字义。但是，教师在教学中似乎并没有很清楚汉字的这一特点，或者是清楚，但是不能使汉字的这一特点在教学中发挥应有的效力。

教师在教学中仍然习惯于教授语言本身所蕴含的思想和感情，以致忽视了对学生自身原始本心的体悟。语言的成长依赖于思维的发展，而且所有的语言一旦开始表达，便可能伴随着思维过程的积极跟进。语言如果没有思维跟进，便只能断断续续。更重要的是，看似极其寻常的语言习惯或是陈述顺序，都蕴含着不同的文化精神，甚至是不同历史时代人们的思维方式和集体无意识的集中显现。但是，语文教师在教学中经常忽略这一点，他们以为语言仅仅是一种表达习惯，忽略语言同样蕴含着特定思维方式和文化精神。

在文学教育方面，教师在进行文学教育时通常会划分段落大意，表面看似在完善和彰显结构的完整性，实际上，这种方法是通过划分段落，离散课文的完整性。对诸如说明文、议论文等文学性不是很突出的课文，采用划分段落大意的方式可能更合适。但是对于文学性很突出的文章，尤其那些一气呵成、气韵贯通的课文，则更适合于进行整体感知而不是分层分析。

文化教育方面，教师在教育教学过程中，很少会去指导学生精益求精地阅读某一部经典作品。有的老师认为经典文本距离学生时代太过遥远，学生不一定能很好地理解。教师对经典文化的重视程度远远不够。

在教学方法方面，教师习惯于自己常用的教学方法，长此以往将这种方法模式化固定化。有的教师表示高中课堂时间分配紧张，光是讲授知识点就已经占去课堂大部分时间，更何况，以学生为主体的教学需要花很多时间在引导和谈论上。

有些教师纵然有着想要改革的想法，但是缺乏具有指导性的理论和实践的引领，因此不敢进行大胆的改革。

（三）高中语文课程智慧教育存在的问题

通过以上的调查和访谈，对结果进行梳理和分析，发现当前高中语文课程智慧教育存在很多问题。高中语文课程智慧教育主要是围绕智慧无所执着、平等不二、周遍含容的三个特性来进行的，根数调查问卷分析的结果，可知在这三个方面所存在的问题有所交叉，所以我们把教学中存在的问题归纳整理，找出最主要的问题进行归因分析。

1．执着于教学模式和理念的先进与不先进区别

在对问卷进行设置调查时，几乎每个教师在特定的教学环节中，习惯性地去运用某种特定的教学模式。具体问题分析如下：

在语文课程教育过程中长久地人们形成的习惯就是将语文和语言对等。在新课改没有实行之前，更是习惯性将语文课程教育看作单一知识堆砌的教育，对语文技能的训练都不是太多，更别说谈及语文的文化内涵及审美等。语文教师在高中课堂上对作家作品的解读都惯于按照知识点的形式展现给学生，从而忽视了作家在作品中的思想感情及灵魂特征，不管哪种课文的教学，几乎都施行同一种枯燥僵化的教学模式，即按"作者背景—段落大意—中心思想—写作特点"。这样的流程来讲，较少关注学生自我的感知与理解，这样的话语文教学过程就会变得沉闷甚至机械。这种教学方式忽视学生的好奇心和创新能力，让学生变成知识的容器，这样的教育忽视学生精神层面和心灵层面的关注，自然整个课堂变得索然无味。高中阶段的学生在初中已经进行了文章分析的训练，到了高中已经分析过很多课文，但是教师在上课过程中还是将重点放在作者介绍、字号、称谓等方面帮助学生来理解课文，但是在文本思路显而易见的情况下，逐字句分析字段显得有点多余甚至有些刻板，这样的现状不得不引起我们的深思，我们教给了学生什么？培养了学生什么？

叶澜教授曾对这种课堂教学模式做过精辟的描述：上课是执行教案的过程，教师的教和学生的学在课堂上最理想的进程是完成教案。教师期望的是学生按教案设想做出回答，教师的任务就是努力引导学生，直至得出预定答案。学生在课堂上实际扮演着配合教师完成教案的角色。于是，我们就见到这样的景象：课堂成了演出"教案剧"的"舞台"，教师是"主角"，学习好的学生是主要的"配角"，大多数学生只是不起眼的"群众演员"，很多情况下只是"观众"与"听众"，这样的教学，把学生的思维捆绑住了。把活生生的学生变为机器人，学生的思维能力、想象能力、创造能力、个性、灵感都给打掉了。许多学生对这种语文课深恶痛绝，从而拒绝接受语文智慧的熏陶。

新课改以来，教育家都在探索高中语文在实际教学中的创新运用，形容理论观念也随之出现，课堂教学形式也开始变化。例如，注重学生的主体性、尊重学会的生命个体性、倡导师生平等对话等。课堂教学方式也越来越多样性化，出现了小品、演讲等形式。但往往这些方式并不能达到语文课程教育想要的效果。例如，在对课文《塞翁失马》进行实际教学时，提出"塞翁丢失的是公马还是母马"这样的话题，教师容易失去对这种课堂的把握，导致学生在关于马性别的争论中度过。除此之外，高中教师对新课改提到的对话、探究能力的运用还不能达到熟练运用的阶段，这样容易使高中语文教学停留在浅表层。在改变满堂灌这种教育模式的基础上，语文教师很容易偏离初衷，例如，教师在试图以提问方式激起学生思维与兴趣时往往不能设置出真正对学生有启发性的问题……在这种形式繁复的教学现状下对语文课程教育实质的涉及其实并不多。

国家督学成尚荣对新课改以来的语文日常课堂曾作过这样的描述：日常课总体上仍是以灌输为主，学生被动地接受；仍是以训练为主，简单、机械的训练着学生的思维，个性化阅读还处于边缘；课堂仍比较封闭，学生的视野还是被限制在文本里和教室里。所以我们可以看到高中语文课堂在形式上的改变并没有触及学会心灵深处，依旧缺乏教学深度和对学生思维的培养，教师缺乏创新教学能力，学生缺乏创新思维，高中语文课堂教学缺乏智慧，没有教育目标想要达到的生机与活力。

语文学习与学生语文能力培养研究

高中语文课程教育，尤其文学教育，必须将学生思想的自由解放作为终极目的，而不是将获得文学文本的某种语言、形象、意蕴作为终极目标。然而，在语文实际教学中，高中语文教师容易为了追求考试成绩疲于关注学会的个体差异性，他们往往以自己的理解取代学会的主体感受，这种教学方式扼杀了学生的想象力。语文教学丧失了活力。

课程改革提出要改变这种教学方式，便要将"合作探究"的教学理念融入语文教学中。所以在语文教学课堂上便有了提升学生合作探究能力的教学形式，教师在教学过程中加入更多的讨论，这在一定程度上开拓了学生思维，提升了学生的学习效率。但随之而来也出现这样一种现状：在教师的公开课评分过程中将"合作与探究"作为一项重要的评分标准，这种现状是否值得我们反思总结。学生在此过程中真的得到答案了吗？他们真的进步了吗？可能事实并非如此，还有另一种可能那就是学生在此过程浪费了大量的时间，而教师缺乏对课堂的科学把控，使这一方式并没有达到预期的效果。

在高中语文教学实践过程中许多教师经过摸索逐渐形成了属于自己的教学模式，如魏书生六步学习法，"定向——自学——讨论——答疑——自测——总结"、宁鸿彬五步教学模式，"熟读——质疑——解疑——总结——运用"，于漪老师的无恒阅读教学模式、"三阶段九环节"教学法等等。除此之外还有教学名师赵谦翔提倡的"绿色语文"、王开东的"深度语文"、熊芳芳的"生命语文"等等。这些方法是教学专家级一线教师在长期的语文课程教育过程中经过实践形成的，对语文课堂教学有很大的启示作用。但是同时我们意识到不管哪种方法都有它的不足之处。首先，语文课程教育理论大多是基于教育学或者心理学的模式阐释，缺少对语文的实践指导，缺少具体课堂教学实践指导；其次，从语文教学实践中得出的语文课程教育模式，缺少专业理论知识的支撑；再次，过分追求学生的主体地位教师容易失去对课堂的把控及方向的掌握，语文学习偏离发展语文素养的轨道；最后有些教学模式偏重于活动课，只限于特定条件下进行运用，在实际教学课堂中难以实施和开展。更何况这些教学模式在实际教学运用中也并未发挥自己的长处，高中语文教学现状依旧和往常一样，并没有借鉴到这些教学理念的先进之处，即使有改革和行动也往往体现在喊口号的层面。

这些教学方法并不适用于任何教学场合和教学内容。而事实是有些语文教师在借鉴这些教学方法的同时忽略了实际操作中的条件及现状，而是将他们觉得适合自己或者自己较为倾心的模式运用与语文教学的任何地方。这样的教学不仅没有多大实际作用，反而会限制教师及学生的思维，长此以往，学生会厌倦这种教学模式，在套用模式的同时疲于思考，压抑他们的个性，导致厌学情绪的产生。教学过程模式化对高中语文教师也同时带来不好的影响，那就是抹杀教师的创造性。一百个语文教师就有一百种教学方法，每个语文老师对与不同的篇目文章都会有不同的见解，长期执着于一种教学模式，不仅会导致课堂缺乏活力，还会让教师疲于思考，产生职业倦怠。同时，教师将本可以怀疑颠覆和否定的文学观点、理论、规律、法则等视为永恒不变的绝对真理和权威结论，加以不折不扣的遵守，这种做法可能让学生丧失独立思考的能力，使他们放弃对文学进一步思考和探索的热情。

2．执着于教学内容和学生的重点与非重点区别

通过调查发现，40.36%的学生表示，教师在课堂教学过程中经常会强调"正确答案"或"标准答案"，32.53%的学生表示教师有时会强调"正确答案"，18.07%学生表示教师偶尔强调"标准答案"，不会强调答案的比例仅仅占到9.04%。教师在教学过程中经常强调重难点内容。教师在对待教学内容时不能做到平等对待所有知识，教师对学生的态度存在差异性。具体分析如下：

（1）区别化对待教学内容

在高中语文课程教育过程中，教师首先在进行教学设计时，按照固定模式进行教学内容的重难点设置。但是当他们一旦进入这种教学模式的设定，便会产生重点、轻非重点，重难点、轻非难点的意识，甚至于彻底忽略非重点及非难点。在教育过程中一旦产生这种将知识隔离划分界限的思维，那么教学便不可能真正达到一视同仁。

对知识点的侧重学习会让学生区别化对待知识，他们也会习惯于轻视被列入非重点、非难点的知识内容，从而导致在学习过程中知识获取的偏差。如在对《荆轲刺秦王》一课进行讲解时，教学重点往往会设定为对文言诗词的理解与积累，难点要求通过评价荆轲刺秦的历史培养学生形成正确的历史观和价值观。所以在这样特定的教学重难点的设定下，教师进行的教学设想自然就围着荆轲的人物历史形象、课文矛盾冲突安排及正确历史观形成等几个方面展开，但是他们往往忽略了其他的知识点及内容。例如对当时国家之间的礼仪的具体的描述，在荆轲秦王二人相见的时候，记叙为"乃朝服，设九宾"，这其中的"九宾"是一种外交礼节，这样的礼节能够展现出对于使臣的尊重，同时还能象征自己国家的威严。教师可以以此为基础延伸到其他课文，进一步了解其中记叙的一些小知识。例如在《廉颇蔺相如列传》也有过类似的描述，"设九宾于廷"。这种延伸文中内容的教学方法能够从不同角度开启学生智慧，而不仅仅是让学生掌握教师设置的教学重难点的内容。然而在实际教学中，教师认为应在迎合考试的目的下教授重难点知识已足够，没必要涉及其他知识，这就导致了在教学中顾此失彼现象的发生。

（2）区别化对待班级学生

学生具有个体差异性，他们的身份、年龄、性别、包括学习、理解能力都不同，学会学习的注意力也有所不同，有强有弱。有的学生对外界的刺激抵抗力较差，微小的外部动因也能够转移他们的学习注意力，有的则相对较强；在记忆方面，学生的记忆力有强亦有弱，同时他们对知识的识记也有快慢。除了上述学习能力的差异以外，学生在想象力、思维能力以及自主学习能力等方面的差异都显然存在。在一个班级里，每个学生的学习能力的各个方面表现都不尽相同。新课标提出要重视学生的个体差异，尽可能因材施教。但是我们发现在对语文的实际教学过程中，高中语文教师很难做到这一点。面对学习能力强的学生和能力较弱的学生他们并不能做到一视同仁。比如在课堂进行提问时，有的学生能够一下子说出答案，语文教师便满意地进行下一知识点的讲解，他们忽略了那些没回答的同学，也没有在课后对未回答问题同学进行调查，长此以往，有些同学便会因跟不上学习进度，出现讨厌学习语文的情况。影响教师教学质量。

高中生正处于身心快速发展的阶段，心智逐渐成熟，但对文化优劣的辨别能力不够，抵抗诱惑能力差，这使得他们的思想意识方面容易出现问题，诸如攀比意识、享乐主义、拜金主义等。他们活动的范围就是学校，在接受教育的同时对外界充满着好奇心，但因为自我意识和思维不够完善，很容易导致他们做出极端的选择。这就要求语文课程教育在满足学生自我个性发展的同时，又能完善学生人格。在一次作文课上，有一位高中生下来了这样的一段话：我期待语文老师能和我一起漫步在橘子洲头；我期待语文老师能带我走进苏轼的内心世界；我期待语文老师能给我讲述秦朝的纵横捭阖；我也期待语文老师能带我们看看冷泉亭的静谧、优美。我希望语文老师能用他渊博的知识告诉我们鲁迅的怨、刘兰芝的爱、孟子的善……然而，在现实中，我们却只能在练习题中徜徉。是啊，虽然新课改自颁布以来得到了大力的实施，但是我们始终无法摆脱语文课程教育被高考制约的功利化现象。高考要求升学率、家长要求好成绩、教师要求快速度，学生自身也会因为得到高分而进行单一知识的死记硬背。他们只看重考试的内容，觉得考试之外的内容都是没有用的。现今高中学生普遍对语文课抱着轻视态度，他们认为可学可不学，并没有认识到语文的重要性，这些原因导致语文教学的效果低下。

3. 执着于学科视野和界域的文学与非文学区别

（1）忽视语文学科内部知识关联

在语文学科内部，首先语言、文字、文化等方面表现出的脱离现象。过去一段时间，虽然出现过将文字、语音、词汇、语法和修辞作为专门的汉语基础知识，独立于课文加以概括的情形，但近年来，由于语文教学倾向于淡化语法，所有这些内容被编排在教材的附录之中。这是极其明智的，因为讲述大量汉语基础知识，并不能起到启发学生兴趣，帮助学生提高汉语表达能力的作用，反倒平白无故地加重了学生学习的负担。遗憾的是，一些语文教师似乎并不了解这一良苦用心，常常迫使学生购买许多汉语基础知识练习册，借助机械重复的答题训练来强化这些内容。有些虽然并不以机械重复的答题练习册为手段，但常常将生字反复抄写作为强化汉语基础训练的手段，所有这些明显是以应试教育作为终极目的的教育，这种教育方式会扼杀学生对语文的学习兴趣，并不能起到真正提高高中学生汉语表达能力的作用。

汉语是中华民族数千年文化积淀和传承的产物，甚至是中华民族集体无意识的集中体现，所以高中语文中的汉语教学不能脱离中国文化。发掘和彰显汉语所蕴含的民族优秀传统文化精神，是语文课程教育的神圣使命。因为只有达到这一层次的汉语教学，才可能真正起到培养学生民族文化自信心的作用。然而，就目前高中语文课程教育现状来看，大多数语文老师在语文汉语教学中限于目前语言文字学知识结构的制约，所授内容满足于文字、音韵之类的学科知识。他们没有扎实的知识基础和文学知识储备，因而很难实现借助汉语教学培养学生民族文化自信心的目的。例如在文言文教学中教师经常关于强调字词的古今义，让学生死记硬背，不能够发掘文字背后的历史发展及特定文化内涵，在讲到"道"这个字时，教师以"道路"为本义，而鲜少涉及更多的文化背景知识，"道"在金文中是行字中夹有上"首"下"止"的人，但在《道德经》中却赋予了它其他含义，或作为存在的"道"，或作为规律的"道"，或作为准则的"道"，从这点可以涉及中国传统中的尊重自然，"道法自然"，这样的话不仅仅讲授语言文字的含义，还能够更多地涉及语言文字的文化背景。

更多的高中语文教师常常因为其知识结构限于语言学乃至文学，并不涉及文化，以致很大程度上束缚和限制了他们对汉语本身所蕴含的文化精神的基本判断，所以割裂了语文作为语言、文字、文化教育载体的性质。更为重要的是高中语文课程教育常常只是涉及为数有限的古典诗词乃至散文、小说、戏曲之类，基本上属于集的范畴，对史尤其经和子的选文极为有限，这也从教材层面限制了汉语教学与文化教育的有机结合。例如对《道德经》《坛经》《易经》等的内容基本不怎么涉及。

（2）忽视语文学科外部领域

现行语文教材更多地倾向于文学、科学和艺术，对哲学尤其宗教意识形态涉及不多，特别是对中国儒释道传统文化重视不够，由此进一步导致语文教师对这些内容的轻视，学生发展不均衡，达不到语文课程智慧教育的周遍含容境界。

科学的任务是尽可能全面、深入地认识和把握自然规律，这使得科学在任何时候都具有务实求真的精神,《高中语文课程标准》在课程的基本理念部分指出:现代社会要求人们思想敏锐,富有探索精神和创新能力,对自然、社会和人生具有更深刻的思考和认识,要拓宽文化视野和思维空间,培养科学精神。现在的多本语文教学大纲和课标解读里都谈到语文课程教育要走进自然,走进科学,语文学科是学习其他各门学科的基础,是继续学习和将来从事工作的基础。其他学科和继续学习主要指的是科学领域的内容,学生毕业之后,他们所从事的工作绝大多数都和科学技术相关。但现实是,在现今高中语文课程教育中,对学生的核心素养的培养并不重视,教师在课堂上鲜少涉及科学知识内容,例如在讲授《飞向太空的船》这篇课文时,教师习惯于将重点放在文章写法及新闻写作等方面,很少去讲述飞天历史及飞天原理等内容。

艺术是一种与科学技术不同的把握世界的方式,这是因为科学技术对世界的把握常常是分门别类的,学科化、专业化的,但艺术对世界的把握可以不受这些学科界域的限制。美学家杨春时说艺术不但要表达生命欲求和传达意识形态,而且要探索人生的价值和真巧,这个形而上的问题不仅是哲学研究的对象,而且是艺术反思的对象。艺术不同于科学,它能够让人们不受分门别类的科学技术研究的片面化乃至碎片化影响,能够以整体观照的方式认知和把握世界。语文课堂教学要展现艺术性,但是在语文课程教育中教师常常忽略艺术内容的教学,仅仅只传授高考知识,语文教学中很少引入绘画、音乐、剧本等艺术形式,例如在对《荷塘月色》这篇文章的讲解中,要让学生体味文中的图画美、意境美。只通过简单的语言描述让学生自己凭空想象,而未能引进美术绘画。假如将喜欢绘画的学生邀请到讲台上作画或者可以提前布置作业,在课前预习时完成自己关于"荷塘月色"想象的美景,这样教学会达到事半功倍的效果。

比艺术更高一筹的应该是哲学。分析哲学或思辨哲学能够影响人的思维方式,进而改变生活态度及处世态度。高中语文课程教育可以作为学生哲学意识培养的入门基础课。在语文课程教育中,增添哲学教育可以解放学生思维,加深他们对事物理解,提升探索世界的能力。高中阶段学生心智发展成熟,理性思维发达,这一阶段的他们能够很好地通过学习增长见识、深入生活。他们的思维渐渐成熟,开始有了理性思维的判断，学会了思考及反思，开始探索人生方向。这一时期的他们需要一个更高级的意识。所以哲学意识的培养能够满足学生这一追求，让他们思考人生、理解生活。但是教师却认为哲学就是一种高深莫测的概念，语文和哲学毫无关联，哲学也失去其指导作用。

第二节　高中语文的审美困境

随着我国新课程改革的不断推进，教育教学理念也随之发生转变，课堂结构逐渐摆脱教师为主导的传统式教育，确立了学生的主体地位，强调学生主观能动性的发挥，高中语文散文阅读的"填鸭式"教学逐渐被取代。散文教学重点在于培养学生的审美能力，但从我国目前的教学现状来看，高中语文散文教学陷入审美困境，学生主观审美意识不足，缺乏良好的阅读体验，因此，为了提高教学效率，教师必须尽快采取有效措施来打破这种困境。

散文阅读教学是高中语文教学的重要组成部分，不仅能够丰富学生的人文知识，更能培养学生的审美意识，从而不断提高其文学鉴赏力。我国高中语文散文阅读教学现状并不乐观，教学目标缺乏合理性，过于强调结果，而忽略学生在阅读过程中的审美体验，教学评价体系单一，不利于学生的全面发展。

一、高中语文审美困境的具体内容

（一）教学目标设置不合理

我国语文教学受传统教学模式的影响较深，目前仍有不少教师采用"填鸭式"教学方式，忽略阅读教学的美感，与新课程改革的要求背道而驰。散文阅读教学语文是以培养学生感情表达及审美能力为目标，灌输式教学却片面强调文章的分析与理解，教师多让学生独立完成阅读任务，分片段解读文本，课堂气氛沉闷，忽略学生与散文精神的互动性，导致学生的阅读流于表面，不能充分体会散文的美感。

（二）审美过程被忽略

我国文化博大精深、源远流长，阅读的过程亦即审美的过程，散文尤其注重对文学美的表达，而传统的高中散文阅读教学以教师为主导，忽略学生的阅读体验，从而在一定程度上限制学生主观能动性的发挥，打击学生学习热情。另外，受应试教育体制的影响，我国高中语文散文教学过于注重阅读结果，强调问题分析和标准答案，限制学生的思维创造，缺乏对学生审美过程的引导，无法从根本上提高学生的文学审美能力。

（三）阅读评价指标单一

现阶段，我国施行的仍为应试教育体制，因此，在高中语文散文阅读教学中，对学生进行评价时，教师过分关注学生散文阅读分数，常常以标准答案作为判断依据，为学生散文阅读分析进行打分，对学生进行表面的评价。这样的单一评价方法使学生缺少散文学习兴趣，在分析时，学生思考方向会发生偏离，更多会考虑怎样作答才会离标准答案更近一些，长此以往学生就会产生思维定式，过分注重答案，学生散文阅读的审美不能达到预期要求。

我国高中教育课程改革不断推进，针对以上提到的散文阅读教学的审美困境，教师必须尽快调整教学策略，转变主导者角色，鼓励学生主观能动性的发挥，进而提高学生的阅读积极性，因此，主要提出以下几条建议：

1. 分析学生心理认知需求，合理设置教学目标

科学合理的教学目标不仅是指导教师教学方向的关键，更是学生树立正确学习目标的关键，为突破散文阅读教学目前的审美困境，必须结合学生的心理认知需求，设立创新式教学目标。高中生正处在激情洋溢的青春期，好奇新事物的发展，不愿受传统制度的约束。因此，在制定教学目标时，教师必须充分考虑学生的自主意识，灵活设置教学目标，另外，针对不同年级的散文阅读教学，必须结合学生的阅读能力，分阶段设置不同的教学目标。在阅读能力培养的初期，先让学生理解文章大致的内涵，学习一些散文写作技巧，随着阅读教学的推进，逐渐要求学生更深层次地理解作者描写的真正意象，如果一开始就将教学目标定位在作者意境的理解上，对学生来说比较困难，容易引起学生反感，不利于其学习积极性的提高。

2．转变传统教学方式，重视散文阅读体验

高中语文阅读教学包括多个教学层次，是一个循序渐进的教学过程，散文阅读侧重于培养学生的审美鉴赏力，重视自由的课堂氛围，视阅读的过程而非阅读的结果，强调在阅读过程中获取审美价值。教师散文阅读教学的过程中起到一个引导者的作用，帮助学生发现散文中所蕴藏的美感，同时也可以对阅读内容进行适当的延伸，归纳散文美的表现形式，提高学生的审美分析能力。

3．改变教学评价方式，丰富能力评价标准

学生的主观能动性能否得以充分发挥主要取决于其学习目标，在以往传统的教学评价体系中，教师将成绩分数作为考核学生的唯一标准，学生自然也就将成绩定位为唯一的学习目标，如此一来，便将阅读视作考试技巧的学习，只重技术分析，忽略审美体验。因此，教师必须尽快改变教学评价方式，注重对学生审美能力的考查，激励学生自发转变学习目标，主动参与散文阅读教学。针对某一散文，教师可以设置一些问题来考查学生对该篇文章的理解，例如作家的内心活动分析、中心思想表达等，这些问题都能侧面反映学生散文阅读的审美能力。另外，教师作为引导者的角色，应鼓励学生自主思考，并及时对学生进行点评，让学生能够有针对性地弥补劣势、发挥优势。

总的来说，散文阅读教学是高中语文教学的重点内容，是培养学生审美能力的关键。教师应当充分重视散文阅读教学的审美功能，注重对学生阅读水平的提升，肯定学生的主体地位，鼓励其能动性的发挥，引导学生在阅读过程中养成文学审美习惯，从根本上促进学生全面发展。

（四）审美标准的对立

1．审美输出的概念化促使审美内容对立

高中语文散文阅读教学与单纯的散文阅读有着本质的区别，大多数教师没有意识到教学的可操作性对学生审美行为具有天然的破坏力。不过高中生想象力丰富，善于模仿，也具备了一定的阅读能力，通过阅读感受文章的语言魅力，揣摩文章精彩的词、句、段，入情入境，跟作者产生共鸣，感受作者所表达的感情。

幽径：隐蔽、僻静的小路。波光明灭：水波忽明忽暗的样子。唱和：一个人做了诗或词，别人相应作答。老桥——"如一位德高望重的老人"；鸟儿——"呼唤我的名字"；露珠——"与我交换眼神"；树——"是我的知己"，"仿佛自己也是一棵树"；山泉——"要我重新梳妆"；溪流——邀我"唱和"；瀑布——"雄浑的男高音多么有气势"；悬崖——"挺拔的身躯"，"高高的额头上仿佛刻满了智慧"；白云——"让天空充满宁静、变得更加湛蓝"；云雀——"飞行中看到的好风景"。

2. 审美过程的变量缺失促使审美标准对立

高中语文散文阅读审美从来不存在文学性的缺失，文学发展脉络一直贯穿于我国散文阅读教育的文本结构之中。但让人感到困惑的是，散文审美与历史常常出现脱离。默读画句，读后交流自己意见。学生自由读句体会。抓住："知己、人树相融"来理解。"哪个不是我的朋友"言外之意是什么？用具体的朋友替换掉"这山中的朋友"，可以怎么说？这山中的山泉溪流就是我的朋友；这山中的瀑布、悬崖、溪流，哪个不是我的朋友？讨论明确："你好!——"典型的第二人称。注意称呼的选择。选择自己喜欢的 1~3 个部分，背诵下来。教师讲故事：课文第一自然段。接着会发生什么呢？说说故事中有哪些小动物？你认为谁做得对？（猴子）小猴子是怎么做的？谁来读一读？理解"迫不及待"。看："一串"和"一串串"有什么不同？再读读这句话。（体会小猴子着急的心情）就在这时，小兔子来啦，他怎么说的？（体会兔子着急的心情）比一比，这两个句子有什么不同？读一读，有不同的感受吗？说一说。师引读：这些彩塑有的——"慈眉善目"，有的——"威风凛凛"，有的——"强壮勇猛"，这句话在文中是个什么句子？起什么作用？（板书：精妙绝伦宏伟瑰丽）。这大量的文物都去了哪里？想知道吗？让我们来看一段视频。（了解到这些情况，你此时的心情如何？你想说些什么？假如你是莫高窟的导游，你准备怎样向游客介绍？教师要对教材和学情都把握得很好，做到准确把握教材，领会主旨，目标明确，教学过程流畅，教师需要在以下教学环节上，颇具匠心。第一，在导入过程中，老师引入关于杏林子的资料，图文并茂的向大家介绍了这位台湾著名女作家，并配上了优美的音乐，使得学生很容易走近杏林子，

33

了解了她的讹传其故事以后就会很容易喜欢并接受她的作品。这种导入方法很轻易把学生和作品拉近，非常有利于学生进入学习情景。学生自读自悟，教师适时点播，最后在感情升华阶段，学生写赞颂生命的抒情诗，背诵自己喜欢的课文段落，无不显示了以学生为主的课堂意识。说老师的课精炼，除了因为她层层递进的教学设计之外，还因她的语言准确精练，指向性明确。问渠哪得清如许，为有源头活水来。学生的思维打开了，我们的课堂就活跃起来了，只要给学生留足思考的空间，我们的课堂效率就提高了。

3．审美驱动的内在封闭促使审美秩序对立

当前高中语文课堂倾向于通过教学目标来完成对学生个体审美方向的引导，但真实的审美阅读会产生诸多"类文本"，这些"类文本"如果与教学诉求不相吻合，则教师应该如何取舍？例如：老师引导学生对人生观、世界观、价值观有了新的认识，让教材走出了课堂，走向了生活，走向了社会。老师还重点培养孩子的合作能力，敢于发言的能力，为孩子的学习打下坚实的基础。叶老先生把"怎么你把这包几何课木的书皮去掉了呢？"这个意思含糊的句子，改为"怎么你把几何课木的包书纸去掉了呢？总之，向老师在教学中充分利用教科书和多媒体资源，通过个人讲授、学生朗读、自主学习、幻灯片呈现相关资料、拓展训练等手段，极大地促进了教学目标的达成。同时，丰富的教学手段，灵活的教学方法，让学生既获得了知识，培养了情操，又享受了课堂。一个教师拥有扎实的教学基本功和高深的语文素养的重要性。

二、高中语文审美困境突破的具体内容

高中语文散文阅读教学中的审美体现了我国语文审美教育实践的一贯品质，即"乌托邦"品质。在西方现代教育心理学中出现过对这种品质的叙述，即"满怀应然的教学价值取向以及对美好教学米来的预测，期望时刻领导教学发展方向"。老师在课堂上循循善诱，让人如沐春风，就某一课堂而言，为什么说自己的花要让别人看？德国人为什么会喜欢花？作者为什么会感到吃惊？金秋十月，我和同伴们又走在了"高中教师暑假远程研修"的追寻路上。有的……有的……还

有的……说说鸟儿们是怎样快乐地生活的。对于这些表现鸟多的词语，某老师带领孩子们在反复的阅读，孩子们在不断的阅读中品味这些词语，真切体会到鸟岛上的鸟真多。教学方法简单多样但是却真实到位。当然，金无足赤，课无完美。总之，我们的语文课堂需要"真实、朴实、扎实"。

必要的乌托邦思想在高中语文教育中是必不可少的，它反映了语文教学的正确定位，高中语文阅读教学散文的"审美乌托邦"质量不"理想"，但老师不在审美的"现在"。我们的教学文化、教学理念和教学策略都是为了超越审美现实。它是"差"的两极对立的审美教学困境造成的审美品格，"散文阅读，散文审美主体关系的回归，认知风格和动力机制，以促进他们的教学环境的变换来完成这一领土，没有冲突、距离和审美话语的隔阂。

（一）消除阅读主体的依附关系，重建审美内容

对高中语文散文阅读附件审美主体对课堂教学的审美化教学内容的预设任何需要形成某种教学模式，但不能代替学生的逻辑判断能力，仅仅依靠教师的"语言"是不够的。也就是说，散文审美空间的建构不是为了让教师少说话。道德与美学、审美情感、审美人文教学文化的输出在很大程度上把学生的审美本质指向"情感—情感"的道德"不道德"，如两极对立。今天的语文教师不会阻碍学生积极探索，作为传统的语文教师应是学生的探索渠道。在本质上，教师和学生仍然没有走出审美阅读附件，应该打破学生建路所以需要弱化语文教学的视野制定教师，改变教师和学生的信息传递通道中介支持。

以"听雨"为例，在审美不能教学的许多教师没有解释"思乡的痛苦，在爱祖国"的水平，学生自然会去的主题范式的追求之间的因果关系，具有永恒的家园的留恋关注的焦点，而忽视了散文的审美理解的细节。只有教师引导学生超越审美主题的界限，才能达到新的审美境界。对此，将"意象"与"主体"作为中介，因为"意象"与"印象"不是集合的感觉，其变异性一成不变，可以避免不同层次的散文审美文木的建构损失。例如，可以"听雨"和"月光"一起对审美关怀的延伸。首先，"听"和"看"的形象。听《雨》侧重于"听、月光、看"，审美感知的听觉与视觉的诉求是完全不同的,"雨"和"寒"如何"听",意境是一种颠覆的逻辑。相反,荷花池和月光可以看到,但只看荷花池是少月光的魅力,只是看月光在荷花池的纹理。二是"急"和"慢"形象护理。"月光"的语言节奏缓慢,"听雨"很短,让学生发现作者是放慢速度,加快前者,句子长度,分号,后者是完整的文木结构成短句子。三是"冷"和"热"的形象。"月光"的文字世界是温暖的,这是温暖自然的布局风景,并创造作者的主观情感,"听雨"的情感是紧紧围绕"冷",让学生分析的"热"和"冷"的差异。感受作者的心理温度。经过三多个部分的形象对比,教师可以充分调动学生的听觉、视觉和感知能力,帮助学生进入真正的感觉和谐状态。

(二)弥补阅读过程的"变量"缺失,重建审美标准

高中散文阅读教学中审美变量的缺乏导致了审美标准的矛盾,即教师和学生潜在的审美标准不同。高中语文散文审美阅读的历史语境是运用历史变量建构审美标准,以拓展审美阅读的广度和深度。虽然"变量"是基于标准的,变量是标准的,但标准是一个变化。例如,《寡人之于国也》在20世纪80年代的审美鉴赏中强调了这种科学的审美观,在今天的美育思想框架下,人们是强调其人文主义的审美意识,审美内容又是如何变化的?显然不是,是在审美标准历史变量的尺度变化中,没有历史变量的中介,对立可能导致师生的审美标准。

第三节　高中语文的文化传承困境

高中语文教学中传统文化的渗透,对提升学生的语文核心素养有着重大意义。传统文化的传承与弘扬,使学生感受深厚的中华文化底蕴,可扩展学生知识视野,全面提升自身文学修养。传统文化在高中语文教学中渗透的意义,现高中阶段传承传统文化的困境,加强教师对传统文化传承观念的重视、提高学生文化素养水平、深化教学方式的创新三点建议,突破传统文化在教学中所处的困境,积极推进传统文化教育进程。

从古至今强大的民族都注重民族文化教育,发达国家尤其重视优秀文化的

弘扬。以色列被誉为"整体人类发展指数最高的国家",在小学教育开设宗教学习课程；高度发达的资本主义国家德国，哲学是每位中学生必修的课程；日本除了对大学生繁重的学业安排之外，还要开展茶道培训、艺术鉴赏等此类的活动。被誉为文明古国的中国，更要加强传统民族文化教育，坚定文化自信，实现民族复兴。

一、高中语文教学中传承传统文化的意义

（一）有利于学生学习优秀的民族文化

梁启超曾说过：凡一国能立于世界，必有其国民族独具之特质。我国的传统文化源远流长，凝结着中华民族千年历史长河智慧的结晶，博大精深的民族文化也是至今能够屹立于世界舞台重要的精神保证。习近平总书记曾说过：没有文明的继承和发展，没有优秀传统文化的弘扬和繁荣，就没有中国梦的实现。当代的高中语文教学中不容忽视传统文化的弘扬，学习语文教材知识的过程中品味传统瑰宝之精髓，学习先辈们的高尚道德品格以及健全的人格修养，自愿传承和发扬中华文化精神。在学习"诗仙"李白的《梦游天姥吟留别》时，感受"安能摧眉折腰事权贵，使我不得开心颜"的淡泊富贵、傲视权贵的超脱情怀；在学习"诗圣"杜甫的《茅屋为秋风所破歌》时感受"安得广厦千万间，大庇天下寒士俱欢颜"的心忧天下、忧国忧民的爱国情怀。

（二）有利于提高学生的综合素养

我国有着深厚坚实的文化底蕴，在高中的语文教学中渗透传统文化元素，丰富课文内容的多样性，能够更好地满足学生兴趣需求，激发学习母语的热情。教育部颁布的普通高中语文课程标准，要求加大学生综合素养的培养力度，即全面提升学生的综合素质涵养，在文化知识扎实的基础上提升文化修养与树立正确"三观"。优秀的传统文化元素，丰富学生的精神世界，培养积极的人生态度，加重实现自己远大志向的砝码。学习宋代诗人文天祥的《过零丁洋》，感受诗人"人生自古谁无死，留取丹心照汗青"慷慨激昂的民族气节和舍生取义的生死观，激发学生的爱国情怀，努力学习科学文化知识，担起中华民族伟大复兴的时代使命，以

"天行健，君子以自强不息"的奋进精神鞭策我们一路远行。

（三）有利于抵御不良外来文化的侵蚀

经济全球化的时代主题下，国家之间的文化交流日益频繁，推动了国际多元文化的繁荣，同时也对我国薪火相传的几千年传统文化带来强烈冲击。现代的高中生语文课程安排中都会涉及对外国文化的学习与了解，目的是开阔学生视野，满足国家培养人才的需求。但学生盲目崇拜一切外来文化，不利于我国传统文化的弘扬。学习宋代诗人王安石的《元日》时，在老师引导下感受"爆竹声中一岁除，春风送暖入屠苏"，阵阵鞭炮声中送走旧年，迎来新年的热闹以及万象更新的盎然景象，让学生认识到传统节日的趣味性，也有利于精神世界的认同感和归属感。帮助学生树立正确的学习外来文化态度，立足于民族文化的根基之上，借鉴优秀的外来文化，取其精华，去其糟粕，为中华民族的崛起奠定色彩缤纷的多元文化基础。

二、高中语文教学中传统文化传承的困境

（一）教师未重视传统文化传承

在升学考试的指挥棒下，老师的考核标准会落实到学生的学习成绩上，往往会选择走"捷径"，忽略传统文化素养的传承，把全部精力投入到提高学生的答题技巧上，有效的课堂内讲授大纲考核范围，讲解历年重复出现的考点，强调答题得分点，力求高效率提高学生成绩。却忽视了精神文化的培养，学生成为没有灵魂的学习工具。高中教材内容安排中，阅读、诗歌等多种文本中涉及的传统文化，老师们却简单为学生规划出背诵的内容，背离真正的教学初衷，未能引导学生在情感上与文章情节发生共鸣。

（二）学生"功利"性学习

教育部门为保证优秀的传统文化世代相传，在高中语文教材编排中，会摘选优秀代表性的古典文学，提升学生们的文学修养。但学生在学习文言文与古诗词的篇章时，过度依赖工具书，有《高中古诗文：课文全解（新课标）》《高中语文教材全解》《高中文言文完全解读》等类似的教材辅导书，限制大脑活跃的空间，

很难领悟文章的中心思想内容以及作者的观点态度，更不能真正地学习到传统文化的精髓。即使学生的考核标准逐年的合理化、全面化，但还有一定的瑕疵，学生"功利"性的学习态度依然存在，侧重应答技巧反复练习，忽略语文核心素养的培养。

（三）教学方式缺乏创新

高中语文教学的目的不仅是让学生识文断字，更是强调综合素养的培养，需要通过继承与弘扬优秀的传统文化，使学生的学习能力得到提高，文化素养得到提升。但目前的传承教育方式缺乏课堂应有的教学活力。填鸭式的教学方式枯燥无趣，教师过度依赖辅助备课资料备课，缺乏创新思想，学生也不能够深层次的鉴赏文章的内涵，对传统文化的了解也是一知半解。较短的课堂时间内，教师为了追求更高的教学效率，通常是在讲台上"唱独角戏"，学生在课堂上缺乏自由讨论的学习时间，忽略了教学实践与传统文化的融合。长而久之，学生对课堂授课感到乏味无趣，对语文学习丧失了学习兴趣与动力，不利于优秀传统文化的弘扬。

三、高中语文教学中传统文化现状的突破

（一）加强教师对传统文化传承观念的重视

教师在传统文化的传承过程中起到桥梁性作用。无论是在课堂内授课，还是课外实践，都离不开老师的正确引导。教育部门应增强传统文化学习意识，把传统文化学习工作提上工作议程，通过讲座学习、外出实习考察等途径，加强老师文化修养的培养。担起学生价值观引领者的责任，帮助学生树立正确三观。教师在文言文、诗词篇章部分，仔细、精准把握传统文化的价值脉络，在老师的领引下学习王昌龄的《从军难》：青海长云暗雪山，孤城遥望玉门关。黄金百战穿金甲，不破楼兰终不还。引导学生想象西北边将上生活、战斗的艰苦环境，一面是绵延千里的隐隐雪山，另一面是一望无际的荒芜沙漠，加上频繁的战事，能够感受战斗的激烈与艰苦，尽管在金甲磨穿的恶劣条件下，意志却更加坚定。通过诗歌作品指引学生学习传统文化，传承先辈艰苦奋斗的意志、越战越勇的民族气节，以

及"不破楼兰终不还"的豪言壮志及为国家建功立业的高尚爱国情怀。

（二）提高学生文化素养

从目前的高中语文传统文化教学实践来看，学生在学习诗词、文言文等古典文化时，过度依赖翻译辅导资源，问题的病根主要是学生的文化素养偏低，不能正确、全面地领悟传统文化的精髓，需要教师在平时的课程安排中注重学生的文化修养培养，由原来的字面学习深化到内在的精神价值学习。鼓励学生探求文章深层次的文化内涵、文化传统、民族气节、公众价值观等文化观点。如在学习《论语·述而》中的千古流传的经典语句"三人行，必有我师焉；择其善者而从之，其不善者而改之。"对文章学习不能受限于字面意思翻译，可以结合一些古代先贤的学习典故，如祖逖闻鸡起舞、囊萤映雪、程门立雪、苏秦刺骨等古代先贤的励志学习故事。通过故事典故的拓展分享，达到传统文化潜移默化的效果。指导学生在学习方面不仅要有虚心请教的态度，还要有刻苦学习的精神和毅力，学会待人处事、修身养性，全面提高文化修养。

（三）深化教学方式的创新

"互联网"的时代背景下，利用信息技术创新高中语文教学方式，改变过去"填鸭式"的教学手段，增加学习传统文化知识的趣味性，利于学生的理解吸收，增加对民族经典文化的自豪感和荣誉感。具体创新形式是借助互联网、多媒体等科技产品，高中语文教师课前制作微视频、PPT 等电子课件，挑选合适的背景音乐，渲染浓厚的学习意境，更好地调动学生的学习积极性。学习《木兰诗》时，首先，老师可借助多媒体放映课前准备的 PPT 课件，简单介绍作者所处的环境背景，帮助学生准确把握作者思想情感，并能迅速进入课堂互动讨论环节；然后，老师借助课前准备的微课视频对文章的内容和人物形象进行分析，并插入纯音乐《平沙落雁》为背景音乐。在视觉和听觉的感官刺激下，更好地掌握文章的情感基调。分析文章中的句子"愿为市鞍马，从此替爷征。"表现花木兰巾帼英雄形象，对父亲的关爱和报效祖国的高尚品德；最后，老师节选电视剧《花木兰传奇》的精彩片段，活跃课堂气氛，加深学生对人物形象的精准把握。

总之，我国优秀的传统文化需世代相传，也是完成民族复兴的重要举措。文化崛起是实现人才强国战略的重要保证，高中语文教师需要不断探索新的教学方式，将文化瑰宝送到学生智囊之中，为国家永久屹立于世界民族之林提供源源不断的杰出人才。

第二章　语文学科价值的时代认识

第一节　语文学科的生命价值

人类历史进入了信息化时代，人们生活方式、交往方式、思维方式、语言方式、学习方式都在发生变化，具有独特文化传统的汉语言面临严峻挑战。作为学校基础学科的语文学科教学迫切需要深入思考，如何站在当代社会变革大背景下，站在中国教育改革大背景下，从理论和实践方面做批判性反思，审视当今基础教育阶段语文学科教学现状，探索符合时代发展、符合新人培养的语文教学改革之路。

多年来，在"新基础教育"研究实验中，语文学科团队成员和实验学校老师们一同努力学习"新基础教育"理论，领会理论基本精神，以"新基础教育"理念为"魂"，改变旧的价值观、思维方式、行为习惯，探索如何培养有较强语文能力、在当代社会中主动、健康发展的新人。

《"新基础教育"语文教学改革指导纲要》（以下简称《纲要》）中已经较为详尽地阐述了语文学科价值观，这里稍作补充，目的是再次强调价值观是学科改革的灵魂。

学校设置一门学科，首先要弄明白：为什么设置这门学科？它存在的价值是什么？它对学生成长发展起什么作用？把这些问题弄明白继而才能在实践中具体考虑怎么做。但是，长期以来人们对语文学科价值认识始终停留在浅化、窄化层面。

一、认识不到语文学科在人的生命成长中的价值

以前，也强调语文学科要"教书育人"，但那是从语文学科是工具学科的角度认识"育人"的。语文是工具，要通过语文教学，培养熟练掌握语言工具的人，能识字、会读书、会写文章。在学习期间作为学好其他学科的工具，将来到社会上作为生存的工具。于是，课堂成了记忆知识、操练技能的场所，教师成了知识的传授者、技能的训练者。教师是课堂教学的中心人物，而学生只能处在被传授

知识、被训练的地位。语文学科虽然也强调育人，但其实质还是为更好地掌握知识服务，知识考试获高分才是直接的、最重要的目的。这样的语文教学把"育人"价值异化了，割裂了语文学习和学生生命成长的关系。把人、学生、老师当成了工具，看不到学生是语文学习中的鲜活的生命体，是教学活动中不可或缺的主体，看不到学生具有主动性、潜在性，有多重发展的可能性。这样通过一段时间学习后，学生们天性中存在的对语文学习的好奇、兴趣、期待、问题、原有生命中的灵气在慢慢消失，鲜活的生命色彩在慢慢消退。教师只为学生付出，为完成别人交代的任务而忘我地运转着，没有意识到自己的生命是课堂生命的有机组成部分，不考虑自己生命的价值与发展。

语文学习是母语学习，母语是我们的精神家园，母语学习背后是人的生命世界的存在。语文学科具有丰富的育人价值，它是学生"获得认识世界、感悟世界、实现自我的特有的路径、视角，发现问题的方法、思维方式及思维转换的策略和经历，丰富情感，提高言语智慧，最终获得宽广的精神视野和较高的精神品位"；要"打造中国学生的汉语根基、精神根基和文化根基"。

呼唤人的主体性，是时代精神的核心的内容。缺失主体精神的人将会被社会淘汰。任何一门学科都应该首先把教育的重心落在促进学生生命发展这个根本目标上来，促进学生整体、综合、充分发展。原先那种"面向过去"的价值观需要转为"面向未来"。

二、认识不到语文学科在捍卫汉语（母语）生命中的价值

中国是世界上历史悠久的文明古国之一。伟大的中华民族在数千年的历史长河中留下了博大精深、源远流长的传统文化，这是中国人民智慧的结晶，也是祖先留给我们的珍贵财宝。学习、继承、发扬这份珍贵文化遗产是我们炎黄子孙的责任。

汉语是世界上历史最悠久、使用人口最多的语种之一，中华民族的优秀文化、智慧、精神气质大部分保留在汉语言文字中。比如，中国的"天人合一""己所不欲，勿施于人""先天下之忧而忧，后天下之乐而乐"等思想不仅能治理中国，同

样能治理天下，治理世界。

6 000 年汉字产生演变的历程，从图画到文字画，再到图画文字，直到发展成文字体系，从甲骨文到金文、隶书、楷书经过了近万年时间的演变；中国人的姓氏、名字中含有丰富的人际关系、社会地位、思想意识等文化含义；成语、谚语、对偶、对仗、对联等在世界文化中独树一帜……这些无不令世界震撼。

如今世界上许多国家都把汉语作为重要的语种学习，汉语受到广泛重视，被广泛使用。但是，我国青少年学习汉语的热情在下降，对继承发扬人类历史上积累的基础性科学知识的意义以及和当今青少年学习语文学科之间的关系缺少足够认识，对语文学科价值缺少深入思考，长期纠缠于"语文是工具""语文学科是工具""语文课程是工具""语文既有工具性又有思想性""工具性思想性统一"等概念之中。

关于这些概念，教育家特级教师李海林在《言语教学论》第三章中从逻辑、哲学的角度作了分析和批判，指出了讨论过程中的概念混乱、论题偷换、本体迷失等现象，指出"既有工具性又有思想性""工具性思想性统一"是形而上学二元论思想。他指出"工具性"和"思想性"并不构成对应关系，犹如"战争和鸡蛋"构不成对应的道理一样，因为它们没有互相依赖，不能互为前提。语言既有工具性又有思想性，是人们从语言的形式、内容命题推导出来的，是不成立的。语言的形式是语音，语言的内容是语义，语言的形式和内容结合是语音和语义的结合，即以一定的语言形式表达一定的语义，音义结合是语言的基本规律。而人们所说的"语文具有思想性"主要体现在文章思想内容、情感态度，不是指学习语义；讨论中所说的"语文具有工具性"并不是指学习语音。语言形式和内容统一并不能推导出语文教学的工具性和思想性统一。工具性、思想性矛盾是语文教学本身固有的对立统一关系，是人们思维上违反逻辑的结果，是认识的结果。李海林指出，概念的误用导致整个理论过程的失误，在哲学概念掩护下走向理论的困境。再说，长期纠缠于这些概念的争论，客观上起着错误导向作用，转移了人们的注意力，使人们忽视对语文学科价值的深入思考，看不到社会变革大背景下改革语文学科在人的生命成长、在捍卫汉语生命价值方面的深远意义。

　　语文学科虽有百年历史，但是必须承认，语文学科工作者对语文学科的价值认识仍然整体茫然。当今，面临社会整体转型，弄明白这个问题已刻不容缓。语文学科要和其他学科一样，把教学的重点落在促进学生生命发展，培养主动、健康发展新人这个根本目标上来，用新文化精神滋润年青一代，关注知识内容、教学过程、教学方法结构与社会生活、与学生实际沟通，教学活动中充分发挥学生主动性、创造性，发挥语文学科在培养新人中的独特作用，增强年轻一代捍卫、传承、发扬博大精深、源远流长的传统文化精神的意识、责任和能力。

第二节　语文学科特有的价值

　　语文学科确实"制造"了不少高分低能的学生，这是一种十分遗憾、令人痛心的现象。教育家叶澜指出，语文教学最终目的不是制造一个应试中获得高分的学生，而是要培养较强的语文能力。

　　能力是完成某项任务所必需的个性心理特征、品质、水平，是知识、技能、智慧的综合体现，具有整体性、综合性、结构性等特点。一个有较强语文能力的人，是主动积极的学习者，具有科学的思维方式，拥有丰富的结构性知识、熟练的言语技能、多种可供选择的方法策略，能在生活、工作实际中，在社会交往过程中，创造性地、灵活地运用语言，对自己的言语活动起稳定控制和调节作用。

　　中华数千年文明史、文明精神的传承与发扬期待着具有较强语文能力的人担当起传承、发扬以及保卫汉语的崇高职责。

　　语文教学高分低能现象强烈呼唤着培养语文能力。中小学老师们说：学生不喜欢读书，不会读书，不会思考，不会写文章，上课无精打采；研究生导师说：以高分录取的学生读书抓不住要领，写论文不会列提纲；公司主管说：以高分录用的新人写不出文从字顺的工作报告，社会交往能力差。学生们更迫切希望改革当前语文教学状况，从应试教育中解脱出来，成为真正具有较强语文能力的人。

　　当前国际语文教学也十分关注培养学生的语文能力。据《语文教育展望》第五章介绍：法国从 1995 年起，就提出基础教育改革以"知识和能力的共通基础为宗旨，初中语文以阅读、书写和口头表达三个活动领域来组织教学内容"。1998年提出，初中语文以书面的、口头的、长的、短的、叙事的、议论的学习进行个人的各种形式在内的作文为能力的核心目标；法国课程专家们普遍认为中学教育当以培养学习能力为中心任务。向成长的一代传授广泛的、出色的、综合的基础知识，培养学生终身学习的能力和关键素养。有良好的口、笔头表达能力，能够准确地报道、客观地描写、清楚地阐明自己的观点。能议事论理，正确阐述，自由发言，并能做报告。

国外"语文学科面向何方"的改革思路，有助于我国语文教学理论和实践在多元背景下进行反思与重建，对我国语文教学改革有积极的参考价值。"新基础教育"语文教学改革中，老师们努力改变着以获得高分为荣、以应对考试为教学最高目标的教学观念，确立"能力培养"为语文教学的核心价值。

第三节　形成发展语文能力的基本途径

心理学研究表明，能力是在活动中形成和发展的，是在解决问题的活动中表现出来的。语言能力形成和发展必须具备两个基本条件：必须是言语主体的言语实践，他人替代无效。老师的讲解是老师自己对文本的理解体会和言语实践，不是学生的理解体会和言语实践，不能生成学生的语文能力；名目繁多的练习题只是一种脱离真实语境的机械操作，不能称为真正意义上的言语实践，对自然条件下丰富多彩、灵活多变的听说读写言语实践无实际价值。这种机械操练只能应对考试，不能应用于生活实践。言语主体的言语实践必须达到一定强度，才能形成和发展为能力，三天打鱼两天晒网无效。当前语文教学中的学生言语实践还处于点缀状态，与真正意义上的言语实践还有一段距离。学生真正的言语实践活动是学生自然条件下的、日常生活和学习中的听说读写活动、人际交往活动、社会实践活动，是以学生为主体的言语实践。教学过程中老师要积极引导组织学生在自然条件下进行听说读写言语实践；要精心设计、创设情境，指导学生进行听说读写的言语实践。

"新基础教育"研究强调教学与实践结合，开展丰富的综合活动；强调教学联系学生生活实际；强调课堂向学生开放，把学习的主动权、提问权、评价权还给学生，把时间、空间还给学生，采用多种教学组织形式，实现师生、生生多元网状互动；培养老师倾听、捕捉、点拨等新基本功，克服老师替代现象和习惯等。这些都是努力为每个学生创造言语实践的机会，保证学生言语实践的主动性、多样性、丰富性、灵活性、创造性及有效性。

第四节　语文教学改革的基本任务

"新基础教育"理念是语文教学改革之魂，但是，要做到"魂要附体"，将先进的教育理念转化为老师的行为实践还是相当困难的。

语文学科理论建设还处在浅层阶段，对学科知识、能力发展体系、学生学习语文的规律、语文教师发展等问题还有待深入研究。最为严峻的是广大教师传统观念、旧的思维方式、习惯势力十分顽强，改变相当艰难。正如教育家叶澜所说：已有教学理论传统之长、深入实践主根之深、形式硬壳之坚、传习的接受之强，要改的不只是传递理念，还有千百万教师的教学观念，每天的习以为常的行为。

在"新基础教育"实践过程中，语文团队的老师们正努力用"新基础教育"理念对自己的观念、思维方式、行为习惯进行全面反思和重建。努力将理论转化为自己的行为实践。多年的研究实践告诉我们：第一，转化是语文教学改革的基本任务，转化是必需的。只有转化才能实现"成事成人"（即在成事中成人，以成人促进成事）的基本理念；第二，转化是艰巨的、是长期的。就教师而言，转化要面临前所未有的挑战，面临生存方式、思想观念、思维方式、行为习惯改变的挑战，面临改变教师基础素养和专业素养不足的挑战。这种改变非一日之功。第三，转化是可能的，转化已有成效。因为有"新基础教育"基本理念引领，有"新基础人"滴水穿石的精神。

明确语文学科的基本性质是工具性，这是学科深化改革的关键。从工具性出发，语文教学的基本任务是进行读写听说系统的语言教学。语言教学是整个学科的基础和核心。

研究和改革语文学科，应明确语文学科的性质和教学任务。语文是一门综合性的基础学科，语文教材选有各类文章作为范文，诸如议论文、文学作品、科学创新文章等。文章内容的性质各不相同，但有个共同点，就是都以语言文字作为工具来表达的。语文学科主要就是要教会学生能正确理解和运用祖国的语言文字工具，并实际应用到所有各科学习，从事各种职业，以及适应日常生活需要和参加各种社交活动等。总起来说，语文学科是以培养学生理解和运用语言文字工具为本质属性，它的基本性质是工具性。学科从工具性出发，进行读写听说系统的语言教学，培养正确理解和运用语言文字的能力和知识，这又进一步明确进行读写听说系统的语言教学是语文教学的基本任务。

语言教学在语文学科的各项活动中，主要应起哪些作用呢？从基本性质和基本教学任务出发，大致具有如下三方面作用：

一、语文学科对语言教学的基础作用

为语文学科各项活动提供语言文字的基础，起语言教学在语言文字表达方面的基础作用。语文学科的各项活动，都应在语言文字的基础上进行，力求有利于提高学生对语言文字工具的理解和运用能力。

二、语文学科对语言教学的配合作用

语文学科的各项活动，应在语言教学的基础上互相联系和配合，起语言教学在语言文字表达方面互相联系和配合的作用。初中的语言教学应紧密联系小学的语言教学，并适当提高要求，高中的语言教学应为大专需要的语言能力和知识做准备。总的说来，整个语言教学都必须适应和配合当前国家和社会的需要。

三、语文学科对语言教学的推动作用

对语文学科如何广泛进行语言教学起推动和研究的作用。例如拟定语言教学体系，从初中到高中，应如何以语言教学为主要线索，做系统的安排；确立语言教学总的教学原则，应研究如何切实体现语文学科的基本性质和语文教学的基本任务；又如推动和促进语言教学方式方法的创新，如何成为当前语文学科深化改革当务之急。

上述语言教学的三方面作用，如何才能充分发挥和贯彻呢？一要按照语言教学的任务，并深入了解当前国家和社会对语言教学的实际需要；二要提高学生对学习语言的兴趣和自主精神；三要善于总结和推进语言教学各项活动的有益经验；四要及时表扬在语言教学各项活动中善于策划和改革创新的教师和学生。

语文学科所选范文，还具有其他性质，如思想性、文学性和科学文化知识性，语言教学就需要带动思想教育、文学教学和科学文化知识教学的其他教学，配合语言教学进行必要的思想教育、文学教学和科学文化知识教学，并在日常的语言文字表达中重视和增强语言文字表达的思想性、艺术性和必要的知识内容。

语言教学所选各类范文，主要体现整个语文学科的基本性质—工具性，但不同范文还体现各自的其他性质。例如所有范文都具有一定的思想性，文学作品具有各种文学性，科学文化知识文章还具有必要的知识性。这些范文的思想性、文学性和科学文化知识性，都是在整个学科基本性质—工具性的基础上体现的，并在语言教学过程中分别带动思想教育、文学教学和科学文化知识教学的其他教学，也就构成整个语文学科成为综合性的学科，综合起来可以称作两个"基本"和三个"带动"。

先说语言教学带动思想教育。语言和思想本来是分不开的，语言文字体现不同的思想，对语言文字的正确理解和运用必然能引发有益的思想影响。这就说明语言教学需要与思想教育相配合，才能达到正确地理解和运用的目的，并受到一定的思想教育。同时，思想教育也因有语言教学作为基础而更明确和深刻地理解语言文字内容，并容易掌握语言文字的运用规律，这也说明思想教育能配合语言教学提高教学质量和效果，又在思想感情方面起一定的启发和感染作用。因此，思想教育是语言教学带动的重要任务。

再说语言教学带动文学教学。文学作品具有生动的文学语言和各种艺术形象，能使语言教学带动的一些语言描述和词句表达增加生动性，容易引起学习的兴趣，并能促进日常语言文字表达中重视和增强艺术性。因此，文学教学是语言教学带动的特有任务。

语言教学带动科学文化知识教学，这也有利于日常语言文字表达中重视和充实必要的知识内容，以增强语言文字的具体性和说服力。因此，科学文化知识教学是语言教学带动的必要任务。

上述论述说明了两个"基本"和三个"带动"的正确关系。两个"基本"明确语言教学从出发点到归结点的性质，起指引教学路子的作用，三个"带动"都是由语言教学的带动而促进的，起互相配合和促进的作用。语言教学带动思想教育、文学教学和科学文化知识教学，互相配合和促进，才能更好地培养正确理解和运用语言文字工具的能力和知识，共同完成语文学科的教学任务。

这里需要着重说明的是，语言教学所带动的思想教育、文学教学和科学文化知识教学，都不能脱离语言文字，架空分析思想理论、文学形象或者科学文化知识，否则就会影响甚至改变语文学科的基本性质，不能达成正确理解和运用语言文字工具的教学基本目的。在语言教学中进行带动的思想教育、文学教学和科学文化知识教学，都必须从语言文字出发，最后归结到语言文字，避免发生"三脱离"的架空分析现象。

这里还应特别指出的是，明确语文学科的基本性质和语文教学的基本任务，也可看作当前语文学科深化改革的一种新的尝试。如果对照新中国成立初期语文教材几次重大改革来说，当时所编新教材也是对过去有所突破和创新，并积累了不少宝贵经验，但未能解决语文教学改革中一个根本性问题，就是语文教学的目的任务一直不够明确。现在把语文学科的性质和任务明确为基本性质和其他性质，基本性质就是工具性，由工具性所决定的基本任务是进行读写听说的语言教学，同时明确语文学科的其他性质和所配合的其他教学，这就更切合语文学科的本质属性，不会像新中国成立初期新编语文教材偏重思想教育而忽视与语言文字的密切结合；也不会像文学课本专讲文学理论和文学史知识，而忽视一般语文能力和知识的培养；更不会像1963年的语文教学大纲只提语文方面的教学目的，认为思想内容客观存在于语言文字中，不用再提思想教育的教学目的。因此这几次改革和创新，实际上还是各有所偏。现在把学科性质从本质属性分为基本性质和其他性质，明确语文学科的基本性质是工具性，并强调语言教学与其他教学的相互配合，这就有利于全面完成语文教学的基本任务。

语文学科的各项语言教学，必须体现学科的基本性质，从初中到高中全面强调语言实践，建立具有一定科学性并行之有效的教学体系。

　　语文学科的语言教学，应从学科的基本性质出发，在小学语文教学的基础上，从初中到高中，包括课外学习语言和校外实践语言，以语言实践为教学的主要内容，建立总的语言教学体系，更好地培养学生正确理解和运用语言文字工具的能力和知识。

　　高中的语言教学，应在初中学过的基础语言、表达方式语言和文学语言的基础上，进一步学习综合各种表达方式的语言运用。例如写运动会中运动员的灵活动作和勇敢精神的语言，写辩论会上反映正反两方不同观点交锋的语言；又如写联欢会上美好歌唱和欢乐舞蹈的语言，也可以是在一次集体活动中各种表达方式语言的综合运用。

　　应重视和探索语言表达的规律性，包括语法、修辞和逻辑知识的实际应用，特别应加强语言表达规律的分析研究和表达方式方法的创新。

　　在初中写通文章的基础上，逐步写好文章，不断增强语言文字表达的思想性、艺术性和科学文化知识内容。

　　比较有系统地学习文言实词、虚词和句式，并深入体会具有一定代表性古典作品的语言风格。

　　将短篇文言文改写为现代汉语，并试作能表现一定平仄和押韵的五言绝句或者七言绝句。

　　为农村或者街道居民写春联，为社区写标语，为商店写招牌，或者为老人写信和遗嘱，总之为社会做好语言文字的服务工作。

　　在思想教育配合语言文字表达方面，应根据当前一般学生的实际思想情况，对他们进行"三观"的教育。"三观"即在正确人生观指引下的是非观、价值观和幸福观，培养学生在学习、工作和生活特别是在语言文字表达上，都能正确对待大小是非、行为价值和生活幸福。

　　语文学科最后需要着重研究的问题是：如何从语文学科的基本性质和语言教学的基本任务出发，在语言教学体系的基础上，带动思想教育、文学教学和科学文化知识教学，包括课外学习语言和校外实践语言，确立一个指引和保证各项语言活动都能认真学习语言和不断提高语言文字工具表达能力和知识的教学原则。

语文学习与学生语文能力培养研究

语文学科各项语言教学活动总的教学原则是：从语言文字出发，初步领会和理解所体现的思想内容、艺术形式和科学文化知识，再回到语言文字，深入理解并具体学习优美的语言文字是怎样按照一定的语言表达规律体现深刻的思想意义、生动的文学形象和丰富的科学文化知识的，也就是能把理解和运用语言文字工具的能力和知识实实在在学到手，并带动其他教学受到一定的思想教育、文学教学和科学文化知识教学。

语言教学总的教学原则特别强调"从语言文字出发"和"再回到语言文字"，要求"按照一定的语言表达规律"和"把理解和运用语言文字工具的能力和知识实实在在学到手"。

语文学科的各项教学活动必须都从语言文字出发，如果从思想意义、文学形象或者科学文化知识出发，就容易引发架空分析思想意义、文学形象或者科学文化知识，脱离学科的基本性质和整个教学路子。

特别重要的是"再回到语言文字"，如果从语言文字出发，最后不归结到对语言文字的深入理解和具体运用，而只是空泛的思想意义、抽象的文学形象或者单纯的知识内容，那就会改变语文学科的性质，甚至变成思想教育课、文学课或者科学文化知识课。

总的教学原则特别要求"按照一定的语言表达规律"，包括必要的语法、修辞和逻辑知识。如果不按照科学的运用规律，就很难做到正确地理解和运用语言文字工具。

总的教学原则还有一个特点，就是语言教学应带动其他教学受到一定的思想教育、文学教学和科学文化知识教学。其他教学能配合语言教学共同完成整个语文学科的基本教学任务。

语言教学总的教学原则还具有一个必须重视并切实做到的特点是，适用于小中大"三个课堂"的教学。在日常的教室也可称作小课堂里，进行系统的语言教学，各项教学活动都应严格遵循总的教学原则；在课外较扩大的中课堂里学习语言，开展各项语言教学活动，同样应遵循总的教学原则；更重要的是，到社会大课堂里实践语言，在各种新的教学环境里，如何组织活动，在活动中主要学习语言表达；如何指导学生参加活动，对接待活动的主人持有虚心学习的正确态度；如何把看到的和听到的都记下来，作为以后学习的材料；师生如何一起做好总结，主要是语言表达方面究竟学到什么；还有如何对学习语言有突出表现的学生给予适当的表扬。所有这些，都会给学生留下深刻的印象，在思想教育方面也能起好作用。

还要附带说明，语言教学总的教学原则在实践中可能会引发一些担心，主要有两个想法需要加以说明。一个是认为以语言教学作为基本教学任务是必要的，但过多地强调语言教学可能会影响思想教育，最后还是思想教育被削弱，语言教学也未能获得良好效果。解决这个问题，必须明确语言教学与思想教育的主从关系。所谓"主"，是以语言教学为主体，主要从语言文字出发，最后归结到语言文字，从初步领会语言文字到深刻体会和运用语言文字。"从"就是随从，思想教育是随从语言教学而进行的，也就是思想教育能从思想意义方面配合语言教学的理解和运用，有利于增强语言表达的思想性，不会导致思想教育的削弱。另一个是，认为语言教学带动其他教学，既要重视语言文字表达的思想性，又要增强语言文字的艺术性和科学文化的知识性，如果处理不当，容易顾此失彼，几败俱伤，影响整个语文学科的教学任务。这只要按照上述语文学科的基本性质和语言教学的三方面作用去实践，基本上能处理好语言教学和其他教学的相互关系；在语言文字的理解和运用中进行其他教学，也能从其他教学方面适当配合对语言文字的理解和运用。至于有些思想意义特别深刻、艺术性特别生动或者科学文化知识特别丰富的语言文字，还应从实际出发，适当灵活掌握，多进行一些思想意义、艺术形式和科学文化知识方面的其他教学，与语言教学作较多配合，但也不能脱离语言文字，或者改变语言教学与其他教学的主从关系。

综上所述，当前语文学科改革应从学科性质、教学任务、教学体系和教学原则几方面加强研究，在理论和实践上做进一步探索，开辟具有一定科学性并行之有效的新教学路子，促进语文学科改革的科学化，加快可持续发展，实现深化改革的理想。

第三章　学生阅读能力培养

第一节　阅读能力内涵、形成与发展趋势

进入 21 世纪，信息化成为全球经济社会发展的显著特征。阅读是国民获取信息的主要方式，对国民知识结构塑造和人文素养培育有重要意义，无论是基础教育还是高等教育，都非常重视对阅读能力的培养。作为连接二者的高考，必然将阅读能力作为考查的重点。从 1977 年至今，阅读能力的内涵和衡量标准随着阅读内容、载体和方式的变化而不断变化。40 年前，认识字词、理解句子的意思，就可以称之为一种粗浅的阅读能力，但今天则要复杂得多。高考阅读能力的考查也是如此。

从 1977 年至今的高考现代文阅读考查大致可以分为五个阶段：萌芽阶段、探索阶段、定型阶段、选考阶段和深化改革阶段。

在对不同阶段的现代文阅读进行梳理和分析之前，需要明确这样两组概念。第一组是文体划分概念，包括信息类文本和文学类文本，信息类文本是相对于文学类文本而言的一种非虚构文本，又包括论述类文本和实用类文本；第二组是能力层级划分概念，来自高考语文考试大纲，包括识记、理解、分析综合、鉴赏评价、表达应用和探究。本书在操作层面上使用这两组概念，完成对高考现代文阅读试题五个阶段特点的归纳总结，不花费时间笔墨在概念的细致辨析上。

一、萌芽阶段：1977－1983 年，考查阅读基本功

1977—1983 年，是现代文阅读的萌芽阶段。这一时期的阅读资料匮乏、国民文化水平较低。据 1982 年人口普查统计，小学文化程度以上的人数仅 60% 多，1984年人口抽样调查统计，全国文盲、半文盲的总人数达 2.38 亿，占总人口的 23.5%。

教育部 1978 年公布的《全国高等学校招生考试复习大纲》中，对现代文阅读能力的具体要求是：正确理解常见的词语、成语、句子、文章组织和层次，能够

确定文章中心思想、看出文章写作特色，能联系文章的时代背景和作者生平思想来。文章的范围"包括各类常见的文体"。上述要求，一言以蔽之：读懂文章。这就是在经历了十年浩劫、基础教育备受摧残的历史语境下阅读能力的内涵。

恢复高考后的头几年，试卷中并没有我们现在所熟悉的阅读篇章和阅读试题，考查的重点放在了语言文字知识上。以 1978 年试题为例，只考查了标点符号、字形、关联词语、语法错误和写作。1981—1982 年的高考语文试卷，出现了短小的信息类文本，要求解释文中指定词语的意思。与后来的考查不同的是，20 世纪 80 年代初期对词语考查看重的并不是上下文赋予词语独特的内涵，而是词语本来的意思。换句话说，考查的其实还是对词语语义的识记。例如，1982 年的试题要求解释文段中"矜持""耿直""苟且""迁就"的含义。对于考生而言，上下文给出的信息并不足以推出词语的含义。能够作答的关键还是考试之前对这些词语的背诵和记忆。这一阶段主要对识记和理解能力进行考查。在两种能力中，又更加侧重于识记能力的考查。

二、探索阶段：1984 – 1993 年，侧重理解能力和分析综合能力

1984 年，高考语文试卷正式出现了现代文阅读试题：要求考生阅读一篇 1 500 余字的论述文然后答题。这标志着高考现代文阅读进入探索阶段。

20 世纪 80 年代中期，随着基础教育、高等教育的恢复和国民文化水平整体的提高，读懂文章已满足不了高校选拔的需求，字词句的考查也无法将优秀考生区分出来。教育领域中有关阅读能力内涵和阅读能力培养方法的讨论开始出现。阅读时，不仅要读懂，还要读透：既能够整体上把握文章的内容并将之概括出来，又能够把握细节，分析问题的来龙去脉，运用文章中的信息。为了适应高校选拔要求和国民阅读情况的变化，高考试题及时做出调整。虽然考查语言基础知识的试题依然存在，但比重稍减。考查的重点转移到对文章内容的理解与分析上。

命题者不断摸索最合适的考查方法和试题难度，高考语文现代文阅读试题呈现出多变的特点。从选文来源看，有的来自课外，也有的出自教材。从选文篇数看，交替使用过一篇、两篇、三篇。从选文字数看，短的不足 200 字，长的多达

2 300 余字。从题量上看，从 6 道到 11 道试题不等。从题型上看，除了每年都使用的问答题外，还使用过选择题、判断题、填空题、绘图题、改写题、分类题、选错题等。仅就选择题而言，就采用过四选一、八选四、不定项选择等多种类型。可以说，这一阶段对现代文阅读考查进行了全方位的探索。即使以今天的眼光看，很多试题都非常新颖。

探索阶段选文中的人文社科领域的论述类文本最多，实用类也稍有涉及。课外的文学类文本只在 1991 年试卷中出现过。重信息类文本、轻文学类文本的情况与当时对语文学科课程性质的认知有关。1986 年《全日制中学语文教学大纲》将语文课程性质定义为"从事学习和工作的基础工具"，强调语文则是学习各门学科必须掌握的基础工具，是从事学习和工作的基础工具。在这种情况下，考查的重点自然放在了信息类文本上。

探索的过程中出现过一些问题，其中最大的不足是难度不稳定。例如，1985 年现代文阅读选文 2 300 余字，含 11 道试题。1986 年现代文阅读选文字数和试题道数仅为 1985 年的一半。年度间难度差异过大，有违考试测量规律，对高校选拔和考生备考都非常不利。不过，这也从侧面反映了当时阅读能力内涵发展的特点：国民阅读能力快速提高的同时，也出现了提速不均衡的现象。地区之间、城乡之间、学校之间、学年之间、学生之间，不同的考生群体之间均有较大差异。这使得命题者缺少一个常规的参照，在命题时深一脚浅一脚。此外，还有一个重要原因，就是当时标准化考试的建设尚未完成。

三、定型阶段：1994－2006 年，开始考查推断能力、赏析能力

1994 年，高考现代文阅读考查的模式基本定型，定型的标志是试卷中的现代文阅读选文固定为两篇，其中，第一篇选文所辖的试题全部是四选一选择题，第二篇选文所辖的试题包括多项选择题和主观题。这一阶段又可以分为两个时段，分别是 1994—1997 年和 1998—2007 年。1994—1997 年，两篇选文均为信息类文本，一般第一篇是实用类文本中的科普文，第二篇是论述类文本中的人文社科论文；1998—2007 年，第一篇选文在科普文和人文社科论文中随机选择，第二篇为

文学类文本中的散文。文学类文本的增加与教育领域对语文学科性质的重新认识有关。20世纪90年代中期，在工具性之外，语文学科的人文性被提出并备受关注。"语文学科作为一门人文应用学科，应该是语言的工具训练与人文教育的综合。语文教学中工具性、人文性皆重要，不可机械割裂。

理解能力、分析综合能力是这一阶段考查的重点。但随着散文在试卷中的出现，试题中增加了对鉴赏能力的考查。鉴赏能力是针对文学类文本而言的，对鉴赏能力的考查却有更深刻的思维转换的作用。当学生对一篇文学作品进行鉴赏时，采取的不是接受的姿态和阐释的方式，而要基于以往在阅读认知活动中形成的标准，对文本进行审视和评价，得出结论。可以说，对鉴赏能力的考查，为后来对评价能力和探究能力的考查做好了铺垫。这一时期，分析综合能力的范围也有所扩展，增加了对推断能力的考查。虽然试题难度并不高，思维量也不大，但反映出阅读能力考查的一个重要转向：开始重视对逻辑思维能力的考查。

1994—2006正是世纪之交，这一时期阅读呈现出新的特点：文本通俗化趋势越来越明显；图文兴起并风行，读图时代到来；随着现代信息技术高速发展，文本电子化、网络化、超文本化。社会不仅开始思考阅读的变化，也开始思考变化带来的利弊。高考语文的命题者敏锐地注意到阅读的这种变化，但并未将之与现代文阅读考查联系起来，而仅仅作为作文题材料用于考查写作能力。2006年课标Ⅱ卷的作文就是以六年来国民阅读的变化为材料。但当年及之后一段时期内，现代文阅读试题没有什么变化。一方面，是由于阅读载体的改变虽然引起关注，但尚未对国民阅读方式、思维方式产生实质性影响；另一方面，在定型阶段，高考考查方式成型并固定。从短时间看，固定是好事，方便考生备考，但从长时间看，固定变成了僵化，影响到试题随社会要求、高校要求、基础教育要求调整的灵活性。考查方式固定带来的问题在选考阶段暴露得更加充分。

四、选考阶段：2007－2016年，选考模式和探究能力

2003年，教育部颁布《普通高中课程方案（实验）》，教育部考试中心推出以此为依据的高考试卷。社会一般称之为课标卷，并将相对的以教学大纲为依据的

57

高考试卷称为大纲卷。由于各省份开始课程标准试验的时间不一致，所以大纲卷和课标卷并行了长达 8 年的时间。2014 年，最后一个进入课标试验的广西壮族自治区开始使用课标卷，大纲卷退出了高考的历史舞台。

与大纲卷相比，课标卷中现代文阅读最大的不同在于选修模块的设置。《普通高中语文课程标准（实验稿）》规定了必修课程和选修课程。相应的，课标卷现代文阅读包括必考题和选考题。论述类文本阅读为必考题，文学类文本阅读和实用类文本阅读为选考题，考生从中选择一个大题整体作答。2007 年第一次命制课标卷时，文学类文本选用的是小说，实用类文本选用的是传记。之所以这样设计，考虑的是选考文本和考点之间的匹配问题：相比于其他文本，小说与传记更为近似，更容易做到两道试题之间的难度相对平衡。小说和传记的组合成为课标卷的标配，一直沿用了 10 年。实际上，传记和小说只是形式上的类似，两者的阅读难度很难达成一致。虽然也曾采取增加相关链接等方式来提高传记难度，以接近文学类文本的阅读难度，但效果并不理想。选考模式不仅没有达到尊重考生选择性的初衷，还带来了教学上的功利化：将实用类文本的教学局限于传记，以及在很大程度上忽视文学类文本的教学。

在这 10 年间，阅读情况和阅读能力内涵的变化非常大。建设学习型社会要求的提出，"全民阅读"活动的开展，网络化、数字化、个性化、终身化的教育体系的构建，使得国民阅读率一改 1999—2005 年连续 6 年下降的趋势，开始逐渐递增。数字化阅读更是呈现出跨越式发展的趋势，网络在线阅读和手机阅读成为数字阅读主流。随着阅读载体、阅读率和阅读方式的变化，出现了多组对立的概念：经典阅读与流行阅读、深阅读与浅阅读、系统阅读与碎片化阅读、单一文本阅读与超文本阅读等。如果说 1994—2006 年间，阅读的变化仅仅是显示出一种趋势的话，2007—2016 年间，变化已经成为显著的事实，并且带来人们思维方式的变化。"为决定相信什么和做什么而进行的合理的、反省的"。批判性思维被看作信息爆炸时代现代公民必备的素质。在教育中培养批判性思维、在高考中考查批判性思维的要求越来越强烈。当超文本成为阅读普遍对象、读图成为阅读常态时，高考阅读文本的形式依然是单篇的文字。虽然 2013 年在实用类文本阅读中增加了"相关链接"，但并没有实质性的变化。

在考查能力方面，高考语文现代文阅读有所进步，主要体现在对探究能力的考查实践上。探究是 2003 版课程标准的关键词之一。高考试卷中，现代文阅读中的文学类文本阅读和实用类文本阅读的最后一题，采用开放性问题，引导考生从内容或形式方面对文本中的问题进行探讨和思考。这种问题一般不设标准答案，考生可以从正反两方面回答。命题者给出两种答案，并在评分参考中注明，如有其他答案，只要言之成理，都可酌情给分。试题推出后，受到一线教学界的欢迎，称之为探究题。探究能力与批判性思维能力有重合之处，也有差异。探究能力的考查为批判性思维能力的考查做好了准备，不少试题已经在尝试对批判性思维进行考查，如 2012 年课标卷第 11 题第（4）小题，选文是老舍的《马裤先生》，要求学生回答是否同意小说中的"我"也有人性弱点，并要说出具体理由。遗憾的是，这一步始终没能迈得更开一些。探究题固化成特定试题的特定问法，限制了进一步对探究能力的考查。首先，对探究能力的考查方式应多种多样，能够正反两方面回答的开放性问题仅是其中一种，而且，不是所有的开放性问题都在考查探究能力，很多时候两者被混同起来。其次，对探究能力的考查应建立尊重文本特点的基础上，有些文本意蕴丰富，适合作深入思考，有的文本简单浅易，意思明了，缺乏进一步探讨的价值。

选考阶段，年度间的、区域间的试卷，现代文文本的体裁、字数高度一致，试题考查能力、题干设问、回答方式高度一致。试卷呈现出的规范化特点，有利于考生备考，也有利于年度间、区域间考生水平的比较。但缺少变化、不能及时反映国民阅读情况变化的规范化，一步步走向了模式化和套路化，利于备考也在功利化的教学过程中转化为利于应试。

1977—2016 年的高考现代文阅读考查，达到了考查的目的，为高校选拔了具备足够阅读能力的学生、对基础教育教学也起了积极引导的作用。40 年试题的命制积累了大量的经验，也有一些教训。

五、深化改革阶段：2017年至今，内容的全面与考查的深入

在总结以往规律，吸取经验教训的基础上，2017年高考现代文阅读有了较大变化。首先，扩大选文范围，拓展考查广度；其次，使用复合文本，考查信息处理能力和逻辑思维能力；再次，调节阅读方式，分层次考查批判性思维能力。这些变化预示着高考现代文阅读进入到深化改革阶段。

（一）扩大选文范围，拓展考查广度

在要求个人全面发展的今天，阅读的全面化也是必需的。2017年高考现代文阅读考查广度的拓展主要体现在3个方面，一是考查模块增多。论述类文本阅读、文学类文本阅读和实用类文本阅读均列为必考试题。同时考查3种不同类型的现代文文本，是以往从来没有过的。二是每类文本中的文体种类增加。2017年高考语文考试大纲中规定了3类文本和12种文体，论述类文本包括政论文、学术论文、时评、书评等，文学类文本包括小说、散文、诗歌、戏剧等，实用类文本包括新闻、传记、报告、科普文章等。

2017年3套全国卷，分别考查了论述类文本中的学术论文，文学类文本中的小说和散文，实用类文本中的新闻和报告。三是文本话题所涉的学科领域有所扩展。论述类文本选文虽然沿袭了以往人文社科文的传统，但时代感强，突破了传统文学文化题材的界限，谈论的是社会领域和学术领域中的前沿话题。实用类文本采用了关于垃圾分类的新闻，关于纪录片运营模式、博物馆与国民经济的报告，让人耳目一新。

现代文阅读不仅从上述考查广度方面进行了拓展，还从考查深度上有意识用力，重点考查了复杂阅读环境下所需的思维能力，以适应国家发展对创新型人才、教育对创新性思维的需求。2017年的高考现代文阅读将信息处理能力和批判性思维能力作为考查的重点，并通过变革文本呈现方式和调节阅读方式实现这种考查。

（二）使用复合文本，考查信息处理能力和逻辑思维能力

复合文本的概念来自PISA，指多个不同来源的文本组合。相比于传统、单一的连续性文本，复合文本不仅提供多个观察事物或问题的视角，提供更加丰富多

样的信息，而且打破了单一文本完整而封闭的格局，否定终极解释的存在，以开放的姿态充分激发读者的阅读潜能。2017 年实用类文本阅读采用复合文本的形式。

第二节 阅读能力培养基本要求和途径

一、阅读能力培养基本要求

课外阅读对于提高学生阅读能力和写作能力有着积极的作用，随着教育教学改革的逐步深入，学生有了更多的课外时间，引导学生充分地利用充足的课外时间，把兴趣引导到课外阅读中来，有着十分重要的意义。对如何培养课外阅读兴趣，形成良好阅读习惯，下面我结合自己的教学实践，谈一下体会与认识，与同行商榷。

（一）培养学生课外阅读兴趣的意义

课外阅读，不仅可以使学生丰富知识，开阔视野，增长智慧，培养学生自学能力和良好习惯，而且有利于巩固学生课内所学的字词和读写知识，从而提高阅读能力和写作能力。

其实，不单语文学科，任何一门学科，都要借助于课外阅读的配合与补充。通过实施"多学科，新知识，教点渗透"的课堂教学方法，学生的兴趣就会不局限于教科书，那么寻找新知识，扩大知识面就会成为自觉的行动。

此外，课外阅读还有助于学生形成良好的思想品德和行为习惯。心理学研究表明，少年儿童不仅以观察生活中的人物形象，如父母、教师、英雄人物、劳模、科学家以至同学，而且还以书籍中所描绘的人物形象作为自己理想的楷模和学习的榜样，把自己的行为同"理想的化身"相比较，从而评价自己行为的优劣。这些榜样和楷模，许多都是学生从课外阅读中获得的。

（二）为学生做好课外阅读的教育指导

首先，要介绍有趣的读物，帮助学生读好最初几本书。为此，教师应该首先是课外书籍的积极阅读者，可以选择几本有趣的课外读物，激发他们的兴趣，进而引导他们自己去阅读。当学生开始独立读书的时候，应注意关注学生好奇心理、求知欲强等心理特点，考虑到他们的兴趣和能力，替学生选择适当的书籍，帮助他们读好最初几本书。开始阅读时，应根据他们的知识水平和阅读能力，帮助他们挑选浅显易懂的故事书，这样就会逐步调动起学生课外阅读的积极性，提高其读书的信心和兴趣。

其次，要使学生爱好阅读，给予自由选择的余地很重要。现在学生自由支配的时间多了，教师要引导他们自主选择自己爱好的书籍，按自己的步调阅读，要讲求阅读方法，既读得快，读得正确，又不准读遗漏。总之，一切不要过多干预，要使学生愉快地阅读。

再次，教师做好学业指导和生活指导两个方面，前者包括如何激发学生读书的动机，例如当学生缺乏求知欲和阅读技能时，教师可以创造条件，使阅读成为他们生活中所必需的东西，激发他们自觉地去找书籍，独立地阅读，从中体会到由阅读所带来的乐趣，刺激他们的求知欲。同时，教师还要提供学生广泛获得阅读经验的各种机会，鼓动探索，搜集各种参考资料，使之有助于学生的学习研究，提高书籍欣赏能力和评判能力，通过推荐有益的课外读物，指导学生涵养品德，增进健康，丰富社会经验，以及合理安排课余生活等。

总之，指导学生阅读文艺作品有助于提高学生的阅读兴趣和阅读能力，可以培养健康情感，提高思想认识；指导学生阅读科学通俗读物，同样是培养学生知识兴趣方面的必要补充，能够教育学生产生观察生活。以实例来鼓励和激发他们更好地理解周围现实的意向，帮助他们把课堂学习的知识与生活中观察到的现象联系起来。阅读是最好的学习方式，培养课外阅读兴趣形成良好的课外阅读习惯，对学生的学习和今后的生活都有巨大的影响。

（三）养成阅读习惯，读出对语文的热爱

书籍是人类最宝贵的财富。语文教师尤其要读书，因为语文知识内容丰富，字词句篇、语法、修辞、逻辑无所不包；古今中外，作家作品涉及面广，天文、地理、政治、艺术包罗万象。特别是对职业学校来说，要把语文知识和学生所学的专业相结合，让学生感觉学的有趣，学的有用，语文教师更需广采与语文有关和无关的知识，才能适应学生的需要，抱着几本教科书，凭着几本参考书，是难以担当语文教学任务的。另一方面，素质教育十分注重学习能力的培养，也要求教师首先要具有终生学习的观念，才能培养出具有终生学习能力的人。

语文教师不但要有精深宽厚的专业学科知识、教育科学知识、教学方法知识，还要有扎实充足的社会科学、自然科学和哲学知识，更要有广博的相关学科知识。教育家苏霍姆林斯基说：只有当教师的知识视野比学校教学大纲宽广得无可比拟的时候，教师才能成为教育过程的真正能手、艺术家和诗人。所以，教师可以看一些所谓的"闲书"——哲学、美学等论著，或者杂谈、书评等短章或天文、地理及其他学科领域的学术专著。

二、阅读能力培养基本途径

阅读能力培养基本途径有课堂教学与课外学习。改革课堂教学、提高课堂教学效率是培养阅读能力的主要途径。

基础教育阶段，课堂教学是学生学习语文、培养语文能力的主要途径，这是毋庸置疑的。其中，阅读教学课时之多、学生投入阅读的时间和精力之多，都在其他学科之上。但是，学生的实际阅读水平和投入并不成正比，阅读的兴趣也随着年级升高而逐渐减弱。一所中学做了一次调查，统计数字显示，学生最不喜欢的学科是语文。课堂教学效率最低的是阅读教学课。这种现象引起了社会极大关注，改革语文教学、提高语文能力的呼声越来越高。报纸杂志发表言论，电视、电台组织讨论，街头巷尾议论纷纷。其实，呼声最高的是来自学生群体。课堂上学生无精打采、沉默寡言是强烈的呼声。只不过，由于旧有观念对学生的漠视，对学生——这个最该被关注的鲜活生命群体的呼声没有引起应有的重视。说到底，语文教师也不满意这种现象。语文教师责任心强、工作认真，面对如此尴尬的局面也着急，也思量，也寻觅。老师们频频参加培训，到处去观摩优秀教师示范课，辅导资料买了一摞又一摞，可是效果不佳。改革之路在何方？

"新基础教育"研究使老师们找到了语文教学改革的方向。"新基础教育"理念、思维方式使老师们猛醒；"新基础教育"主动、探索精神使老师们意识到，没

语文学习与学生语文能力培养研究

有什么神仙皇帝，改革之路就在自己脚下；"新基础教育"语文学科的改革思路、成效坚定了老师们的信心。原来，语文教材可以这样处理，原来阅读课可以这样上，学生在课堂上能如此充满活力。当一名语文教师可以成为一种享受……

在"新基础教育"理论学习和行为转化实践中，老师们认识到：

（一）课堂教学活动是一种生命活动

课堂教学活动是师生一种特殊形式的生命活动，是师生人生中一段重要的生命历程。这种课堂生活是积极的、和谐的，充满生长气息的，有一定流程、节奏。

教师是课堂生活中的指导者、组织者、责任者，要研究教学内容、研究学生，精心设计活动流程、方法、策略。学生在课堂中是主动积极的学习者、研究者、赏析者、阐述者。师生都是课堂生活中的主体，在民主、平等、和谐的课堂内积极交流、互动，学生成长着，教师也得到发展。他们不再是主导和被动的关系。教师不再只是传授知识训练技能，学生不再只是为接受知识、接受训练在课堂内生活着。

课堂生活的内容是丰富的、有节奏的。流程由几个基本、连贯的系列组成：有向开放——交互反馈——集聚生成。流程和诸多因素结合成一个整体，充满整体性、综合性、生长性。

学生体验着成长的快乐，老师体验着职业的尊严和享受着教学的欢乐，"新基础教育"理念焕发了师生生命活力。

（二）要破旧观念，立新思想

我国阅读教学受传统教学和国外教学影响颇深，残留不少旧观念、旧思想。这种旧观念、旧思想已经不适应时代发展，甚至阻碍了学生主动健康发展。在"新基础教育"研究中，老师们认识到破旧观念、立新思想已势在必行。

1．破阅读技能训练观，立阅读策略教学观

100多年来，我国阅读教学观发生过多次变化。20世纪初、中期，受"刺激—反应"观影响，认为学习是反应的增强，教师是奖惩的实施者，学生是奖惩的接受者，是被动学习者。后来，认为阅读是一种能力，能力分解为若干技能，教

学中把一个个技能交给学生，学生就能形成能力。阅读能力等于诸多技能相加。这种观点仍然把阅读者看成是被动接受者。

20 世纪 60—70 年代，根据认知、元认知理论，形成阅读理解认知观，强调阅读的交互特征和理解建构特征，即，读者运用自己头脑具有的原有知识结合阅读文章提供的线索以及阅读情境实际来建构文章意义。这种阅读观包括两个重要的因素：

（1）读者阅读文章时，已经具有与理解文章有关的多种知识。如，与文章内容有关的社会知识、自然知识；与文章结构、表达有关的某些文学知识等。

（2）阅读过程中，读者能运用已有的某些策略知识帮助自己理解文章内容。如，关于词语、句式、段落、结构的知识。如，初步感知到深入理解的阅读程序知识等。

与阅读技能训练观相比，这种阅读观（有人称为阅读策略教学观）有如下优点：

（1）读者是主动学习者。学习某项知识时，学习者已具有一定知识、经验，他们以这些知识和经验为生长点，建构新知识的意义。因此，这个过程不是被动地被告之、被传授的过程，是学习主体主动建构的过程。

（2）知识建构过程是原有知识和新信息的整合、同化的过程，不是简单的相加、累加的过程。具有整体性、积淀性。

① 这种阅读观主张根据不同阅读要求灵活运用策略，而不是死记策略步骤。

② 这种阅读观要求学生积极参与对策略的评价、调整，具有元认知意识。

几十年来，我国语文教学在多次改革中也生成过一些新的理念，取得一些成功经验，但从全局看，仍然受着"刺激——反应"和"阅读技能训练"观的影响，多数或大多学生仍然处在被动学习记忆、被动反复操练状态，没有策略意识，更不会在阅读过程中运用策略评价自己的阅读行为。

学习是一个有目的、有步骤的认知行为，不仅要知其然，还要知其所以然。若要提高阅读能力，就要知道：什么叫阅读能力？提高阅读能力需要哪些知识、策略？这些知识在阅读能力形成中起什么作用？如何掌握和运用这些知识、策略？也就是要认识到这样做的目的、步骤、方法手段、条件，才能成为具有策略思想的主动的学习者和运用者。

但是阅读策略是阅读主体内在的认知活动，他人无法观察得到。教师如果缺少教育心理学理论，不会自觉在教学中运用教育心理学理论，教学中只能说：大家开动脑筋、大家发挥想象力、谁能说得更简洁些或者说这位同学回答得很好等，只停留在概念、抽象层面，不会具体说明，也不能引导学生讨论研究怎么动脑筋，如何发挥想象力，好在哪里、为什么好。学生只能靠自己猜测、暗中摸索。而大多数学生是摸索不出规律来的，即使有少数学生能摸索出一些经验来，也不能在交流中丰富、完善，不能把个人的经验转化为群体学习的资源，课堂教学的效果甚微。

韩雪屏在"语文知识的心理学分类"部分写道[①]：从哲学和认识论角度思考问题，把知识分为具体知识、抽象知识，感性知识、理性知识，直接知识、间接知识。当代认知心理学提供了知识分类新视角——陈述性知识和程序性知识。陈述性知识主要用来回答事物是什么、为什么、怎么样，也叫记忆性知识。程序性知识主要用来解决做什么和怎么做，也叫操作性知识。为了改变学生学习中暗中摸索的低效现象，培养学生成为具有策略思想的主动的学习者和运用者，实验中尝试着从新视角关注教学策略：

（1）采用教结构、用结构长程两段策略

语文课程中有许多概念，如，词、句、句群、段、篇、文体、人物、情节、结构、思路等等。这些概念都是从语言学、文章学、文艺学等基础理论学科中提取出来的、对形成学生语文能力非常有用的知识，但是这些知识都毫无规律地分散在每篇课文中。以往教学，如上文所说，或者只让学生死记硬背，或者含糊处理，学生始终处于朦胧之中。实验中，尝试用结构性思维调整教学内容，将教学内容按类相对集中，形成类知识结构，然后用教结构、用结构长程两段式教学策略进行教学。在教结构阶段，帮学生们明白这种知识结构的特点和因特点而形成的学习过程、学习方法结构，通过一定情境实践初步掌握知识结构、过程结构、

[①] 韩雪屏. 语文教育的心理学原理[M]. 上海：上海教育出版社，2001：165.

方法结构，形成一定类结构思维策略。以后学习过程中，学生运用类结构思维策略，实现类结构迁移。这样，在长期言语实践中逐步形成、发展为较强的能力。有了类结构思维策略，学生就成了一个具有策略思想的自觉的主动的学习者、思考者、运用者。该能力形成、发展的过程，是一个有目的、有计划、有方法策略的过程，不是死记硬背和暗中摸索的行为。

如，为了让学生把握阅读写人记叙文的特点和掌握学习写人记叙文的阅读过程结构和方法结构，培养独立阅读同类文章的能力，先选择典型写人记叙文教学，通过教学学生了解了写人记叙文的特点和阅读过程、方法结构，这是教结构过程，需要用比较多的教学时间。然后，选择一组同类文章让学生阅读分析、讨论，进一步把握这类文章的特点和阅读过程、方法结构。这是用结构过程。一组同类文章阅读后，学生对文章特点已经比较熟悉，阅读过程结构和方法结构也已经比较熟悉，教学进度自然会加快，学生独立阅读能力因此而提高。以后，学习过程中再遇到同类文章，学生就能基本独立完成学习任务。

（2）将内隐认知活动外显化策略

语文教学过程中，经常要求学生进行归纳主要内容、梳理文脉、简要复述、创造性复述等活动，这些活动都有某种特定的体现内在思维规律的操作程序。但正如上文所说，这些体现内在规律的操作程序是内隐的。

采用多种互动方式，让学生将自己的思维活动、思维过程用语言描述出来。将个人内在的思维活动转化为他人能听到、意识得到的外显行为。这样叙述者可以借助语言描述梳理自己的思维过程，使其清晰、更有序；同学们能从叙述者的描述中了解叙述者的所思所想，展开交流，互相补充、完善，使思维过程、思维方法更科学。如此，个人的经验成为群体学习的资源，每个人也不再是暗中摸索了。如：培养学生答题能力，先在交互活动中，学生们各自说出自己答题的思考过程，再共同提炼出答题的基本操作步骤及要求：审题，明白题目要求——阅读文本，根据题目要求，圈划批注、寻找、思考答案内容——梳理答案内容，使其正确完整——组织思路和语言，使表达有序、明白。交互活动过程中，让学生结合个人经验讲述具体思维过程及方法，即：如何审题的？如何圈划的？圈了什么内容？为什么圈这些内容？等等。这是一个交流、讨论，甚至不同见解之间争论的过程，是一个各抒己见、发挥独立思索的过程，是思维方式展示、研究策略的过程。这个过程追求的不只是答题结果，同时要总结、提炼答题的思维过程，以指导以后学习，提高答题能力。

每一个学生在以前的学习活动中都积累了一些经验，学习的起点都不是零状态，在交流中，不仅介绍自己的经验，还能评价他人经验。这样，通过交互活动，每个学生都能以原有经验为生长点整合建构新的知识。师生是活动中的双主体。老师成了整个教学活动的指导者、组织者。教学中，老师可以进一步了解并研究学生思维方式、学习规律，还可以吸收学生的经验，整合建构自己的新知识，为教学提供新经验。

2．破教材观，立创造性用教材观

阅读教材是根据《标准》中关于教学目的要求，按照一定体系结构选编的，是《标准》具体化，是读和教的材料。

长期以来，人们认为教材是教学的法定材料，不能擅自变动，老师以完成教材规定的内容为教学第一目标。开学初，首先忙着安排教学课时，哪一篇课文用两教时，哪一篇课文用三教时，哪一周单元测验，哪一周期中考试，哪一周期末考验，哪一周与邻近学校联合测验，哪一周上级部门调研测验……然后，严格地、小心翼翼地按预定课时一篇一篇往下教。至于这样安排是否适合所教班级学生实际需要并不在考虑之中。"新基础教育"研究中，教师们的教材观逐渐发生着变化。

（1）教材不是学生学习母语的唯一材料

学生学习母语的材料无处不在，无时不有，家庭、社会、学校日常生活、各科学习中都有丰富的语文资源。用教材教只是学习母语的途径、方式之一，是教师运用教材有目的地、有计划地、集中有力地培养学生学习语言、运用语言的方式，培养过程还必须调动各方语文资源形成合力才能达到预期效果。教材是"用"来进行母语教学的材料之一，把教材作为唯一的资源，势必浪费其他大量、丰富、生动、鲜活的语文资源。

（2）教材的功能是多元的

教材是人们根据学生生命成长的需要、语文能力培养的需要精心挑选的，每一篇课文都给学生生命成长提供正能量，都是字、词、句、篇、语、修、逻、文结合的典范，都可以用来培养学生听、说、读、写能力。课文可以作为学生学习表达的范文，可以作为培养学生各单项能力的载体（如：培养概括能力，培养感悟、理解能力等），可以作为知识积累的资源（通过记忆、背诵），可以作为培养国家意识、民族精神、丰富精神生活的材料……语文教材的功能是多元的，它对学生有太多育人价值。但是，实际教学中，在有限的教学时间里，如何发挥每一篇课文的育人价值，必须根据学生发展需要认真思考，慎重选择。创造性地运用教材是语文教师职责。

（3）教材都是精心选编的，但仍有不尽如人意之处

我国语文教材从 1903 年独立设科以来已逾百年，历史不短。百年来教材变化不断，受教育思潮、政治运动的影响比较大。教育思潮变化大，政治运动次数多，教材变动也快。1949 年以后，学习苏联经验，汉语和文学分科，一段时间后又合二为一。因研究观点不同，语文教材的编写方式争论不断。有文白之争，教材采用纯白话文还是文言文；有关于是否选用儿童文学的争论，有人批评小学国语教科书中充斥"鸟言兽语"。语文教材历来是受批评指责最多的教材。

3．改单一课型，建构多样化课型

20 世纪 50 年代，我国阅读教学主要采用讲读课型，此课型包括六个环节：第一，准备谈话；第二，词汇教学；第三，朗读、默读训练；第四，课文内容、结构分析；第五，课文复习、背诵；第六，总结谈话。这六环节一定程度上体现了阅读教学规律，1954 年从苏联被介绍到我国后，在我国语文教学中发挥过积极作用。但是，该课型在长期教学中模式化、僵硬化了，暴露出了形式烦琐的弊端，成了提高阅读教学效率的障碍。以后，语文教学界开展过语文教学有无规律的讨论，但仁者见仁，智者见智，广大教师无所适从。于是，教育机构培训课成了大家模仿的范式，优秀教师公开课成为大家学习的榜样。优秀教学汇编、教学经验

专著、教学参考用书铺天盖地，连中小学生也会把参考书带进课堂，师生共同"参考"参考书的内容问问答答。慢慢地，人们发现课堂教学又出现千课一面的怪现象。语文教师产生了职业倦怠，没有创造性。语文课成了学生最不喜欢的课。其实，语文课的内容是相当丰富的，可以从中感受生活的乐趣，领略古今优秀人物的风采，学习古今中外学者的人生观、哲学思想，欣赏中外名胜古迹、美丽的自然风光、可爱的动物世界，了解世界重大历史事件……是一个多姿多彩的语文世界。那么，学生为什么不爱上语文课呢？可见，问题不完全在内容，而在课堂教学本身，千课一面的课堂教学模式把鲜活的内容教乏味了。

阅读教学的课堂应该是既有规律，又多姿多彩的，绝不应该是一个模式、一个套路。语文教材篇目很多，孤立地看，一篇课文一个特定内容，课文之间没有什么必然关联，但是换一个视角看，从整体、结构、关系思维角度看，就会有许多新发现。

多样化的课型使阅读教学课堂既富有变化、有生气又不会信马由缰、随意而为；既能体现阅读规律，又不落入僵化模式。教师们把握基本课型的设计理念、策略，根据具体课文内容和学生实际可以自主选择合适的课型进行教学，也能创造更多课型，从被动模仿走向主动创造，从教学的茫然走向清晰。阅读课堂不再千课一面，还阅读课堂本该有的多姿多彩风貌。

破单一、模式化课型，建构多样化课型是阅读教学改革必由之路，也是一条异常艰巨之路，要有高瞻远瞩的理论指导，要有丰厚扎实的教学研究实践。语文界的同仁们在这方面已经做了大量工作，我们在"新基础教育"理念指导下，在改革研究实践中，也在尝试着，但还不完善。

课型内涵的界定，主要体现在课型、成型的课型标准、课型要有相关文字资料三方面。课型是指课的类型。围绕某一个教学目标或某一教学对象而形成的某一类型的课；成型的课型标准是指需要有明确的指导思想，一套体系化的结构。包括：系列化教学目标、教学内容、教学过程方法、评价标准等；课型要有相关文字资料，如：案例、论文等。

"新基础教育"语文改革中的课型研究以"新基础教育"基本理念为"魂"，

以学生语文能力发展为核心目标，遵循整体性、结构性、开放性、主体性、生成性、重心下移等原则。

（三）用"新基础教育"理念指导教学设计、课堂教学、课后反思

1．教学设计

课前准备是对教师职业的基本要求，一般情况下，老师们都会认真对待。但有些老师备课过程和过程中反映出的思想值得注意。

以往一般备课过程的缺失：通读课文，了解课文内容和课后习题要求——阅读教学参考书，了解参考书中关于文章主题、段落层次分析，了解教学建议，了解相关资料介绍以及练习设计、词语解释等——将参考书上的内容抄在备课本上，写出教学过程。

老师们认为参考书是上级有关部门组织有经验老师经过充分研究撰写的，体现了上级精神，质量有保证，又是有关部门出考题的依据。因此，对参考书产生很大依赖性。

"新基础教育"研究中的语文教学准备：改"备课"为"教学设计"，凸显教学准备育人价值。

"新基础教育"研究将课前准备称为"教学设计"，本身就体现对教学准备工作的重视。教学准备犹如一项工程设计，需要依据既定的教育理念、设计思想制定方案，将教育理念体现在教学目标任务、内容选择、方法策略运用等整个教学过程之中。

教学首先是教育行为，最终目标是培养学生成为主动、健康发展的新人，一切教学活动首先要从人的培养出发，从学生发展需要出发。语文教学课前准备必须考虑所教班级学生的实际状况和发展需要。

教学是个系统工程，学生成长有个发展过程。语文教学中，知识的积累、能力的形成、发展都不是一蹴而就的。教学准备过程中，每一篇课文教学，每一个技能训练，每一个知识点教学都需要放在整体、长过程结构之中思考，考虑学生已知已会，考虑学生的后续发展。教学活动中，教师和学生是双主体，教与学是同一个分析单位，语文教学设计不能只考虑单方面的行为，要精心设计，使教学活动在师生有机互动中共同推进。同时，考虑教学活动诸因素，如教学环境、学生兴趣、习惯等之间的关联性。

语文学科的特殊性也决定了教学要精心设计。一个版本教材使用范围很广，如人教社教材，沿海地区学生用，边远地区学生用，汉族学生用，少数民族学生也在用，他们生活环境不同，差异很大。加上每篇课文又是一个字、词、句、段的综合体，思想内容、语言风格各异，面对具体的学生，在有限的教学时间内，老师必须考虑教什么，教到什么程度，要做出具体的选择，进行精心设计。

教学设计过程包括：教材分析——学情分析——选择教学内容——确定教学课型——制定教学目标——设计教学过程。

2．课堂教学

以往人们把课堂教学过程当作执行教案的过程。什么时候板书，什么时候出示媒体视频，什么时候朗读课文，完全按教案预设运行，老师连课堂导入语、过渡语、总结语都背得一字不差。学生配合老师完成教案，配合过程中，学优生充当主角，解答老师的各种问题；大多数学生充当群众角色，配合朗读，营造气氛。师生各司其职，直到下课铃声响起。如果老师讲完总结语正逢下课铃声响，那是最完美的结果。其实，这样的课机械、形式、封闭、缺少价值。

3．教学反思

反思指课堂教学后，执教老师对课堂教学的回顾与思考，是"新基础教育"教学研究中的一个重要环节。教学反思要做到：

（1）明确反思目的，突出反思主题

反思是课后用"新基础教育"基本理念审视自己的教学思想和行为，目的是联系课堂教学实践深入学习"新基础教育"理念，改进教学实践。对执教教师来说，这是一个促进"新基础教育"理论学习和将理论转化为行为的契机。所以，反思是"新基础教育"团队教师成长的自觉行为，需要的是真诚的态度、开放的心态。反思的角度是多元的，但应该突出"新基础教育"主题，紧扣"新基础教育"基本理念，反思自己的教学思想和行为。

（2）选择反思内容，突出重点

反思的角度是多方面的，可以反思教育设计、反思课堂实施过程中方方面面：如开放程度、重心是否下移、倾听、捕捉、点拨、提升情况等。可以对比教学设计和课堂实施，看想教的和实际教的是否一致（因为实际教学达不到预设效果的现象很普遍），分析原因，或许是设计脱离学生发展需要，或许是教师课堂指导机智、组织能力欠缺。即时反思因为思考时间不充裕，所以，不必面面俱到，可以选择感受、体会最深的与大家交流，进行反思，或写反思笔记。

（3）辩证思考，实事求是

反思不是反省，不是检讨，所以不是只反思问题，也可以回顾分析某些方面成功的原因。失败的例子通过反思可以成为生长的资源，成功的例子更要下工夫总结，但需要的是实事求是的科学态度。

（4）联系实际，避免抽象

反思切忌引用许多"新基础教育"语录，却没有具体事例。学习理论不联系实际，或者不会运用理论去观察、发现、分析具体事例，理论还是别人的，理论只有能联系实际才能内化为自己的。反思不等于"新基础教育"理论引用得越多越好。

（5）反思与重建联动，寻求更大发展

反思目的是为了发展，在反思的基础上可以找到后期发展的路径。所以，反思不是行为的终点，教师可以在一次次实践、反思、学习、重建中发展。

第三节　阅读理解能力培养的方法策略

如何培养、提高学生阅读理解能力，历来是语文教学研究的重点，也是一大难点。同仁们的研究实践提供了不少经验。"新基础教育"实验研究中的语文团队老师们也在"新基础教育"理论指导下，尝试遵循阅读能力形成、发展基本规律，运用恰当的方法策略培养学生阅读理解能力。因为其中因素复杂、变数太多，要想得出"最好"阅读计划、"最佳"阅读能力训练方法仍然是困难的，但是我们在努力着。下面从三方面分别叙述：

一、做好阅读能力培养的前提工作

基于阅读能力形成发展的复杂影响因素，培养学生阅读能力有许多前提性工作要做，其中包括培养学生独立识字能力、培养学生阅读的综合基础素养。这两部分内容在《纲要》中已有详尽的叙述，为了反映实验研究的整体框架，这里再作简要叙述。

（一）培养独立识字能力

阅读过程中，需具备独立识字能力。遇到生字能运用汉字音、形、义规律，运用汉字学习过程结构，借助工具书帮助，自己扫除读物中的生字障碍，顺利阅读。

（二）扎实培养学生阅读综合基础素养

阅读综合基础素养培养是根据阅读起步阶段学生特点设计的，目的在把学生阅读基础打扎实，在学习实践中培养学生阅读兴趣，助其养成良好的学习习惯和品质。

二、基于学生阅读理解的单项能力培养

阅读单项能力是指阅读能力中的若干次级能力。如：朗读能力、质疑能力等。

培养中，首先，让学生明白这些能力的培养价值，调动学生学习主动性。其次，按能力形成、发展规律，采用相应的方法策略，而不是只靠简单、机械地反复操练。最后，逐步形成学生能力自觉，能在新的语境中恰当地选择运用能力，能根据不同文章特点选择合适的朗读方式，正确表达情感。

能力形成可依靠两个基本途径。一是在自然学习中自然形成；二是在直接的促进形成的教学活动中形成。以往教学中，基本依靠自然学习中自然形成的方法。正因为"自然"，目的性不强，缺少具体培养计划、方法、策略，效果往往不佳。

"新基础教育"研究中，采用两条途径相结合策略。一方面重视在日常教学中渗透能力培养因素；一方面上单项能力培养课，在直接的促进形成的教学活动中形成能力。辩证处理综合能力培养和单项能力培养之间的关系，综合能力培养、单项能力培养同时进行，重点培养和综合运用实践相结合。

阅读能力中的若干次级能力，就是采用两条路径相结合的策略培养的。

（一）朗读能力培养

学生朗读主要有技能型朗读和理解型朗读。技能型朗读要求大声诵读，正确流利；理解型朗读即通常说的有感情朗读，运用语调、语气、节奏等技巧读出句子抑扬顿挫，读出对文章的个性化理解。

朗读在语文学习中具有促进学生外部语言向内部语言发展的重要价值。朗读能增强语言的感受力、表现力。朗读课文时，把文字所代表的状态或具体事物在脑子里重现出来，想象画面，把概括的东西变成具体的东西产生具体感受。直观感受文章的节奏美、语言艺术美，引起情感共鸣，更深体悟作品的内涵，还会把情感传递给别人。

语文学科重视朗读，"课程标准"中有具体的朗读教学目标，教学单元导语中有表情朗读的要求，课堂教学设计中也常有"培养有感情朗读"的字样。

通常情况下，老师也把朗读当作一种活动形式，一种课堂讨论后替代总结的形式。课堂讨论后，老师说：大家有感情地朗读一下，学生朗读时并没有感情。老师自己也很少"有感情朗读"，担心引来尴尬。一位中学老师说：一次，他运足了情感走进课堂，充满激情地朗读课文，抬头一看，学生们以怪异的眼光看着他，窃窃发笑。相比之下，低年级学生天真可爱，他们会全身心地投入朗读，虽然有时过于夸张。

基础教育阶段语文教学培养学生情感朗读不是为培养演员、广播员、节目主持人，而是提高学生对语文文字的感悟力、表现力，提高审美情趣，接受文本中人物精神品质的熏陶。因此，感情朗读追求的不只是高超的技能技巧，应是真情的流露，哪怕语音还不太准确、节奏还处理不当，但这份情必须是真的，不是虚情假意。感情朗读一定是建立在"真"的基础上的。当然，通过感情朗读指导能培养出优秀的节目主持人自然不错，但这不是语文教学追求的目标。

学生真情朗读，首先，要建立在真诚、民主平等的师生关系和持久开放、和谐、积极向上的班级生活、课堂氛围上。这种关系，这种氛围需要教师在正确教育观指导下，在正确教师观、学生观、教学观的指导下，和学生们一同打造。只有在这种关系、这种氛围中，师生才能以开放心态，全身心地投入到课堂生活中来，也才能以真情朗读文本。其次，提高学生情感朗读水平，需要教师采用多种方法激发学生学习的热情，提升学生理解感悟水平：

1．教师用真情范读，感染学生

语文教材中有描写祖国壮丽山河的诗篇，有追忆苦难童年的故事，有逻辑严谨的说理，有美丽的童话，等等。朗读好不同类型篇章，既是语文教师的专业要求，也是激发学生情感、推进课堂教学的需要，更是教师自身感悟程度的反映。

2．课堂教学重心下移，把朗读的时间还给每个学生

推崇"对话"教学后，课堂里读书声少了。有的课从开始到结束都在一对一地对话，朗读成其中的点缀和过场，成了少数学生的展示场。

3．运用多种资源激发情感

根据文本情感需要，配以视频、音乐、图画，组织学生参观、访问、搜集补充资料等都是促进学生理解感悟文本的常用方法。

教学《沁园春》时让学生看有关北国风光的视频，那"千里冰封，万里雪飘""山舞银蛇，原驰蜡象"的景色尽收眼底，"祖国山河壮丽之美"情感会油然而生。

教学《一曲胡笳救孤城》，学生们眼看着一轮冷月下的旷野，耳听着胡笳发出深沉忧伤的乐声，仿佛自己也来到遥远的北国大荒原，体会到那些远离故乡、远离亲人的将士们的思乡之情，从而理解一曲胡笳所以能救孤城的深层原因。学生们怀着真情朗读课文，脑海里不会是空白，语调不会是苍白的。

（二）速读能力培养

科学技术的日新月异，对阅读速度提出了新的要求。全世界出版的图书给读者提供海量信息，电视、网络的大量运用，对阅读速度提出新的挑战。人们对阅读功能的观念也有了更新，甚至认为阅读不仅是一种学习活动，还是一种有效的生产手段。慢速阅读将不能适应时代的要求。

20 世纪 60 年代以来，国际对快速阅读研究给予高度重视，开展了快速阅读的理论研究和实验研究，揭示了快速阅读的本质，编写了快速阅读教材、设计"阅读加速器"等，规定了全国统一的阅读标准，对成人和学生进行专门快速阅读训练。

我国传统阅读属"慢速领悟"型，人们默读速度远跟不上现代信息递增，学生默读速度普遍达不到要求。有学校调查，中学生只有 20% 学生达到 500 字 / 分。原因有几条：第一，学生缺少速度意识。平时做作业慢慢悠悠、磨磨蹭蹭。第二，没有养成良好的默读习惯。不少学生习惯于轻声读、唇读，假默读现象严重。第三，学生集中精力阅读的时间短暂。部分学生文章读到一半就分心，或者思维处在停滞状态。第四，学生缺少快速阅读的方法技巧，不知如何有效地加快阅读速度。有时为追求阅读速度，读完文章后连文章基本内容也没有记住。

提高学生阅读速度不仅利于大量阅读，并能培养学生认真阅读的品质、良好默读习惯。

1．开展阅读速度训练要辩证认识几种关系

（1）理解和速度

理解和速度是相互影响的。阅读时人既是语言的领悟者，又是语言的加工者。慢读是出声读或用潜语读，信息的传递过程是文字信息—大脑—发音器官—听读分析器—大脑（信息领悟和加工）。快读时，注意力高度集中，文字信息可以直接输入大脑，获得信息又多又快，能迅速抓住主要内容，记忆、思维效果好。一个迟钝的读者阅读时注意力往往集中于单词、单句，体会不到词与词、句与句、段与段之间语义上的逻辑联系，因而不能把握全文。一个熟练的读者，他读的是文字，想的是文字蕴藏的意思，容易建立词与词、句与句、段与段之间联系，把握全文。训练学生快速阅读是要求学生一下子用眼睛和思想把握住句子的一部分和整个句子，然后使眼光离开书本，说出记住的内容，并同时思考眼前所读的内容，思考与朗读材料有关的某些图片、形象、事实。即阅读同时能思考，思考同时能阅读，使用视觉和意识来感知材料。总之，快速的、有理解的阅读是阅读能力强的重要标志。不少学生阅读课文时全身紧张，把全部精力都集中在阅读过程本身，眼睛一刻离不开书本，生怕读错一个字，没有余力理解所读的内容，不会同时阅读和思考。快速阅读训练要同时训练学生阅读理解和速度，不能顾此失彼。

（2）阅读速度的快与慢

强调速度不等于一味追求快速。"越快越好"思想不完全正确。第一，阅读速度是有限度的。速度超过一定限度会影响理解和记忆。太快了，来不及思考；太慢了，精力容易分散。只有阅读速度足以使读物内容完全为学生所意识到的时候才是有效的。国外有些学者为不同层次的读者规定了不同阅读速度：最高速度每分钟读 1200 个单词，一般速度每分钟读 200—300 个单词。第二，读者、读物等变量因素会影响速度。阅读时读者、读物的关系，读者的年龄、性格、知识背景、身体状况、集中注意力程度等因素都影响阅读速度；读物的难易程度、读物的类型也影响阅读速度。如：阅读记人、叙事的记叙文速度相对比较快，阅读含有较深科学知识的说明文，速度相对比较慢。第三，阅读目的不同，速度要求也不同。属于研究性内容，需要深入思考，逐字逐句揣摩，要慢慢地、反复地细读，甚至停下来思考；属于查询资料性的阅读，理解要求不高，需要的材料细读，其他部分可以跳读；属于一般消遣性的阅读，没有速度要求，随读者兴趣。感兴趣地方可以细读，一般章节可以一带而过。因此，阅读速度不能以快慢来评定优劣，要指导学生根据阅读的目的选择相应的速度。最佳的阅读者不是快读者，而是能快、能慢、能主动掌握速度的读者。

（3）阅读准确度和速度

培养认读能力时，强调要认真、准确，"一字不差"；培养速读时，提倡速度"一目十行"。这似乎是矛盾的。其实，这是两种不同的能力，都是学生应具备的。只是培养起始期有先后。

2. 掌握快速阅读技能

（1）养成良好默读习惯

默读的关键是阅读时不动嘴、不动喉、不心诵（潜语读），只能用眼睛看（目读）。但是刚开始默读时，要做到目读很难。因为，第一，从习惯于大声朗读到静心默读有个过渡阶段：大声朗读——轻声读——不出声读——目读。从不出声读到目读最难，需要他人帮助提醒。第二，学生视线虽然沿着文字在移动，但脑子可能想着其他的事，或者思维停滞不动。老师可以采取一些措施帮学生脑子动起来。如：读前提出明确默读要求，读后及时检查反馈；指导学生默读过程中，根据要求做圈划批注。

（2）传授快速阅读方法技巧

指导快速阅读可以结合日常阅读教学进行，也可以采用集中训练法。下面主要叙述集中训练法。即集中一段时间进行有目的、有计划、有步骤地训练。训练项目：扩大阅读视野技能训练；记时阅读文本训练。

（三）阅读教学中的思维能力培养

叶澜教授提出了理想新人的精神素质三维双向目标，其中，指出新人要有复杂思维能力，从平面到立体，从静到动，从单一到多元、综合，从部分到整体等。

思维是人以已有的知识为中介，对客观现实的、概括的、简洁的反映。它是在人的实际生活过程中，在感觉经验的基础上，在头脑中对事物进行分析与综合、抽象与概括，形成概念，并应用概念进行判断和推理，认识事物一般的和本质的特征及规律联系的心理过程。思维能力指人脑对输入的信息加工整合，从而制作思想产品的能力，是构成智力的核心要素。它一方面反映出大脑的聪明程度，另一方面表现为系统思维品质的锻炼程度。

心理学界关于思维和语言有许多论述。如：思维和语言有着天然联系，中国学者认为，语言和思维是外壳和内核关系，西方学者认为思维和语言是相互依赖关系。

学生是学习的主体。学习是主体主动在头脑中建构意义的过程，是新旧经验之间的双向交互作用的过程，该过程中新旧经验知识之间经历着比较、分析、概括、推论、判断、假设等思维活动，经历着冲突、重组和转化，主动建构新知识意义。语文学习中知识的学习、记忆积累、理解、感悟能力的形成发展无一不和思维有关。教材中有许多描写人物智慧品质的故事，都能给学生启发。

语文教材和语文教学中有许多思维因素，可以用来培养学生的语文学习能力。但是在实际教学中，运用思维因素发展学生语文能力的工作还是相当不够的。学生靠耗时间、拼体力完成繁重学习任务的多，老师课堂上指令多、要求多、策略指导少，或只是把成人的成功经验告诉学生，学生并不知道"为什么"，不知道"所以然"。

为培养学生思维能力，实验中，基本做了两项工作，一是梳理教材，凸显教材结构特点；一是课堂教学中，运用思维元素，提高学生语文能力。

在课堂教学中，老师运用思维知识元素、进行策略教学，改变过去让学生死记硬背、机械操练、"暗中摸索"的现象。正如"标准"中要求的，"在发展语言的同时，发展思维能力，激发想象力和创造潜能"；"初步掌握科学的思维方法"，"增强思维的严密性、深刻性和批判性"；"追求思维的创新、表达的创新"，培养聪明的学习者。

（四）阅读文学作品感悟力的培养

语感的提法是 20 世纪 90 年代以后才在大纲中逐步出现的，并且列入新课程标准。目的是突出母语教学和精神世界的联系，但由于理论准备的不足，语感教学的实践经验也不够充分，在语感的定义及特点、语感活动的领域及分类、语感的功能及其在语文教学中的地位等等问题上，留下了极其广阔的、可持续研究的天地。"新基础教育"语文教育中，没有就这个问题做着力的、系统的专题研究，只是基于"新基础教育"主动、健康新人培养的需要，基于对学生作为活的生命体的多方面发展的需要，基于语文学科共通的、特有的育人价值，基于文学作品的特点，进行了必需的、然而有限的教学实践。学习文学作品不能只停留在文学体裁知识的理解上。

1. 文学作品特点

文学作品中，作家不是单纯地客观地描写现实生活，而是寄寓一定的社会理想和审美观念，表现作家对生活的态度和评价，即不是提供一幅蓝图，而是通过这幅图告诉读者什么是好的、美的、对的，什么是恶的、应反对与批判的。作品并不是通过说教方式起教育作用，而是借助作者对事物描绘和对人物的刻画自然流露出来的。阅读文学作品，当被作品中的人物、故事吸引，产生情感上的强烈共鸣时，必然会在反复咀嚼、回味沉思中留下深刻印象，不知不觉受到思想、情感、性格、心理品德等影响，受到教育。它是通过艺术形象使人如临其境、如见其人、如闻其声的。优秀童话就是借助幻想中人物的小故事来启发儿童辨别生活中的真伪、美丑、善恶，培养智慧、敏锐、勤劳、勇敢的品质。

文学作品存在大量模糊概念，给理解带来不确定性。作品中有空白、空缺，这是作者故意留给读者的四维空间，是艺术技巧，使作品呈现开放状态，为读者提供进行想象和再创造的广阔天地，让读者主动参与思考。在参与中，读者根据自己生活经验来丰富、理解、补充、想象形象，从更多的侧面和不同角度塑造形象，产生不同角度、层次的理解和感受，揭示形象所包含的思想内容。

文学是语言的艺术，以语言为工具来塑造艺术形象，要求鲜明、准确、生动，富有美感、流畅、顺口、明白。

叙事性文学作品（叙事诗、小说）以塑造典型人物为中心，不仅想象出人物的声音、笑貌、服饰、风度，而且深入人物灵魂深处，透视剖析他的内心活动。

环境是人物诞生、成长、活动的背景，为塑造人物服务。是人的生活的一部分，衬托人的心理，突出人物性格。或寄情山水、借自然景物抒发自己某种思想情感。

情节是人物发展的历史。结构完整、和谐、统一、多种多样，要服从主题。

主题是作家生活的结果，受世界观支配。借助人物形象表现主题；借助景物形象烘托、渲染；借助事物形象托物言志、借物抒情；借助议论抒情，解释主题；借助表现手法凸显主题。

抒情性文学作品（抒情诗、抒情散文）通过最能发人深思的某些生活片段，集中地表现诗人内心思想情感，因此较短、单纯，一般没有具体人物和完整事件。

语文的世界是一个美丽世界，美景、美人、美情、智慧美……但是阅读文学作品比阅读论述性作品要难，因为文学作品是以语言为中介的，多种含义隐喻在作品的字里行间，需要读者自己由外而内地感受、体验、欣赏、鉴别，通过优秀文学作品艺术形象了解社会，了解生活，接受好影响。

2. 学习文学作品需要感悟

感悟有获得新观点的意思。感悟需要人亲自实践、体验，有时只可意会不可言传，有时是一抬手、一投足、一颦一笑的一瞬间的自然流露。感悟是一种能力，具有稳定性、主体性、积累性特点。

语言的感悟是通过语言阅读引起相同的思想情感，引起内心的激动，使自己明白、觉醒。

语言感悟的前提：第一，读文。读通畅，了解文章内容、作者的观点与情感；第二，积累一定知识。如知道词的本义和引申义，知道句式特点，知道修辞、文体特点等；第三，有生活积累。广泛的兴趣、丰富的知识等；第四，有良好的心理素质；第五，有一定形象思维、逻辑思维的品质；第六，懂得基本的感悟策略。如，运用朗读、默读的感悟手段，寻找到文章空白点、矛盾点，能联系生活等；第七，知道感悟的层次要求。不满足语言符号式理解，追求作品内在含义、普遍象征意义理解。

3. 学生感悟文学作品的特点

感悟能力形成、发展受到生理成熟度、心理成熟度、知识、经验、生活阅历、社会家庭背景和具体语境的影响，学生感悟作品有明显的选择性、成长性、差异性特点。

对内容感悟的选择性。学生对具体的、形象的、直观的、亲身经历过的事物更感兴趣，对陌生的、远离他们生活实际的事物难理解，缺少感觉。如：水资源丰富的城市学生，感悟不到严重缺水地区孩子在暴雨中的欢快心情（《水》），更体会不到妈妈用一瓢水把他们弟兄四人从头慢慢淋下，直凉到脚跟的感觉；生活在家乡、亲人身边的年轻人不能理解一个远离故乡、远离亲人的老华侨的思乡情（《枣核》）。

对内容感悟的局限性。学生不知道人文学科注重"应当是什么"的价值内涵，不理解文学是引导我们思考人生目的、意义、价值，从而发展人性、完善人格的价值。

学生不知道阅读文学作品需要感受、体验、欣赏、鉴别。课本中有许多故事性强的文学作品，学生拿到新课本后，首先把课本中的故事都看一遍，了解故事大概后就心满意足了，体会着先睹为快的感觉。但是，课堂学习的兴趣会因此削减一半。

积累成长性。随着学生世界观、人生观、价值观的提升，随着学生科学思维方式的形成，随着学生生活经历的丰富、对文学作品价值的正确认识等，学生感悟文学作品的水平会逐步提高，感悟能力越来越强。

4. 学生感悟文学作品能力需要培养

学生感悟力虽然具有累积成长特点，但是，提高学生对文学作品的感悟力离不开教师的培养。

正确认识想象、情感、理解之间的关系。感悟力是想象、情感、理解三者相互渗透相互融合的一个整体。感悟首先要对语言文字进行解读，最大可能地使作品世界再现出来，正确理解情节故事、理解人物之间的关系。再现需要以想象为手段。这种想象不是随意想象，而是在作品引导下，在作品的范围内想象。情感是审美情感，是发现作品中所蕴含的美，是一种崇高的精神体验。教学过程中，有学生以为想象越"丰富"越好，理解越"深刻"越好，其实不然，情节的补充、想象的发挥、理解的结果都应该是作品本身蕴含的，而不是外部强加的。

感悟力的培养是个潜移默化过程，单靠指令和说教是达不到效果的。再说，教材中不少作品都是以成人的视角撰写的，学生感悟、理解有困难是必然的。教学中，通过多种方式创造情境帮助、提升学生理解、想象，产生情感共鸣是一种好办法。教学中，有的老师先和同学聊天、交流，说说平时自己和父母、同伴、老师之间是怎样表达情感的，从学生自身开始推及父母之间。从多角度、多层面体会情感丰富性，启发学生培养自己细腻的观察力和表达力。

对具体课文内容的理解、感悟不是教学的最终目的，最终目的是通过一个个案例的理解、感悟实践，培养学生形成"类"的意识和能力，并能运用这样的意识和能力去理解、感悟所有的阅读材料，直至理解、感悟人生，理解、感悟社会、自然。

感悟是内心的感受，需要真挚、纯朴的情感，实事求是的表达，拒绝抽象的、套话式的、虚假的口号式的表态。

感悟的表达形式是多样的：对材料的理解、感受、体会、启发；对人物、事件的想象、联想、拓展、延伸；对人物事件的判断、分析、点评、赞同、反对、批判，提出自己的建议；等等。坚决克服套话、空话、假话的感悟模式。教师的一言一行都关系到主动、健康新人的培养。教师要帮助儿童辨别、抵制社会上的低俗、不健康的因素，也要避免身边的不健康因素。

三、基于学生阅读能力培养的篇章教学结构

"新基础教育"语文教学研究中充分关注这些篇章之间的横向、纵向关系，在不改变教材整体结构的前提下，第一，在教学中加强篇章之间知识、能力的横向联系。将部分相关知识、能力组成一个个结构群，采用教结构、用结构的长程两段教学策略教学，帮助和促进学生知识内化、能力发展，培养结构性思维；第二，教学中加强学生知识、能力发展的纵向序列性。关注基础教育九年各发展阶段学生知识掌握、能力发展要求的明朗化和阶段之间学生知识、能力发展衔接的长程序列化。

（一）基于篇章知识、能力教学的横向结构性——单元教学的思考与实践

以单元划分课文是教材编辑史上一大创造，一个单元的学习时间相当于一个星期，每星期复习一次，开展一次综合活动，很有规律。

因为教材选文大多是文学作品，加上人们对作品思想性的重视，单元组合历来以人文主题为主。实验中，用结构性思想分析这些单元，发现有的教材单元主题集中，有的教材单元主题并不集中，给教学带来不便。针对这种情况，实验中采取以下措施：

教材中原单元主题集中的，就充分利用原单元资源进行教学；教材原单元主题不太集中的，改组或重组原单元后教学。

1. 记叙类文体教学

记叙文是以叙述为主要表达方式，以写人物的经验和事物发展变化为主要内

容的一种文体，以记叙和描写为主要表达方式，包括范围很广，如记人、记事、日记、游记等，写生活中的见闻，表达作者的真实感受。

阅读记叙文，逐步把握记叙文的基本要素（时间、地点、人物、事情的起因、经过、结果）、基本行文思路（顺写），初步把握一些描写、修辞手法，体会作者表达的思想情感、体会作品人物的精神面貌，学习作品人物的精神品质。并通过记叙文学习，运用记叙文的基础知识，指导自己阅读和表达，把日常观察到的人、事、物用记叙文的手法写出来。

在阅读、学习、表达过程中，把握记叙文文体的基本结构规律，把握阅读记叙文的学习规律，形成类结构意识，并用类结构知识学习新的同类文本，提高记叙文的阅读理解、表达交流能力。

2．说明类文体教学

说明文是以说明为主的表达方式来解说事物和说明事理、给人知识的文章体裁。一般介绍事物的形状、特点，可以直截了当地介绍，不描写、不夸张，称为平实性说明文。该类说明文语言平实、周密、科学性强，言而有序；也可以用文艺小品、文艺形式说明，称文艺性说明文。该类说明文生动活泼，通俗易懂，用比喻、拟人化描写手法。

相对其他文体，说明文没有曲折的情节吸引人，没有鲜活的形象影响人，没有浓郁的情感感染人，有的老师认为这类文章引不起学生兴趣，教学草草了事。学生认为课文没有故事，不生动，也不重视说明文学习。

学习说明文对学生有多种育人价值：

（1）培养学生捕捉读物信息能力。阅读说明文和阅读故事、小说、散文有诸多不同。学习说明文，要培养学生把握说明文的结构特点、语言特点，从而能准确、迅速提取文章的主要信息。

（2）培养学生观察的兴趣、观察的良好习惯，严密的思维方式和逻辑性，并培养学生热爱科学的精神。

（3）培养学生学习用举例子、列数字、作比较、列图表等常用说明方法把事物说具体、说明白。

说明文教学，一要整体感知文章内容，把握说明对象，区分事物说明文和事理说明文；二要分析文章内容，把握说明对象的特点；三要鼓励学生日常多阅读科普读物，扩大知识面，多观察身边的事物，用通顺、简洁的文字记录事物的特征，研究其中的科学道理。

3．议论类文体教学

议论文是用概念、判断、推理等形式，用分析综合等方法来证明观点、阐明道理或批驳别人错误意见，具有严密的逻辑性。

议论文表现形式一般有两种：表达论点的句子直接出现在文章中；文章中没有直接表现论点的句子，需要学生读懂文章后自己提炼概括。

论点的语言表达形式一般为肯定句式，有时也可能是否定句，但不会是疑问句或选择句式。

学习议论文的育人价值有：第一，提高学生思维的深刻性；第二，提高学生语言表达的严密性、逻辑性；第三，培养学生日常学习、生活中的敏感性，对学习、生活中一些现象能用议论手法准确、有序地表达自己的观点，提高思辨力和语言表现力。

4．散文类文体教学

散文是以记叙、描写为主，兼有一定抒情、议论、说明的一种文学体裁。

散文具有自由性、抒情性、含蓄性、美感性特征。有叙事散文（写人、叙事），抒情散文（如写景散文，抓景物特征，情景交融）、议论散文。散文是作者通过状物、记人、写景等抒发自己对生活的感受。取材广泛、内容自由，以小见大、结构灵活，大小不论、深浅不限。

学习散文的育人价值有：

（1）因散文取材广泛，多读散文可以开阔眼界、丰富知识、启迪智慧；

（2）因散文感情丰富而且高尚，多阅读散文能陶冶情操；

（3）因散文语言精美，多读散文可以提升审美力和表达能力；

（4）阅读散文，学习基本的散文文体知识结构和阅读方法结构，能运用已有结构性知识学习新文本，用简短散文写出自己对生活的感悟。

5. 古诗类文体教学

古典诗词博大精深，高度集中概括地反映现实生活，讲究意境，用精炼富有音乐美的语言创造感人的艺术形象，抒发作者思想情感，为读者开发遐想、情思的空间。我国古诗词都有很深远的意境，是古代文学的精华。

学习古诗词有多元育人价值：

（1）了解中国文化的博大精深，培养学生的爱国情怀、民族精神；

（2）丰富学生情感，培养学生感受美、创造美的能力。当前为应试学习现象严重，学生的审美意识、审美能力培养被忽视，学生审美力和审美想象力迟钝，加强古诗词教学可以培养学生高雅的审美趣味；

（3）培育学生的想象力。古诗创作和阅读理解都离不开丰富的想象；

（4）培养学生的人文气质。

（二）基于篇章知识能力教学的横向结构性——教学基本课型结构

基于结构性思维，语文教学研究中，除了思考篇章知识、能力之间的关系，以单元组合结构形式呈现以外，还要以基本课型结构形式呈现并教学。语文教学内容的丰富性决定了语文教学基本课型的多样性。实验中，各实验校老师们在研究、实践的基础上已经总结并初步梳理出了基本课型结构体系。

句群是比句子大一级的语言单位，是由两个或两个以上的前后连贯的句子组成。有的句群就是自然段。句群是篇章构成的基本构件。构成句群的单位是单句或复句。

一个句群是表达一个相对完整意思的语言片段，至少要有两个句子。构成句群的句子之间，有一定的逻辑关系，靠一种语法手段（或语序，或关联词语）组合起来。句群的内部有并列、承接、递进、选择等关系。语言上有逻辑关系。语法上有结构关系，语流上有衔接、连贯性。一个句群有一个句群中心语义，不能横生枝节。句群中的句子从不同角度表达中心语义。句群有一重句群，二重句群，多重句群。

以前一般把句子作为最大的语法单位。没有句群概念。20世纪60年代后期，随着"话语语言学"诞生，国外一些语言学者开始研究大语句的语言单位。我国从1984年起，在中学语言教学中增加句群教学内容。

1．基于句群教学的思考

（1）根据学生发展需要选择教学的句群

语言学家对句群分类的标准很多，如，根据用途分类，层次分类、结构分类等，分出的句群数量庞大，甚至多达几十种。如连续句群、总分句群、并列句群、因果句群、转折句群、先概括后具体句群等。学会运用这几种基本句群，对小学生来说已经足够了，但是进入中学和高中阶段，教学的句群会相应的加大难度。

（2）根据学情选择句群教学的策略

基于学生处于形象思维与抽象思维过渡期，仍以形象思维为主的特点，句群教学采用直观案例教学策略。即以教材中典型句群为例，教学课文时，有机结合相关句群教学。让学生用句群知识归纳句群的中心意思，研究句群中句子之间的关系，并用相关句群练笔，学习基本表达方式。

（3）在日常运用中熟悉句群的结构

掌握基本句群结构知识不是教学的最终目的，熟练运用句群知识于阅读理解和表达交流才是目的。老师要在阅读教学中指导学生运用句群知识分析理解文本，鼓励学生运用某个句群或综合运用多种句群记录自己的所见、所闻、所做、所思。在持续不断的语言实践中提高阅读理解和表达交流能力，提高观察生活的兴趣和能力。

2．关于句群教学课型

句群教学基本课型分两类，一类是读写结合型，一类是单项能力培养型。

（1）句群教学读写结合基本课型

在阅读课文中选择典型句群做范例。在阅读理解基础上读写结合，实现文本理解和表达交流双向滋养。

（2）句群教学单项能力培养基本课型

选择典型句群作单项能力培养材料。

基本教学过程结构：感知句群——理解句群——辨析句群——习作句群——句群运用迁移。

感知句群：出示句群，朗读或默读句群，整体了解句群内容。

理解句群：分析句群中句子之间的关系，归纳句群的中心意思，确定句群特点，下定义。

辨析句群：出示 2—3 个语段，其中有的不是句群，有的是不同类型句群，让学生辨析。通过正确、错误、不同类型辨析，提高学生对新学句群结构的清晰认识。

第四章　学生写作能力培养

第一节　学生写作能力现状及其现实思考

作文是判断学生语文水平高低的非常重要指标，通过写作训练不断培养学生应用语言文字的能力和学生表达思想感情的能力。因此，作文教学显得尤为重要。在高考中，作文分数占语文总分的40%左右。因此，语文教学应该重视作文教学，提高学生的写作能力。本书分析传统作文教学的不足，并有针对性地提出中学作文教学的新策略。

一、高中语文作文写作教学现状

（一）传统高中语文作文的教学现状

1. 不注重培养学生的写作动机

传统作文教学中，忽视学生在教学中的主体地位，学生主动写作的动机不强，写作意向不明确，写作仅仅是为了完成教师布置的作文任务，处于被动写作的尴尬处境。这样的作文不能真正体现学生想要表达的真情实感，久而久之会导致学生害怕作文，谈作色变。写作的真正原因是表达作者心灵的感触和冲动，只有当作者想通过语言文字和艺术主动表达自己的观点和情感时，会产生写作的冲动。在这样的写作冲动下，学生将会用最恰当最优美的语言表达自己最真挚的感情，完成的作文必定会是一篇触及读者心灵的佳作。

然而，传统的中学作文教学中，没有体现学生是教学的主体，教师是教学的主导的教学理念，反而教师处于教学的主体地位，教师给定一个具体的作文题目，要求全班所有学生去写作。这样的写作学生当然没有写作动机，只能被动地查阅一些资料，照搬照抄，作文没有真情实感、中心思想不明确，所谓的作文是完成作文任务的一篇任务稿。久而久之会导致学生害怕作文，不会作文，谈作色变。

2．不注重培养学生的阅读能力

学生运用准确词语和恰当语言将自己的思想感情条理清晰地表达出来，这就需要用更多的精力去收集和整理更加丰富的写作素材，而写作素材的收集是一个长期积累的过程。高中语文教学中作文和阅读是相互渗透，相互促进、协调发展的两个重要方面。阅读可以提高学生的语言理解能力、知识驾驭能力和艺术鉴赏能力，也能够积累大量的写作素材和写作技巧，进一步提高学生的作文能力和水平。传统高中语文教学将学生阅读和写作分离开来，教师不指导学生进行大量的课外阅读，不指导学生阅读什么书籍，不指导学生通过资源丰富的互联网查阅资料。同时，学生阅读过程中没有记笔记的习惯，不容易积累写作素材，学生的写作水平和能力提高的速度较慢或不能提高。

多数学生的写作材料极其匮乏，记叙文的写作面面俱到，平淡乏味、没有重点、没有高潮，议论文的写作没有例证、没有论据，论点没法证明。这些表现都是阅读量少，没有写作素材造成的，学生正处于需要大量阅读，积累写作素材的关键时期，教师重视学生的阅读教学，进行阅读指导对学生的写作起着至关重要的作用。

3．不注重作文点评的时效性和多样性

传统作文点评的方法是教师先将学生的作文收齐全，等有空闲时间的时候给予打分和评语，等下次写作文的时候直接发给学生，并作简要的讲评。甚至有的教师不进行作文的讲评教学。这样的作文讲评方式缺乏时效性，甚至有些学生连作文的内容都记不清楚，点评效果肯定不佳。同时这种仅对学生作文成品的评价，做不到对学生观察事物和写作过程进行指导，这样的点评方式对提高学生的写作能力帮助不是很大。同时，传统作文点评仅仅是教师对学生作文的点评，没有重视学生之间的相互点评，学生之间不能取长补短、相互借鉴，学生的写作水平提高较慢。传统的作文教学忽视学生在知识建构过程中的主体地位，作文由语文教师自己修改，学生缺少修改、打磨自己作文的机会，无法形成科学的写作习惯，写作水平很难提升。

（二）当前高中语文作文的教学现状

语文教师大都有这样的感受：每逢布置作文，学生很少有喜形于色的；而谈到作文教学，教师也是忧心忡忡。十多年来，语文教育屡遭诟病，其中的重要靶子就是作文教学，即使到今天，致力于彻底改革课程和教学体系的新课程，也未能使作文教学摆脱 10 年甚至 20 年前就深恶痛绝的弊病。

写作教学依然是语文界公认的教学难题，年复一年，日复一日，学生害怕写作、教师怕教写作的现象始终没有得到较大的改变。大面积提高写作教学质量，依然是水中花，镜中月。作文教学为什么一直举步维艰，低迷不振，收效甚微？学生的写作能力为什么一直在原地踏步，提升较慢？基于当前中学作文教学现状，调查人员针对 1000 名学生进行了一项关于学生对待作文教学的情况调查（见表 4-1、4-2、4-3）。

表　4-1

对"作文课"的态度		写作的目的	
选项	百分比	选项	百分比
喜欢	28%	记真情实感	20%
不喜欢	18%	应付作业	34%
无所谓	44%	提高写作能力	36%
没想过	10%	没想过	10%

表　4-2

写作能力提高得益		阅读习惯	
选项	百分比	选项	百分比
作文课	31%	读科幻等书	40%
课外阅读	20%	文学作品	15%
校外辅导	20%	辅导教材	28%
写日记	29%	读后写读后感	17%

表　4-3

对"作文教学改进"的态度		对"提高写作能力"的态度	
选项	百分比	选项	百分比
希望	56%	希望	80%

续表

对"作文教学改进"的态度		对"提高写作能力"的态度	
不希望	10%	不希望	3%
随便	30%	随便	17%
没想过	4%	没想过	0%

通过对上表调查结果的分析，可以看出，学生喜欢作文的比例很小，对生活缺乏情趣，作文教学在提高学生写作能力方面显得乏力，作文教学的形势很不乐观。

1. 不切实际的语文作文教学方法

所谓不切实际的语文作文教学方法其实就是指教师的作文教学并没有结合学生的实际情况，而是一味地按照考纲里所要求的内容要求讲给学生。在作文指导课上不少教师甚至要求学生应该按照他们所规定的写作方法来写作，就拿《对我影响最深的人》这篇命题作文来讲，许多教师明确规定在作文中必须出现三个要素，即作者对这个人初次见面时留下了不好的印象；在相处过程中作者厌恶嫌弃这个人并做了一些过分的举动；这个人在一次事件中表现出独特的品质达到了剧情的反转……如果在考试中或者平常的作文写作的作业中谁按照教师的要求出色地完成了任务，达到教师所规定的那几点，那么这篇作文就会被称为合格优秀的作文。而这种教育行为不仅扼杀了学生的写作灵感而且让学生盲目去照本宣科完成作文，片面地为了完成写作文任务而去机械化地操作，这是极不正确的。

2. 作文教学目的偏离

为何说语文作文教学目的偏离呢？顾名思义就是指教师在教学过程中将错误的教学行为所达到的效果作为教学出发点的一种教育形态，这便是应试教学所带来的影响。其实从20世纪90代开始，国家就已经对此提出了改革，并要求废除应试教育转而提倡新课程教育，然而"新课改"在很多地方只是作为一个响亮的口号宣传，实施并没有得到足够重视，应试教育依然盛行。因此许多教师只是为了提高学生作文分数而采取了相应的教学手段。教师的关注点往往是在考试当中如何拿到分数，其他的一概不管，其实写作能力的培养不仅仅是为了应付考试，考试的目的也不只局限于拿到分数，而是为教育提供一个方向，应该在什么方面多做努力。但是在当前的社会背景和应试教育环境下，许多教师和家长形成了一种一切向成绩看齐的认识，从而导致语文教师在作文写作方面错误化地将目标定为成绩的提高。

3. 学生缺乏作文写作的热情

作文写作是语文教学的重难点，本身就对学生造成很大的困扰，再加上超重的课外作业负担，使得学生写作训练的时间难以保证，也增加了他们对于作文的厌恶和抵触情绪，从而致使他们对语文作文的写作严重缺乏热情。此外，教师在教学过程中不仅没有激发学生的写作热情，反而无形中增加学生的写作负担，导致学生写作态度不端正以及抄袭现象日益突出。当然这与父母片面注重学生的数理化科目也是密不可分的。此外，信息技术所带来的影响也不容忽视，教师布置一篇作文，学生很轻松地就能从网络上面找出蓝本，学生不费吹灰之力就能够完成教师所布置的任务，这样他们写作的动力就很难再激发，而对于写作兴趣就更难以培养了。

二、高中语文作文写作的教学现状引发的思考

语文作文写作的教学为何会出现如此严重的问题，其原因不仅限于语文教师与学生，实际上更体现了时代背景下的教育缺陷，不仅影响着当下对于学生各方面的教育，甚至影响冲击着我们的民族文化。

在网络信息时代高度发达的今天，我们的学生备受外来文化侵蚀的影响，偏向外国文化的现象日益突出，就拿电影来说，由于国外电影特别是欧美电影由于起步较早，电影拍摄技术较为先进，使很多青少年都备受青睐，但殊不知，电影里所表现出的思想态度与行为无形中就会影响我们的学生，因为他们社会经历少，尚未形成正确的人生观与价值观，因此在这方面受冲击最大。此外这种文化侵蚀的现象还体现在对中国传统文化的冲击方面，在很多城市，跆拳道训练馆随处可见，而中国的武术道馆却寥寥可数，我们对此针对学生的喜好倾向方面做了调查，结果却是令人担忧，调查显示他们之所以选择跆拳道是因为韩国明星特别帅气，而且跆拳道也是奥运会比赛的一种项目，而作为四个文明古国之一的中国，历经

朝代变迁保存下来的中国武术文化却少人问津，这使我们不禁为民族传统文化捏一把冷汗。这样的现象并不鲜见，我们作为中国 21 世纪的主角必须担起继承发扬民族文化的重任，将璀璨绚烂的五千年的文化继承并发扬光大。现如今，国家所成立的物质文化遗产与非物质文化遗产保护中心与保护项目特别值得我们去了解和探究，这是每一位中国公民的责任。学生是祖国的未来，民族的希望，只有他们能够重视起民族传统文化，才能保护传统文化、继承传统文化、发扬传统文化。

对于语文作文的写作是每个学生以及每一位高中语文教师都应该重视的问题，它不仅为学生的阅读能力的培养提供很大的帮助，而且还是培养学生写作能力最重要的途径之一。相信只要教师在找准作文训练的目标以及按部就班地根据学生自身特点去训练写作能力，引导并鼓励学生积极主动地去写作，激发他们的写作兴趣，以及做好对学生作文的评析这些方面，学生的作文写作方面一定会有很大的提高。

（一）中学作文教学透析

当前，作文教学一直处于举步维艰、低效的状态，其根本原因在于应试教育长期统领课堂教学，许多老师都是按"捷径"的套路来进行作文教学，学生长期生活在没有个性的环境中，缺乏生活感悟，产生不了写作欲望。要想从根本上走出当前的困境，既要提高认识，摒弃应试枷锁，又要多管齐下，指导学生观察、体验生活，做生活的有心人，注重生活积累，加强写作技巧的指导，同时要循序渐进地进行思维训练，提高学生的语言表达能力，激发学生的写作热情，让学生变被动为主动，逐步使他们乐于写作。

（二）当前作文教学出现困境的原因透视

当前作文教学出现困境的原因有很多，主要有以下几个方面：

1．应试作文横行课堂

作文教学之所以一直处于一种乏力、低效的状态，最根本的原因在于教师过早地按应试作文套路来教学生写作。面对应试作文及升学的压力，教师高举应试大旗，煞费苦心地用技巧教学来希冀学生作文收获高分。一般而言，应试作文难不住写作能力强的学生，即使写作能力不强的学生往往也能蒙混过关，因此有些学校能一个学期不让学生写作文，只读"中考满分作文"，或只让学生背范文，只要会"临阵磨枪"突击一下，到时候混个"基础分"绝对没问题，这样就导致作文教学滑向另一个极端，学生写作兴趣热情衰退，文章假话、空话、套话连篇，缺少个人的思想、人生感悟，更没有独特的生命体验，作文毫无价值。

2. 教师自身读写状况堪忧

由于应试教育等方面的问题，当今教师读书少令人担忧，而语文教师不写作、怕动笔的现象更是作文教学低效的重要原因。经常写作的教师才有可能熟悉学生的写作过程，如何审题、立意，如何选材，如何构思，怎样把文章写得生动、波澜起伏，只有具备个人的切身体验，教师的指导才令学生信服，才会有成效。也有许多教师，本身缺乏写作能力，一拿纸笔就思路阻塞，笔下写不出一篇像样的文章。教师不写作，不能写作，又如何能真实地把握一些写作经验去指导学生写作呢？

3. 学生作文缺乏个性

很多教师在指导作文时设下了许多紧箍咒：这种材料"思想性不强"不必写；那种题材"太过敏感"不准写；这个材料"消极"不要涉及；那个语言太"直率"，要含蓄……。这些"煞费苦心"的告诫，严重束缚、扼制了学生的思维。再加上学生阅读量的减少，单一化的例文熏陶，使学生长期生活在缺乏深度思考的学习环境中，很难写出内容充实、情感真切的文章。几千年的思想文化的熏陶和传承，使教师在作文教学时多了许多思想障碍，使学生在习作时不敢展现个性，缺乏自由的想象，丧失了自由表达的激情。

4. 缺乏"生活情趣"成为作文教学的盲点

学生怕写作文，是每个语文教师都看到的事实。因为生活内容贫乏，学生对看似平淡无奇的生活里蕴含的值得体味的东西视而不见，所以他们觉得无东西可写。他们对生活的漠视使作文教学陷入困境。一个对生活无感觉的人，怎么可能把生活写得鲜活灵动呢？再丰富多彩的生活，在他看来也会是苍白无力、无言可表的。

（三）摆脱作文教学困境的措施

作为处于作文教学主导地位的教师，既需要审视学生，更需要审视自己。从教师的角度来说，应从以下几个方面入手。

1．提高思想认识，摒弃应试枷锁

新课程标准下的作文教学，要用科学的写作理念来指导，教师应该顺应、培养学生自然的言语天赋和性情，而不能对其过多限制。每位学生都是活生生的言语生命，他们都有"言说欲"和"言说权"。教师要转变角色，使学生的主体性地位回归作文教学课堂。教师的作文教学要摒弃应试枷锁，教者不是教学生怎样拼凑作文，而是尊重学生在作文教学中的主体性地位，用心去发现并关注每一个写作主体的潜能，唤醒、顺应、庇护、养护言语生命的成长，促成言语生命的美丽绽放。同时鼓励学生多读经典作品，在生活中注意积累，把培养生活情趣放在首位，激发他们对生活的热爱之情，用自己对生活的理解去影响学生，用学生间相互的讨论去点醒学生，用设身处地换位思考的情景设计去感染学生，让他们学会体会生活中蕴含的美，大自然的美，人情美……。做生活的有心人，做生活的思考者，让自己的心逐渐变得"多情而又善感"，产生"如鲠在喉不吐不快"的写作欲望。

2．摆正作文教学的位置

写作能力是一种综合能力，包括写作知识、写作技巧以及书面语言的表达运用，还包括对事物的观察、分析、联想和想象能力。有人认为作文教学附庸于阅读教学，其实，阅读与作文在本质上不是一回事，那种认为阅读是写作的源泉，搞好了阅读教学就能搞好作文教学的认识是极端肤浅的。因此，要让作文教学从一种疲软、缺钙的泥淖中走出来，就必须给作文教学一个合乎科学的理性定位，打破作文教学从属于阅读教学的思想束缚，高度重视作文在学生一生成长中的作用，认识到培养学生的写作能力是他们一辈子学习、工作、生活的需要。从某种程度上讲，学生的语文素养好不好，最终还是看运用，写作能力无疑是一项最佳的评估指标。因此，教师在教学实际中无论在宏观计划还是具体操作层面，都要给予作文教学足够的重视，要有作文教学计划、教学目标、教学内容、教学实践，不仅从量上，还要从质上保证作文教学。

3. 多管齐下，有效提高作文水平

（1）要使作文教学有章可循

语言学家、教育家张志公先生认为：语文训练应当并且可以有科学的方法。学习不是循序渐进的吗？那么就需要一个明确的、合乎科学的序，教和学有所遵循，循着这个序，一步一步，脚踏实地地教下去，学下去，才能有好的效果。因此，要改变语文教学学年、学期作文教学无计划、无序化、无效化的"三无"现象，探索一套具有可操作性的作文教学方案，使作文教学有章可循。

（2）运用多种作文教学方法

传统作文教学一般是"教师出题，学生应命写作"，至于学生是否愿写，以及怎样使学生进入最佳的写作状态问题往往被忽略。因此，无论何种作文教学法，首先要解决的是如何激发学生的言说表达欲，促使他们进入最佳的写作状态。教师可以开展多样语文活动，让学生走进生活，亲近自然，与社会对话，引导他们去真切感受和体验生活，用"大语文"观去激发他们的写作兴趣。能不能把文章写好，首先是思维的品质，其次才是表达能力。教师了解学生的写作状态，制定有效的教学计划，在教学细节上多下功夫，帮助学生提高思维的"灵敏度"和思考问题的深度，使之能有效地和生活契合。另外，教师可以在"聊"中打开学生的写作思路。一次有趣的谈话，可以给学生打开几扇窗户，有可能触发他的灵感，开拓他的视野，启发他的想象，进而激发他的写作欲望。如果能有一种活跃灵动的对话，启示他在构思、立意和表达上不断地"朝前跨一步"，他便有可能获得新的"路数"。教师要善于发现，从现实生活中抓住机会，展开有效的对话，让他们积极地去想，调动生活积累，体验"观察""感悟"的乐趣，激发写作的热情，最终达到"自能作文，不待老师教"的境界。

（3）教师要研读一些关于写作的专著，洞察写作的规律

教师只有亲身体悟写作规律，品味写作甘苦，才能把理论和实际有机结合起

来，才能提高作文指导的有效性和针对性。很多优秀的语文教师都是写作高手，他们喜欢写作，每次写作都是一次发现，一次创造。在作文教学中，教师可以把这种发现和创造兴趣告诉学生。写作并不会占用教师太多时间，但却会给教师的教学带来许多新的思路。教师亲自写作，并在一些报纸杂志上刊登发表，一方面展示自己的才华，收获一种认可和荣誉；另一方面能够为学生树立榜样，创建一种深厚的写作氛围，激发学生写作的兴趣和热情。

（4）优化作文评价机制

要从新课标"知识与能力、过程与方法、情感与态度"三维目标去评价作文教学。根据各年级段和学生的写作实际情况设计作文评估方法和内容，运用多种作文评改方法，改传统的"学生写—教师评"的形式为师生共评、生生互评、学生自评的形式。从主题、结构、语言、内容等方面对一篇文章进行评价，有效地引导学生在写作过程中重视写作基本素能的生成，树立每位学生都是言语写作天才的理念。

提高作文教学质量的使命任重道远，语文教师必须要端正心态，只有心态正了，作文教学才能从"虚幻的高空"回归到"厚实的大地"，才有可能寻找到"行走在大地上"的幸福感觉。

三、高中语文作文写作教学策略

基于当下学生的语又写作能力严重不足的形势，以及信息时代所给人们带来影响的形势下，培养学生的作又写作能力便是当务之急。

"语文"作为一个特殊而又极其重要的学科应该在众多学科里最受重视，但是结果却不尽如人意。语言表达能力与书面表达能力是衡量语文学科特别重要的指标，也是新课改标准下作为一名学生应该具备的基本素质。因此，语文作文的写作能力就显得至关重要，但是现如今学生对语文作文的写作环节却相当薄弱，训练和培养学生的语文写作能力应该受到广泛教师的重视。

作文写作作为一种记载传播中国文明的重要载体，其重要性是不容小觑的，在备受网络与电子产品冲击的现今社会，文字与作文写作更是首当其冲。因为智能手机与电脑在生活中大部分情况已经代替了写作，复制和粘贴的功能也渐渐使得学生丧失对写作重要性的认知，限制了学生写作能力的提升。这种带给人们生活便捷的信息工具给人们之间的通讯往来带来了翻天覆地的变化，与此同时也在很大程度上使得现实生活对学生语文基础知识能力的培养受到了阻碍。这就要求我们再利用信息工具的同时把握好度，避免沉溺其中不能自拔。

网络的影响还表现在学生心智的变化，过多接触网络上的信息会使他们身心健康受到影响，早熟早恋的现象也此起彼伏。很多实习教师在中小学实习期间就发现有一部分学生思想上出现很严重的问题，他们对某一事件的看法早已没有他们这个年纪该有的单纯，作文里所写的话更匪夷所思，充斥着奇葩的价值观。试问如此不符合学生本该有的思想的学生，他们真的能健康地成长吗？就更谈不上对于知识的积累。

（一）激发学生的写作兴趣，提高学生的写作能力

兴趣是最好的老师，学习感兴趣的东西往往使人乐此不疲。在作文教学过程中，充分体现学生的课堂主体地位，在教师的指导下，让学生的"学"推动课堂进程，学生会根据自己的兴趣对知识进行选择性学习。所以在中学作文教学中，一方面教师需要创设一些教学情境，学生根据自己平时的生活积累，选择自己喜欢的、有话可说、有亲身感受的情景进行写作练习。另一方面，要消除学生对作文的畏惧心理，教师根据学生的身心特点，设计符合学生年龄和心理特点的写作练习，使学生树立写作信心，激发写作兴趣。教师要引导学生形成良好的写作习惯，要求学生写随笔日记，给学生布置一些自拟题目的作文、短作文等激发学生的写作意愿。也可以通过举办作文竞赛、黑板报、手抄报等讲评比赛，或积极参与各级别的作文竞赛等活动，给予学生更多展现自己的机会，激发学生的写作兴趣。

（二）鼓励学生开卷有益，积累大量的写作素材

阅读与写作是紧密联系的，大量阅读是写作的基础。学生要积累写作素材，必须通过大量的阅读来实现。可以根据"为写择读，读以致用"的原则，阅读一定数量的范文，并让学生通过阅读这类范文、例文来体悟其中的写作规律，通过习作例文帮助学生仿写作文。

教师可以设置专题阅读，通过开展有特色的主题阅读，帮助学生整合有用的重要的资源素材，例如，可以分三个部分阅读训练，从食物、意象、情感三方面开展阅读，帮助学生拓展作文命题的思路，例如，饺子和我的故事、我的第一次做饺子回忆、思乡的代表物等。

作文取材于生活，又高于生活，是生活素材的深度加工品。教师应注重培养学生的观察体悟能力，引导学生应该从不同的角度对同一人或事物获取自己独特体会。学生要不断学习如何筛选材料，取其精华去其糟粕，不断提高自己的逻辑思维能力和语言表达能力。作文写作立意要新，要求必须体现学生的独特认识，对一个事物、一段材料，要从不同的角度观察和解读。所以平时对学生倡导开卷有益，通过阅读进行积累、体会、感悟和思考，才能掌握大量好的写作素材，才能恰当运用语言文字，才能准确表达自己的真情实感，才能不断提高写作水平和写作能力。

（三）科学评价学生作文，促进学生自主发展

作文的评价应该包括学生的自我评价、学生之间的相互评价和教师的评价，有利于学生的自我反省，相互学习和掌握写作要领。当然在这些评价中教师的评价最为重要，评价一篇作文不仅要看结构形式，语言文字和具体内容，更要注重学生表达的情感和价值观，尊重学生的情感价值和生活体验，捕捉作文的闪光点，对学生多用鼓励和表扬的评价方式，尽量少用批评打击的教学方法，树立学生写作的自信心。

作文教学中，教师评价对学生的影响是很大的，因此，教师要客观公正、科学合理、不带消极情绪评价作文。通过学生之间的互评，引导学生学会欣赏别人的文章，并给出一些自己的评价，给学生取长补短的机会，是提高学生作文水平的重要途径。

（四）注重作文训练策略，提高学生的写作水平

根据新课程理念，教师应建立引导课内作文、延伸课外作文和发挥自主作文的三级一体化策略。课内与课外、阅读与写作、统一与创新相结合，不断促进学生的写作兴趣和写作能力的提高。课内作文指导应以课文为范文，教师充分利用这一资源优势，引导学生欣赏、品味、分析和积累课文的思想感情、整体布局、

写作规范、语言文字，在潜移默化中提高学生的写作水平。

教师充分利用好课外的丰富资源，鼓励学生养成良好的阅读习惯，让学生阅读经典名著，优秀作文，背诵名人佳作，同时鼓励学生利用网络、报刊了解时事政治，鼓励学生利用辩证的思维方式进行热点话题的议论文写作。教师应给与学生充分的自己发挥的空间，在学生模仿写作的基础上，让学生自主实践创作，自主发挥，进入独立自主作文的新阶段。

写作是学生必须具有的基本素质，是高中语文教学的重中之重，也是中高考考察的主要模块。改变高中语文作文教学的不足，是师生面临的一项迫在眉睫的问题。一方面，教师要激发学生的写作兴趣，要转变作文教学理念，设计丰富多彩的写作课堂，不断提高作文写作课的教育教学质量。另一方面，要引导学生主动学习，开卷有益，积累作文素材，学以致用，不断提高学生的写作水平。

（五）引导并鼓励学生积累写作素材

作文写作的素材对于写好一篇作文的重要程度就好比建造一面城墙所需要足够的砖块一样，没有日积月累的素材是很难写好一篇作文的。教师在作文的教学中应鼓励提倡学生多阅读，多积累，并引导学生在日常生活中仔细观察与体验，这其实也是一种相当特殊的写作素材，同时也能使学生的写作更加接近生活符合实际。在不断地积累与观察中渐渐形成自己独特的写作风格，也逐渐形成自己符合学生正确的人生观与价值观。

大量的阅读书籍则是作文素材的积累的重要途径之一，课外阅读得到保障，不仅能丰富学生的内心世界，而且在写作功底方面的提高也是立竿见影。

（六）明确语文作文教学目标，制定有序的训练计划

道理很简单，不只是语文作文的教学，任何事情都是如此，只有明确目标才不会在前行中迷失方向。语文作文的教学目标是使学生提高书面表达能力与综合能力，教师在实现作文教学正确的进行时，有序的训练计划就会必不可少，这里的训练计划也绝非盲目和局限于形式，应该根据每个学生的知识水平与文学功底而制定相应的训练计划，力求达到训练的最大效益。同时，教室也可以培养学生

记日记与周记的习惯，要求学生摘录优美文句并定时检查。此外，字体书写的好坏其实也影响学生的写作动力，因此在字体书写方面教师也应有一定的重视。需要注意的是严禁形式主义的产生，即为了最大限度地避免学生借助于网络，企图以一劳永逸的方法来蒙混过关，这就要求父母负起监督的责任，做好与老师多加沟通的准备，使学生能够真正意义并不掺水分地完成作文写作的训练，确保作文写作训练的顺利展开。

（七）针对学生个性进行作文评析

作文的评析是否会对学生的写作能力产生效果？答案是肯定的。从心理学角度讲，初中阶段的大部分学生都是极其渴望得到教师与家长的关注，而教师对学生的作文评语则是相互沟通的重要桥梁之一，教师在评析作文时务必以务实认真，一方面让学生们能够意识到对他们的关心与关注，另一方面还能使他们认识到自己的写作问题。学生们很在意教师对作文部分的评语，因为作文部分可以反映出他们的心理与心态，因此批阅作文不仅很有必要而且对他们学习生活的了解也大有帮助。

但是值得注意的是，由于学生个性的差异，他们每个人都有自己独特的性格特点，这就要求教师在批阅作文时一定要根据他们的自身特点去评写，切不可千篇一律，在批写时直击要害，切勿拖泥带水，云里雾里使学生不知所云。教师也不应为了展现自己文学水平一味地炫耀，却没达到批写的真正目的。因此务必以负责认真的态度去完成作文的评析。

第二节　学生写作能力培养的途径与方法

一、学生写作的辩证思维能力培养途径

（一）辩证思维的含义与特点

"塞翁失马，焉知非福""祸兮福之所倚，福兮祸之所伏"等体现了"祸"与"福"的辩证关系；"否极泰来"体现了坏运与好运是可以相互转化的；"乐极生悲"体现了快乐与悲伤的辩证关系；"不积跬步，无以至千里；不积小流，无以成

江海"体现了量变与质变的辩证关系。

这些大家熟知的语句都是运用辩证思维的结果。辩证思维是客观辩证法在人们头脑中的正确反映，是运用辩证规律思考问题的一种思维形式。客观事物处在运动变化中，辩证思维要求用一分为二的、联系的、发展的观点看问题。

辩证思维具有思辨性、系统性、发展性三个特点。

1. 思辨性

当人们运用辩证思维研究客观事物时，不是单方面思考，而是双方面思考，既看到事物的正面，又看到事物的反面，还看到事物的正反面在一定条件下可以相互转化。辩证思维要求分析客观事物时要在对立中把握统一，在统一中把握对立，因此能全面、深刻地认识千变万化的客观世界。

2. 联系性

唯物辩证法认为，世界上万事万物都处在相互联系之中，整个世界就是一个相互联系的整体。事物之间以及事物内部各部分之间都存在联系。辩证思维主张用联系的观点看问题，不主张片面地、孤立地看问题。研究客观事物时注意分析事物之间的因果关系、必然性与偶然性等，还注意整体与部分的联系、内容和形式的联系等。总之，辩证思维以联系的多样性为出发点去思考和分析问题。

3. 发展性

唯物辩证法认为客观事物是在不断变化发展的，因此要用发展的眼光看问题。辩证思维要求回顾历史、着眼现在、把握未来。在奋斗的道路上不要怕遇到阻碍，要坚信前途是光明的。学习不能"三天打鱼、两天晒网"，需要持之以恒、坚持不懈，才能收获成功。辩证思维能把握客观事物的发展动态，能看到量变与质变的统一，也能看到曲折性与前进性的统一。

（二）辩证思维在写作中的作用

辩证思维贯穿整个写作活动过程。在审题阶段，学生阅读了试卷提供的材料和写作话题，需要辩证地分析材料中的人和事，做到由此及彼、由表及里地分析问题，这样才能读懂材料的真正含义，在作文的立意上也能力求恰当、深刻。在构思、行文阶段，同样也需要辩证思维的参与，才能避免孤立地、绝对地、静止地看问题。一个人辩证思维水平的高低反映着其认识能力的强弱。有的学生能提出自己的真知灼见，写得一手好文章，并不是由于这些学生掌握了丰富的词汇，而是由于他们能辩证地探究问题。相反，有的学生写出的作文常常是平庸之作，这可能与他们的辩证思维水平有关。可见，在作文教学中重视辩证思维的训练有利于增强学生的写作能力。

学生在写作上存在文章主题陈旧、观点不新等问题，他们往往就事论事，不善于说理，说的话都是老一套的话，这是由于他们的辩证思维能力没有得到训练。学生在写作上还存在结构模式化的问题，写文章常常是三段论，开头点题，中间材料加结论，最后升华主题，他们不懂得采用一些辩证的写作手法，如抑扬法、虚实法、庄谐法、繁简法等。写作时灵活地运用这些手法，能让写的文章或者先扬后抑，或者虚实结合，或者寓庄于谐，或者繁简得当。从当前高中的作文教学现状和学生的写作现状来看，语文教师有必要重视训练学生的辩证思维能力。

（三）辩证思维训练

辩证思维在写作活动中起着重要的作用，因此，语文教师不仅要在思想上重视训练学生的写作思维，而且还应该付诸教学实践。具体可以从以下几方面做努力：

1. 让学生掌握辩证思维的基本知识

在对学生进行辩证思维训练之前，教师可以简单讲授辩证思维的一些基本知识，比如辩证思维的三条基本规律：对立统一规律、质量互变规律、否定之否定规律；还有现象和本质、主要矛盾和次要矛盾、内因和外因、必然性和偶然性、理论和实践、前进性和曲折性等辩证关系。让学生认识到客观事物是复杂多样、变化发展、互相影响的，因此要用全面的、发展的、联系的观点看待生活中的人和事。让学生掌握辩证思维的基本知识的目的是：希望他们能在写作中自觉地运用辩证思维的原理审题立意、谋篇布局、构思行文，从而使学生们写得作文更完善、更镇密、更科学。

2．指导学生采用辩证的写作手法

写作手法是指让作品更好的艺术手法，包括修辞手法、叙事方法、说明方法等。学生写作常采用的写作手法有以小见大、抑扬法、虚实法、繁简法、动静法、庄谐法等，学生运用这些手法写作需要辩证思维能力。小和大、抑和扬、虚和实、繁和简、动和静、庄和谐，它们是矛盾的双方，在一定条件下又可以相互转化，这就需要作者辩证地处理，才能写出曲折有致的文章。下面将具体介绍高中生可以采用的几种辩证的手法。

（1）以小见大

"以小见大"是指选取日常生活中常见的材料来表达深刻的道理，有"以微知著"的效果。作为写作主体的人的认识总是有限的，而认识客体相对主体而言，在时间和空间上都是无限的。这种客观上的二元对立决定了我们可以采取以小见大的辩证思维方法去探求事物的本质。

作家小思写了一篇短文叫作《蝉》，作者先写到夏天里对蝉的枯噪声感到厌烦，后来写到对蝉的生命历程感到惊讶：原来蝉在土地里等了 17 年，才从一只幼虫长大为一只蝉，而且只能活一个夏天。蝉为了延续生命需要好好地活，所以一只小小的蝉的叫声可以那么响亮，并且响彻一个夏天，这就是蝉的生命意义。作者通过描写蝉的生命历程阐述了一个深刻的道理：不论我们的生命是如何短暂，我们都应该以积极的心态对待，好好地生活。散文家席慕蓉的名篇《贝壳》写道：贝壳里的生命短暂而细小、脆弱而卑微，然而上天却给它制作了精致的居所。作者由此感悟到要在有限的生命里做一些有意义的事情来回馈生命。《蝉》和《贝壳》从对小生命的礼赞升华到敬畏生命、感恩生命的高度，用身边的小材料表达大主题，文章短小精悍，令人回味无穷。学者朱光潜说过：创造就是平常的旧材料之不平常的新综合。《蝉》和《贝壳》可以说是运用以小见大手法的典范文章了。

生活是创作的源泉，有着取之不尽的矿藏。在搜集材料阶段，教师应该指导学生认真观察生活，细心地感受、体会生活，用敏锐的眼光发现平常生活中的不寻常之处，用心地记下生活中印象深刻的人和事。在写作阶段，教师应该指导学生选取从生活中收集的材料，从细微处悟出处世哲理，用"小材料"表达"大主题"，熟练运用以小见大的辩证手法。

（2）抑扬法

作者要颂扬某个人物、某件事先用抑笔写缺点和不好，或者要批判某种人、某种现象先用扬笔写好的方面，也就是说，如欲扬之，先抑之；或者欲抑之，先扬之。运用抑扬法写作文能让作品显得波澜起伏、生动有趣。正因为这样，清代唐彪说：此法文中用之极多，最为紧要。

南宋中期诗人叶绍翁有一首大家很熟悉的诗歌，题名为《游园不值》。这首诗歌就采用了欲扬先抑的手法。诗人久扣柴门不开，心情很是失望，但一只出墙的红杏让诗人感受到满园的春色，他由失望变为惊喜。学者杨朔的《荔枝蜜》是赞颂蜜蜂无私奉献、勤劳的品质，但文章开头却写到不太喜欢蜜蜂，而且因为被蜜蜂蜇了，对蜜蜂的感情总是疙疙瘩瘩的。作者欲扬先抑，既给读者留下悬念，又让读者对可爱的蜜蜂留下了深刻印象。

（3）繁简法

繁简法是指写文章要详略得当。符合文章主题思想的内容，要用繁笔详细地描写，反之，就用简笔略写，或者不写。学生写作文喜欢眉毛胡子一把抓，只要能凑够数字，一些跟主题无关的内容也会写在文章里。语文教师可以借助教材中的经典范文训练学生写文章该详写时详写、该略写时略写。

《木兰诗》对木兰赶赴沙场前所做得准备、在战场期间对家乡的思念，以及征战后同家人团圆的欢快用繁复的笔墨进行了描写，而对十年的战场生活只用了一句话概括，从而塑造了一个柔情的巾帼英雄。

把文章写得曲折有致的手法有很多，以上介绍了三种常用的写作手法。学生若能灵活运用以小见大的手法、抑扬法、繁简法，辩证地处理每种手法的两方面，让小材料和大主题、抑和扬、繁和简和谐地结合在一起，定会写出摇曳多姿的文章。

3．指导学生运用辩证法的观点析理

学生写作存在不善析理的问题。他们写文章喜欢以叙代议，罗列一堆材料后就得出结论，没有辩证地推理和深层次的分析。针对这一问题，语文教师可以训练学生运用辩证法的观点析理。教师可以先让学生分组讨论，再互相交流。学生之间的交流讨论可以活跃他们的思维，产生思想的碰撞。教师最后可以做总结发言：用一分为二的观点来看，认识事物要兼具感性和理性。第一，认识事物如果一味地感情用事，不用理性的眼光去看，就看不到事物的本质，第二，对待事情只有理性没有感性，就会使人与人之间变得冷漠。老人摔倒、小孩被撞，路人视而不见。近年，这样的事情在社会上经常发生。因为怕被讹诈，所以路人对摔倒的老人、被撞的小孩视而不见。人们的良知被理性的认识所吞没，人与人之间也逐渐变得陌生。经过这样一番辩证的分析，学生对怎样去阐述这个话题也就心里有数了。

在人的一生中，不如意的事常常会发生，遭遇挫折和痛苦更是不可避免。挫折和痛苦并不可怕，最重要的是我们以怎样的心态去面对。有的人能勇敢面对挫折，不屈服于挫折，并想办法解决困难。这种人是以积极良好的心态对待挫折，不放大痛苦，而是在战胜挫折的过程中把内心的痛苦化解了，他们是属于越挫越勇的强者。相反，有的人在挫折面前感到害怕，不敢面对，并且放大痛苦，最终在痛苦的深渊中不能自拔，他们是生活中的懦夫。

他们应该向生活中的强者学习，彻底改变对待挫折的态度，才能勇往直前、取得进步。在作文课上，教师若能经常引导学生运用辩证法的观点分析问题，学生的辩证思维能力也会逐步增强。

二、学生写作的创造性思维能力培养途径

（一）创造性思维的含义与特点

古语有言：创意造言，皆不相师。这句话的意思是说写文章主题和文辞不要模仿前人，要有创新。内容陈旧的文章读起来味同嚼蜡。内容新颖的文章让人耳目一新。创造性思维对写作起着重要作用。创造性思维是以已有的知识、经验为基础，通过逆向思考或者想象、联想等手段，产生新的思维成果的高级、复杂的思维活动。创造性思维具有两个显著的特点：独创性和求异性。

1．独创性

创造性思维善于打破常规，贵在创新。思考主体思维流畅、思路开阔，具有敏锐的观察力，能多角度、多层次阐发自己的观点。思考主体不受现成观点的束缚，敢于质疑传统，能发现别人发现不了的东西，能提出与众不同的见解。运用创造性思维思考问题的人往往具有优秀的思维品质和百折不挠的追求真理的精神。思维呆板、狭窄、肤浅的人是不可能提出新颖独特的看法。

2．求异性

客观事物之间存在各种各样的差别。这就要求我们研究客观事物时能透过事物的共性和一般，看到它的差异和特殊；能透过现象看到事物的本质。只有带着求异性的眼光去看问题才有可能提出创造性的见解。白杨树干笔直，枝桠向上，在黄土高原很常见。大作家茅盾却深情地赞颂"它伟岸，正直，朴质，严肃，也不缺乏温和，更不用提它的坚强不屈与挺拔，它是树中的伟丈夫"。并且还把这种品质和北方的农民、我们的民族具有的品质联系起来，文章意境深邃。这和作者运用创造性思维来构思，积极地求异分不开。

（二）激发学生的写作兴趣

从心理学角度来说，兴趣会使主体对客体集中注意力，还会让主体产生一种内驱力，对所从事的事情满怀热情。学生由于学习压力大，课业负担重，写作文常常是应付老师，久而久之，自己写的作文自己都不想看，由此对作文产生一种厌恶心理。再者，学生在写作上很少得到老师的赞赏和肯定，由此，他们逐渐对写作不感兴趣。可见，培养高中生的写作兴趣对提高写作水平至关重要。如果高中生喜欢上了写作，平时就会积极搜索写作材料，对周围的人和事也会颇感兴趣，内心的创作欲望也会被激发出来。那么，怎么培养学生的写作兴趣呢？

1．营造良好的教学氛围

语文老师在写作课上采用的授课形式不要一成不变，除了采用讲授法，还可以组织辩论赛，或者分组讨论，或者即兴演讲。老师给学生布置得命题尽量贴近学生的生活，比如父母的性格对子女的成长会不会造成影响、家庭教育的重要性、网络的利与弊等，这些命题可以促使学生们注意观察周围的人和事，独立思考人生。课堂上，教师要认真聆听学生的发言，当学生有创造性的见解和看法，教师可以给予一个肯定的微笑或者一句赞赏的话；当学生的观点听起来比较"怪"，甚至有点出格，教师也不要批评，可以适当引导。只要学生们的价值观、人生观没有出现偏差，观点不反动，教师应当多鼓励学生发言，营造一个轻松活跃的教学氛围。写作课上的发言是口头作文的一种形式，课堂上学生们的畅所欲言，潜移默化地培养了他们对口头作文的兴趣。写作本质上把心中想说的话付诸文字。学生对口头作文感兴趣了，自然对写作也就感兴趣了。

2．创新作文批改方式

教师在作文修改环节存在很多不足：批改流于形式、方式单一、评语几乎相同等。教师不注重作文的修改，让学生产生应付心理，学生对写作没有成就感，对写作也就逐渐不感兴趣。因此，教师应该审视传统的作文批改方式，并且有所创新。

（1）尽量捕捉学生作文中的闪光点

教师在评语中可以多写学生作文的优点，学生受到赞扬和鼓励，增强了自信心。自信能让他们逐渐喜欢上写作。在写作中获得成就感的学生们不会把写作文当作是一件苦差事，而是在轻松愉快的心境下写心中所想。

（2）创新作文批改方式

传统的作文批改方式就是教师一人批改。作文本发下之后，学生看完评语之后多数都不会再修改自己的作文。这种批改方式不仅给教师带来很大的教学压力还会让学生产生懒惰心理。因此，有必要创新作文批改方式。语文教师可以先让学生自评，再跟同学互评。

（3）由教师作评价

这种批改方式有利于学生参与修改环节，能调动学生修改作文的兴趣。在修改过程中，学生们会发现其他同学写作上的好方法，以他人之长弥补自己的不足。他们的写作水平在相互借鉴中逐步得到提高。写作水平的提高会促使他们对写作产生兴趣。对写作的兴趣又会激发他们内心的创造力。

（三）创作性思维的培养重在想象和联想的训练

影响高中生写作创作力的因素有很多，其中想象力和联想力是重要因素。凭借想象和联想，人的创造性思维有无限宽广的活动范围。有了想象和联想，人的思想仿佛插上了飞翔的翅膀，在时间和空间上不受阻碍和限制，能思接千载、视通万里。

想象乃是在过去知觉基础上的一种新的形象创造。所谓想象，是在已感知事物的基础上创造出新形象的思维过程。文学作品中的人物都是想象出来的。《阿Q正传》中的阿Q，《祝福》中的祥林嫂、《狂人日记》中的狂人等人物是作者在现实原形的基础上想象创造出来的。想象分为无意想象和有意想象。梦就是无意想象的一种表现形式。有意想象分为再造想象和创造想象。再造想象是根据他人的语言描述或者图样，在大脑中形成新的形象。作家巴金的中篇小说《砂丁》描写了云南个旧锡矿中的矿工们的悲惨生活。实际上，巴金没有到过云南，一位朋友的描述激起了他内心的愤慨。他根据朋友的描述经过再造想象在小说中再现了矿工们的艰苦生活。创造想象是不依据他人的描述而在头脑中形成新形象，幻想是创造想象的高级形式。如《桃花源记》中的世外桃源就是作者幻想出来的。

联想是指由某人或某事物而想起其他相关的人或事物。在写作中培养学生的联想力是十分重要的。联想力首先可以解决作文的材料问题，因为由此事联想到彼事，可以丰富材料；由落后的联想到先进的联想，可以加深思索；由表层的联想到内在本质的，可以深化理念；由可见的联想到不可见的，可以拓宽思路。客观事物之间的联系是多种多样的，联想的方法也各有不同。具体内容如下：

1. 相似联想法

相似联想法是指在观察某一事物时想起具有相似特点的其他事物。曹丕命曹植在七步之内作诗一首。作为同胞兄弟，曹丕却屡次想迫害曹植。曹植由此联想到同根生的豆和豆萁，"煮豆燃豆萁，豆在釜中泣。本是同根生，相煎何太急"形象地写出了曹植内心的悲伤和痛苦。

2．对比联想法

对比联想法是指观察某一事物时联想到与其特点相反的事物。美与丑、崇高与粗俗、善与恶、光明与黑暗都是共存的。正面的事物如果没有反面的事物来比照，就不可能鲜明地凸显出来。诗人臧克家《有的人》就是运用对比联想法创造出来的。在写作课上教师可以训练学生逆向地思考问题。人们常说"近墨者黑""知足常乐"，如果反其意，写题为《近墨者未必黑》《不知足者常乐》的文章会更有新意，论证有理有据，必定是佳作。松树四季常青，冬季更是傲雪挺立，因此常常被用来象征坚韧不拔的性格。那松树有没有短处呢？有，那就是一年四季没有变化。抓住松树的短处也能写出一篇精彩的文章。

3．连锁联想法

连锁联想是指由已知信息出发，由此及彼，一环扣一环，层层深入。树木的生长需要适宜的温度和良好的气候，树木生长得好就会形成一片森林，森林又有利于形成湿润的气候。1986年的高考作文要求考生根据树木、森林、气候之间的关系写一篇文章。改革开放初期，企业家兴办企业受到国家政策的支持，企业的兴办提高了就业率，促进了经济的发展，改革开放让人民逐渐富裕起来了，让祖国也日益繁荣。考生若能进行类似的连锁联想，必能写出精彩的文章。

综上所述，想象力和联想力确实是写作能力的重要组成部分。爱因斯坦说：想象力比知识更重要，因为知识是有限的，而想象力概括着世界的一切，推动着进步，并且是知识的源泉。语文教师如果想让学生拥有较强的写作能力，就应该不遗余力地锻炼学生们的想象力和联想力。凭借丰富的想象力和联想力，学生们就能在写作的海洋里自由地遨游。

三、高中语文综合性学习教学中写作能力培养方法

（一）教学设计开放化，重视写作能力培养

教学设计是教学活动的最初环节，也是教学活动的重要环节。优秀的教学设计不仅能够促进教学活动优化，同样能够促进教学效率提高。教师在设计综合性学习教学的活动环节时应该转变传统的设计理念，促进教学设计开放化，从而落

实写作能力培养任务。

1．加强重视，增加写作训练

写作能力的培养属于综合性学习教学的教学目标之一，即便综合性学习教学的课时有限，教师也应该加强对其的重视，安排一定的时间进行相关的写作训练。这种写作训练并不是为了完成教学任务随便布置一个作业敷衍了事，教师需要在布置写作训练之后不定时关注学生的写作进程，并加以指导。教师布置的写作训练不仅要与综合性学习教学的主题相关，同时也要有一定的训练体系。每次训练之间应该具有一定的联系，让学生在系统的写作训练中提高自身的写作能力。综合性学习教学的活动开展需要花费大量的时间，教师应该在开展活动之前精心规划活动的各个环节，教学时间分配合理化，避免时间浪费，将每个环节的时间规划在合理范围内，保证写作训练的时间。因为综合性学习的课时安排有限，所以教师可以将写作能力的训练融入综合性学习教学的各个环节之中。综合性学习教学需要开展活动设计、阅读资料等多个活动环节，一些环节中会涉及培养学生的写作能力。教师可以充分利用各个环节中的训练机会，增加学生写作能力的训练时间。网络媒体不断发展，教师可以利用网络媒体的超时空性来增强教学的灵活性。综合性学习的课时有限，课堂上需要开展活动，并不能安排较多的时间进行课堂写作训练。教师可以借助网络媒体，在课后进行写作训练。例如利用"微信"这一网络媒体建立一个作品分享群。在群里布置与综合性学习教学主题相关的写作任务，并且鼓励同学在群里展示写作成果。这样的教学方式不仅能够加强自身以及学生对写作训练的重视，也能够加强家长对写作训练的重视，同时也能够抓紧一切可利用的时间进行写作训练。

学生正处于价值观的养成时期，对教师的行为观点是非常认同的。教师的态度在一定程度上会对学生的行为产生影响，教师对综合性学习教学中的写作训练不重视在一定程度上也会影响学生进行写作训练的积极性。因此，教师在综合性学习的教学过程中应该重视对学生写作能力的培养。教师不仅要加强自身对写作能力培养的重视，也应该加强学生对写作能力培养的重视。当教师布置写作任务时，许多学生会产生抵触心理，一些学生甚至会忽略教师布置的写作任务。这样的行为不仅会影响综合性学习的教学质量，同样不利于学生写作能力的提高。因此，教师应该增强学生对写作能力培养的重视程度。

（1）教师要转变学生的学习观念，让学生意识到写作训练的价值

在写作过程，学生不仅能够锻炼自身语言文字的运用能力以及鉴赏能力，同时也能够提高自身的表达能力以及创造能力。因此，科学合理的写作训练不仅能够提高写作成绩，也能够提高阅读成绩以及其他学科的成绩。提高写作能力不仅在学习方面让学生受益良多，在生活以及工作等许多方面也会让学生受益无穷。在日常生活中，我们偶尔需要写一些便条或者留言，提高写作能力能够让我们清晰简单地表达自己的想法。当我们步入社会之后，在工作中也会需要写一些请假条、申请报告以及邀请函等。许多工作都需要进行写作，提高写作能力能够提高办事效率。

（2）教师应该减轻学生综合性学习教学的学习负担

教师可以根据教材的内容将一部分活动进行合理地删减与整合，留给学生一定的时间进行写作训练。活动的时间比例分配能够让学生意识到写作能力培养的重要性。减轻学习负担让学生将写作训练等同于一个表达自身情感的途径，而不是将其视为一项艰难的任务。学生可以通过这个途径来抒发情绪、缓解压力，降低对写作训练的厌恶心理。

（3）培养学生树立正确的价值观，增强对写作能力培养的重视

中学是人的身心成长过程中至关重要的心理断乳阶段。这一阶段树立的价值观会对人的一生产生深远的影响，教师有责任培养学生树立正确的人生观与价值观。为了提高语文成绩而去学习语文这种唯成绩主义的价值取向是一种错误的价值观，会严重影响学生身心的健康发展。语文教师的教学任务不仅仅是传授学生语文知识，更应该培养学生树立正确的三观。教师应该让学生认识到提高写作能力不仅仅是为了成绩，而是为了促进自身的发展，以便能够更好地为社会发展服务。

2. 提高素养，落实写作任务

许多教师将综合性学习教学中的写作能力培养教成了写作教学课，过于重视

传授学生的写作知识以及写作技巧，忽略了写作训练。这是由于教师自身的素养不足，将综合性学习教学中的写作能力培养等同于专门写作教学中的写作能力培养。相比于专门的写作教学，语文综合性学习教学更加重视在活动过程中提高写作能力。因此，在进行语文综合性学习教学时可以适当传授学生一些写作技巧与写作知识，但在传授知识与技巧之后需要及时布置与教学内容相关的写作任务，让学生将学到的知识与技巧应用到实践之中。学生在完成写作任务的过程中不仅需要查找资料，同时需要回顾教学内容，在巩固知识的同时也能够提高学生语言文字的概括能力以及组织表达能力。在实践过程中提高自身能力与语文综合性学习的教学初衷保持一致。

为了学生写作畏难情绪能够得到缓解，教师需要布置科学合理的写作任务。科学合理的写作任务能够让学生意识到写作并没有那么难，在写作中树立信心。教师具有一定的专业素养才能布置科学合理的写作任务，才能将写作任务与教学主题保持一致。

（1）教师需要不断丰富多方面知识

在布置写作任务之前教师需要对学生进行写作指导。写作指导需要教师具备较大的知识量。综合性学习教学中涉及许多文体，不仅仅是记叙文，也包括一些实用文以及口头作文。例如"有朋自远方来"这一主题需要学生写邀请函，教师需要在布置邀请函的写作任务之前传授有关邀请函的写作知识以及写作技巧。这不仅需要教师掌握基本的写作知识，还应该掌握全面的写作知识。综合性学习教学不仅涉及语文学科的知识，还包括许多其他学科以及其他领域的知识。这要求教师不仅掌握本学科的知识体系，还需要掌握跨学科、跨领域的知识，这样才能寻找到教材内容与其他学科以及社会生活的相交点，在彼此之间建立恰当的联系，从而布置科学合理的写作任务。因此，教师需要与时俱进，及时更新自己的知识库来满足社会的需要和时代的追求。

（2）教师需要提高自身的教育专业能力

教师在综合性学习教学中培养学生的写作能力不仅要具备传授知识的能力，也应该具备组织活动的能力和引导学生知识迁移的能力。教师需要组织学生开展与主题相关的活动，并且引导学生将活动中学到的写作技巧、写作知识以及阅读中积累的素材应用到写作之中。教师还需要具有学科整合能力，将教材内容与其他学科内容进行有机整合，所以教师需要不断提高自身的教育专业能力。

（3）教师需要不断更新自身的教育理念

在综合性学习教学中培养学生的写作能力属于一种新的教育理念，教育理念的不断改革要求教师的教学方式不断变革。这需要教师以一种饱满的精神状态去面对教育改革，不断更新自身的教育理念，不断为自身的教育理念增添新鲜血液，适应当前的教育改革。为了能够在教学过程中布置科学合理的写作任务，教师需要不断提高自身的专业素养，只有这样才能引导学生更好地提高自身的写作能力。

（二）教学内容延展化，开阔学生写作视野

单一的课堂教学内容会让学生觉得综合性学习的课堂枯燥无味，降低学习的热情。教学内容延展化有利于丰富教学内容，激发学生学习热情的同时促进学生写作视野不断开阔。

1. 联系其他学科，发散写作思维

从构思阶段到写作阶段，再到修改阶段，写作过程的每一个环节都离不开写作思维。作为写作能力的核心，写作思维不仅对一篇文章的影响甚大，对自身的写作能力也影响甚大。大多数学生在写作过程中容易出现写作思路闭塞以及写作模式老套的问题，这是由于学生的写作思维模式化造成的。发散学生的写作思维有利于学生创新写作模式，创作出富有新意的文章。促进教学内容延展化有利于发散学生的写作思维，从而提高学生的写作能力。教材属于教学内容的一部分，但教师的教学内容不能局限在教材中，丰富教材内容才能促进教学内容延展化。丰富教材内容可以分为两个方面，一方面是加强教材内部各方面的联系，加强教材内部各方面的联系有利于增强教学内容的深度。另一方面是增加语文课程与其他学科的联系，增加语文课程与其他学科的联系有利于增加教学内容的宽度。教师不必拘泥于语文这一门学科，可以将综合性学习教学的内容延展到其他学科之中。综合性学习教学的内容与其他学科相联系有利于学生发散写作思维，树立整体的认知观，从而促进学生发散写作思维、开阔写作视野。

（1）综合性学习教学的内容可以与英语学科相联系

语文与英语同属语言类学科，两者在教学内容上有一定的联系。在学习英语翻译时不仅要考察学生的英语认知能力，还要考察学生的汉语组织能力。在学习语文的文言文时需要学习的词类活用涉及了语法知识，英语语法知识的学习对汉语语法知识的学习有一定的帮助。在开展综合性学习教学的过程中将教学内容与英语学科相联系，这能够让学生掌握更多的语法知识，不仅有利于学生语言系统的建构，同样有利于学生语言组织能力的提高。以"我们的互联网时代"这一主题的综合性学习教学为例，在教学过程中有一个环节是对网络用语的合理性进行思考与讨论。这一环节的教学内容可以与英语学科相联系，教师可以在学生开展讨论之前向传授学生一定的语法知识，学生在了解相关语法知识之后能够更高效率地判断网络用语的使用是否合理。

（2）综合性学习教学内容可以与数理化等理科类学科相联系

语文学科属于文科类学科，与数理化等理科类学科有着本质的区别。但是，数理化等理科类学科涉及的物理规律以及化学实验现象都需要语言文字来表达与描绘，语文学科涉及的一些归纳总结题以及分析鉴赏题也都需要理科的理性思维。"只有理性与感性兼具的人，才能创作出真正的好作品"。语文教学内容与数理化等理科类学科相联系不仅能够培养学生的观察能力、联想能力以及思维能力，同样有利于在培养学生感性思维的基础上培养学生的理性思维，从而促进写作思维能力的提高。以"少年正是读书时"这一主题为例，在教学过程中需要学生收集并整理有关阅读情况的调查问卷，调查问卷的整理分析涉及了数学学科的统计图知识。教师可以在学生整理调查问卷之前带领学生一起回顾数学学科的统计图知识，在整理调查问卷的过程中利用数学学科的统计图知识有利于提高办事效率，节约时间。

（3）综合性学习教学内容可以与政史地等文科类学科相联系

文史哲三门学科紧密相连，所以语文与政史地等文科类学科联系较多。政史地等学科的学习过程中需要应用语文学科的文字理解能力与归纳总结能力，语文教材中也会经常出现一些历史人物、历史事件、地理分布以及政治思想等政治、历史以及地理学科的知识。教学内容与政史地等文科类学科相联系，能够弥补学生知识面不足这一缺点，开阔学生的视野、丰富学生的写作素材。以"身边的文化遗产"这一主题为例，在教学过程中需要学生以小组为单位选择"文化遗产候选项目"并且进行实地考察。教师可以在实地考察时随时随地向学生介绍与文化遗产相关的历史知识以及地理知识，以便加深学生对文化遗产的了解，从而更好地开展活动，丰富学生的活动体验。

（4）综合性学习教学内容可以与音美体等学科相联系

音乐需要歌词创作，这离不开语文的写作能力。美术需要学生具有一定的鉴赏能力，语文的学习能够陶冶学生情操，提高学生审美鉴赏力。体育活动的开展离不开运动知识指导，语文知识的学习能够丰富学生的运动理论知识。音美体等学科的学习离不开对文字的理解和对语言的运用，语文学科的学习也离不开音美体等学科的审美思维以及动手实践能力。综合性学习教学内容与音美体等学科联系有利于提高学生的审美思维与观察能力。观察能力与审美思维同样属于写作能力的一部分，有利于促进学生写作能力的提高。以"天下国家"这一主题的综合性学习教学为例，教学过程中需要举行诗歌朗诵会、制作手抄报以及开展爱国人物故事会等活动。诗歌朗诵会需要音乐学科的音律知识来指导。制作手抄报需要美术学科中的绘画知识。综合性学习教学活动的开展不仅仅局限于课堂之中，还可以在户外进行，户外活动的开展也需要应用一些体育常识。

语文学科与每个学科都存在着或多或少的关系，与其他学科相联系有利于学生将所学的知识进行整合、构建一个整体的思维结构和知识结构。同时也能够让学生以多维角度来看问题，促进学生的写作思维不断发散，从而提高学生的审题立意能力。教师在开展综合性学习教学时可以与其他学科相结合，但是不能为了结合而结合，而是需要寻找两者的结合点。一种合理的方式将教学内容与其他学科以及其他领域的知识相结合，促进学生写作思维的发散。

2. 贴近现实生活，捕捉写作灵感

写作活动的主体是学生而不是教师，教师不能以自己的情感体验代替学生的情感体验。开展综合性学习教学时，教师应该在传授写作知识与技巧的基础上鼓励学生贴近现实生活，在生活实践中提高学生的写作能力。受时间场地等因素的影响，教师在进行写作能力培养时通常选择优秀范文展示活动来代替学生的实践活动。教师通过欣赏优秀作品来指导学生学习优秀作品的写作思路以及文章结构，这样的教学方法无可厚非。但是，很多教师在指导学生进行范文模仿时并没有让学生意识到模仿只是写作灵感的一种来源。学生一味模仿他人的文章，缺少生活实践很难写出拥有自己风格的文章。在写作的最初教师可以鼓励学生阅读名家名篇寻找写作灵感，但是不能一味地模仿他人而失去自我，生搬硬套他人的想法并不会对提高写作能力有帮助。写作并不是走他人走过的路，也不是走自身走过的路，而是走一条全新的路。在实践中获得独特的感受，用独特的感受写出属于自己的文章。

写作不是为了完成任务而进行的活动，为了任务而去写作会让学生的写作热情荡然无存。写作应该是学生自觉主动地活动，是源于他们情感表达的语言组织活动。综合性学习教学需要开展多种活动，教师应该让学生在实践活动中体验生活、认识生活，鼓励学生在体验生活的过程中捕捉写作的灵感，激发写作欲望。教师应该让学生意识到他们并不是为了使用写作素材而表达情感，而是为了表达思想感情而使用写作素材。学生在生活中积累写作素材并不是为了装饰文章，而是为了获得相应的人生思考，产生表达情感的需要。我们写作的内容应该是真情实感的结果，而不是写作材料的简单罗列和叠加。在真情实感面前，无论语言多么华丽都会变得黯然失色。学生只有贴近生活，在生活实践中获得写作灵感，为表达情感而去写作才能写出优秀的文章。

三维目标的一个维度就是过程与方法，综合性学习教学应该让学生在活动过程中学会知识与方法。教室是综合性学习教学的主要场地，但综合性学习教学开展的活动不能局限在教室之中。教师应该增加课堂空间的宽度，从教室走进现实生活。正如教育家、思想家陶行知先生所说：作文是生活的一部分，它离不开生活。在现实生活中开展与综合性学习教学主题相关的活动有利于学生加强对生活的理解，让学生在丰富人生经历的过程中捕捉到写作的灵感。学生在实地考察和亲自调查的过程中能够搜集到许多文字资料。例如"发现广告词"这一主题的活动需要学生进行实地考察。在考察过程学生能够发现有关广告词的资料，感知到语言文字的魅力。在对材料进行筛选、整合的过程学生不仅能够积累大量的写作资料，同样能够从文字材料中获得启发，从而产生写作的灵感。

综合性学习教学开展的活动与学生的生活息息相关，有利于学生在活动中产生情感的共鸣，从而产生写作灵感。将活动与生活进行有机整合，学生在生活中探究问题，能够增强学生对现实生活的关注与思考，促进学生的问题意识不断提高，能够抓住生活的一件小事进行思考。思维活跃起来会产生更多的写作灵感，调动学生运用所学的知识解决问题，逐步养成问题意识。发现生活小事背后蕴含的道理，这样的活动会让学生有所收获与启发，从而在活动中产生写作的欲望。布置与生活息息相关的写作任务。学生在熟悉的环境中更加容易产生写作灵感。综合性学习具有实践性，这种实践性不仅要在课堂中，更应该走进生活中。例如"我的语文生活"这一主题的综合性学习在开展活动时，许多教师会直接自己收集一些广告词拿到课堂上让学生进行讨论，教师不能用自己的行动代替学生的行动，应该鼓励学生进行实践，走进生活对商家的广告词进行实地考察。学生在实践中访问商店的招牌以及广告词，能够获得属于自己的独特感受，从而产生写作灵感。学生通过亲身体验之后能够进一步了解教学内容。在活动结束以后，在撰写总结心得时也能够更加得心应手。

学生以语文的视角来观察生活和体验生活能够发现生活中不仅充满了有价值的写作素材，而且充满了人生的智慧，学生在对生活进行深入理解的过程中获得独特的写作灵感。语言文字是作者与读者进行心灵交流的重要途径，文章中的每一个字都应该是从心灵中流淌出来的。写作应该是表达内心情感的途径，而不应该是为了应付任务而进行的字数拼凑，教师应该让综合性学习教学中的写作成为学生表达内心真实情感的途径。

（三）教学指导科学化，利用阅读推动写作

1. 去粗取精，积累写作素材

作为写作的源头活水，阅读能够让学生的写作素材库不断更新，为学生今后的写作提供用之不竭的写作素材。语文综合性学习教学在开展活动时需要学生收集大量的资料，例如"有朋自远方来"这一主题的综合性学习教学活动中需要学生收集有关交友的资料，在收集资料的过程中，学生需要进行大量阅读。在阅读资料的过程中，学生不仅能够扩展自身的知识面，积累大量的写作素材，也能够学习其他作家的写作技巧，也能够不断提高自身的写作能力。但是，学生的学习任务多，课外阅读的时间有限，大量的文字资料会对学生造成一定的负担。相比于读的多，学生更应该读得精。所以教师应该在确保学生阅读规定书目数量的基础上，指导学生挑选有价值的材料进行阅读积累。例如"有朋自远方来"这一主题的教材中提及了学者朱光潜的《谈交友》以及英国散文家、哲学家培根的《论友谊》，教师可以推荐学生以这两本书为阅读重点，在精力允许的情况下再阅读教师推荐的其他书籍。现如今，网络上充斥着大量没营养、不健康的书籍。学生尚不具备快速区分资料好坏的能力。阅读不良书目不仅不利于培养学生良好的阅读习惯，甚至会对学生的人生观产生不利的影响。学生的课外阅读时间有限，为了避免浪费时间，教师可以推荐一些有价值的网站和书目供学生挑选。教师推荐阅读资料能够让学生从劳而无功的阅读中解救出来，让学生在短时间内阅读到有价值、有内涵的资料，节约时间。教师不仅应该为学生推荐有价值的网站和书目，更应该在教学过程中传授学生科学的阅读方法。科学的阅读方法不仅可以提高学生鉴别资料优劣的能力，同时也有利于学生良好阅读习惯的养成以及阅读效率的提高。这样有利于学生在选择材料时能够选择一些内涵丰富的、能够运用到写作之中的材料。科学的阅读方法能够让学生进一步加深对材料的了解，这样有利于在写作过程中快速地从记忆中挑选出最能表达思想感情的材料。

由于每个人对主题的理解存在差异，所以在搜集资料时侧重点不同，收集到的资料也各有不同。由于精力有限，所以每个人收集到的材料并不全面。个人的精力是有限的，但群体的精力却是无限的。教师在综合性学习教学的过程中不仅要传授学生相关知识，也应该传授学生学习知识的方法。知识的来源不仅可以是直接经验，也可以是间接经验。教师应该鼓励学生做生活中的有心人，积极积累他人的优秀素材，丰富自身的素材库。例如"少年正是读书时"这一主题中的一项活动就是让小组讨论阅读中存在的问题并提出解决的办法。教师应该鼓励学生积极借鉴和积累他人的优秀经验以及分享的写作资料，在养成良好阅读习惯的基础上积累更加丰富的写作素材。

2. 批注阅读，了解写作素材

综合性学习教学的活动开展需要学生阅读大量资料，在阅读资料的过程中，学生能够收集丰富的写作素材。虽然很多学生能够将搜集到的写作素材运用到写作之中，但是许多学生只是将积累的名言警句原封不动照搬到作文之中，并没有加入自己的想法。缺少自己的观点，即便是将积累的最新时事素材应用到写作之中，也不能写出个性化的文章。大多数学生在积累写作材料时只是死记硬背材料中的他人观点以及好词好句，并没有充分理解材料的内容以及含义。由于对材料的理解不够透彻，所以并不能将这些写作素材活学活用。批注阅读能够让学生在阅读中产生对文章的思考，加深对材料的了解程度。在充分了解材料的基础上才能灵活地使用资料表达自己内心真情实感。教师在进行综合性学习教学过程中应该指导学生进行深层次阅读，也就是批注阅读。

批注是指批语与注释，批注阅读是指学生在阅读过程中进行思考，并将自己的感悟和思考在阅读材料的旁边标注出来。批注阅读包括感悟式批注、图画式批注、赏析式批注、概括式批注、补白式批注、识记式批注以及提问式批注。不同的批注方式具有不同的特点，对写作能力的培养也具有不同的作用。

（1）感悟式批注

感悟式批注是指学生在阅读资料的过程中主动将生活经历与阅读内容相联系，调动自身的生活经验。学生需要将能够产生情感共鸣的词句标注出来，加强对材料的感悟，以便应用到以后的写作之中。

（2）图画式批注

图画式批注是指学生在对阅读资料拥有自己理解的基础上利用图画的方式表达自己对文章的理解。例如在抒情的句子旁画上爱心；在疑惑的句子旁画上问号；在名人轶事旁画上五角星等等。这种阅读方式让阅读不再枯燥，变得生动有趣起来。

（3）赏析式批注

赏析式批注是指学生利用自身积累到的阅读知识以及经验鉴赏阅读资料中的写作技巧以及重点字词。赏析式批注能够让学生在赏析阅读资料的过程中学习作者精妙的写作方法以及高超的写作技巧，把握一篇文章的写作精髓，促进自身写作能力的提高。

（4）概括式批注

概括式批注是指学生在阅读资料过程中归纳资料的主要内容，将每个篇章的段意进行批注。这种阅读方式能够让学生在概括段意的过程中提高自身的语言运用能力，以便在写作过程中能够将材料组织起来表达自己的思想感情。

（5）补白式批注

补白式批注是指学生在阅读的过程中将语言文字背后所蕴含的意义标注出来，寻找语言文字的言外之意。这种阅读方式能够增强学生对语言文字的感悟能力，提高自身的语言建构能力。

（6）识记式批注

识记式批注是指在阅读过程将内涵丰富、语言优美的好词好句进行标注摘抄。这种阅读方式能够为今后的写作提供大量的写作素材。

（7）提问式批注

提问式批注是指学生在阅读资料时将产生的疑问和困惑标注出来，这种阅读方式能够培养学生的探究精神以及创新精神，有利于开阔学生的写作思路。

批注式阅读这种阅读方式能够加深学生对文章的了解程度，拉近读者与作者的距离，从作品中读出属于自己的想法。"文学部落"这一主题的综合性学习教学中需要学生开展读书写作的交流会，分享有关文学作品的感悟。教师可以在学生阅读书籍之前教授学生批注式阅读的方法，这样有利于学生在作品中读出属于自己的感受，分享与众不同的阅读写作经验。批注式阅读能够让学生对素材的内涵进行深度挖掘，更好地了解素材的内涵。批注式阅读这种阅读方式不仅能够加强学生对写作素材的掌握程度，写出别具一格的文章，也能增强自身的审题立意能力，提高写作能力。

（四）教学形式多样化，调动学生写作热情

学生正处于世界观以及人生观的形成阶段，很多学生并不能意识到学习的重要性，所以大部分学生尚未产生自主学习意识。中学这一阶段的学生更愿意在他们感兴趣的事情上花费时间。受多种因素影响，综合性学习教学活动的开展有许多困难，教师的教学活动局限于教室之中。教学形式固定单一会让学生感到枯燥无味，丧失写作热情。虽然教学活动的开展受到很多因素的限制，但是教师仍旧可以利用已有条件将教学形式变得多样化。多样化的教学形式适合学生，能够满足学生的需要，从而调动学生的学习热情以及写作热情。

1. 多元评价，培养写作兴趣

综合性学习教学的主题丰富多样，开展的活动也种类多样。综合性学习应该是项目设计、过程实施、成果展示三位一体的活动。受教育改革的影响，综合性学习教学开展的活动方式多样。但是，成果展示这一环节的活动形式仍旧比较单一，主要还是以教师评改学生作文为主。即便教师花费大量时间去认真评改学生的作文，学生的写作能力仍旧没有显著提高。教师评改作文这种评改模式并不利于学生写作能力的提高。许多学生在收到教师批改的作文时第一反应是关注作文的最终成绩，教师的评语被许多学生忽略，这并不利于学生认真思考自己写作中存在的问题。即便一些学生认真阅读教师的评语也不能让自身的写作能力有实质性提高，这是因为理论知识并不等同于实践活动，教师评语对学生的帮助有限。综合性学习教学提倡实践活动，更加重视学生的学，而不是教师的教。让学生在活动中忙碌起来，在忙碌中有所收获才是综合性学习教学的目的。因此，在写作训练这一环节，教师可以采取多元化的评改方式促进教学活动的形式变得多样化。

作文评改多元化包括评改主体多元化，评改主体不仅可以是教师，也可以是小组同学，同样可以是学生自身。教师可以引导学生进行自我评改，促进学生反思能力的提高。自我评改的过程学生可以反思自己的材料是否应用得当，中心思想是否表达清楚。在这一过程中，学生获得再一次机会去选择一些更能表达内心情感的素材和语句。相比于自评，学生更加喜欢小组同学互评这种方式。学生正处于年轻好胜的阶段，以小组同学互评的形式进行作文评价，不仅能够将活动的

主动权还到学生的手中，同时能够激起学生的好胜心、调动学生的写作热情。教师在学生以小组同学互评的形式评改作文时应该对学生的评改活动加以正确的引导，鼓励学生良性竞争。确保活动的民主公平，以防学生对作文评改活动产生厌恶心理。当小组同学互评文章之后，师生共同选取小组评价最好的作品，进行优秀作品展示以及交流修改心得。交流心得的过程是集思广益、共享群体智慧的过程。在这一过程中，学生进行交流讨论能够让思维的火花相互碰撞，不仅有利于学生吸收他人的优秀经验，同样有利于学生发散自身的写作思维。

除此之外，学生在发表自己观点的过程中能够增强自身的语言组织能力、矫正语病，为写作能力的提高奠定基础，写出符合语法规范的文章。写作能力不仅包括写的能力，也包括修改的能力。与其说作文是写出来的，倒不如说作文是改出来。创作一篇优秀的文章不是一蹴而就的，需要学生不断进行修改，写作过程中离不开修改这一环节。学生在评改他人文章的过程中不仅能够收获到成功感，树立写作的信心，也能够培养语感，借鉴其他同学的写作技巧和写作思路。

另外，在批改文章的过程学生是以读者的身份进行阅读与审视，这样的身份能够轻易发现文章中易出现的错误，从而避免在以后写作中出现类似的错误。在批改作文的过程学生不仅能够发现其他同学的文章缺点，也能够发现其他同学文章的优秀之处，取他人写作之长处补自身写作之短处。作文评改能力能够让学生快速发现一篇文章的得失，在潜移默化中养成自觉评价文章的好习惯。这种评改方式不仅有利于提高学生的阅读能力，同样能够提高学生的写作能力。

作文评改多元化还包括评价指标多元化。教师对学生的作文进行评改并不是为了区分学生写作能力的高低，而是为了让学生发现写作错误、改正写作错误，最终达到提高学生写作能力的目的。教师在对学生的作文进行评改的过程中应该遵循过程性原则，不能只关注静态的写作效果，应该不定时关注学生的写作进程，不定期给予学生鼓励。学生的写作能力不同，不同的学生写作状态和写作水平存在差异。教师应该因材施教，不能用同一个标准去要求所有的学生。教师应该采取鼓励式教学，只要发现学生文章中的亮点就应该及时给予认可。教师的认可更有利于树立学生的写作信心，增强学生对写作的兴趣。评价指标多元化有利于学生发现写作活动的乐趣所在，学生不再对写作活动充满抵触心理有利于学生化被动学习为主动学习。学生在评改作文的过程中可能会出现分歧，教师应该尊重学生的独特见解，让学生进行自由创作。但是对学生的肯定并不等同于对学生放任自流。教师可以鼓励学生进行写作创新，但应该让学生意识到标新立异并不等同于写作创新。文章创作应该尊重现实，从实际生活出发去表达内心的真情实感。

2．模拟情境，增加写作动力

语言实践活动的发生和进行有赖于情境的存在。综合性学习的主题丰富，主题丰富多样导致开展的活动也种类多样，种类多样的活动需要创设多元化的教学情景。教学情景多元化能够将单调枯燥的课堂变得生动活泼起来，这样不仅可以调动学生的学习热情，同时也可以让学生获得更多的体验，从而产生更多的写作动力。模拟情境这种授课形式需要学生对活动主题进行多元化解读，小组同学可以根据喜好选择自己感兴趣的主题开展活动研究与探索。这样有利于促进学生更加积极主动参与到活动之中，加强对教学内容的了解程度。由于学生全身心地投入到活动之中，所以会获得丰富的活动体验。这样在教师布置活动心得类的写作任务之时不仅不会对写作任务产生抵触心理，反而为获得一个表达情感的渠道而开心，创作出来文章必然会富有情感韵味。

适当的情境不仅有利于激发学生写作的兴趣，也有利于学生实现由读到写的转换，将积累的人生经验和写作素材从记忆深处调动出来并转化成文字表达出来。教师在进行综合性学习教学的过程中可以鼓励学生根据活动主题模拟各种活动情境。如"走进小说天地"这一主题的综合性学习教学，教师在教学过程中可以鼓励学生将小说中的情景再现，学生在模拟情境中模仿小说角色进行对话交流，学生在活动时不仅能够培养语感，同时能够真实地感受到小说文体的语言运用技巧，从而促进学生写作能力的提高。不同的情境需要学生使用的语言不同，学生在情境之中所学到的语言表达技巧需要迁移到现实生活中。所以，教师在创设教学情景时要立足于现实，情景的设置不仅要与实际相符，也需要考虑时间以及空间的限制。学生在模拟情境之中不仅可以培养富于个性化的语言表达能力，也能培养写作思维能力。教师可以鼓励学生在模拟的情境中进行小说再创作，留给学生一定的自我发挥空间，例如鼓励学生在模仿小说角色时增加一些个人语言。这有助于学生想象能力以及创造能力的提高，从而促进写作思路的发散，写出别具一格、富有特点的文章。

《义务教育语文课程标准（2011 年版）》之中提到"积极建构网络环境下的学习平台，拓展学生学习和创造的空间，支持和丰富语文综合性学习"。[①]教师在综合性学习教学过程中利用多媒体技术创设符合教学内容的教学情景，这样能够加深学生对教学内容的整体感知。综合性学习教学的一个环节是进行实践活动后完成活动感受写作任务。受时间以及场地等因素影响，综合性学习教学的许多主题活动并不能在实地进行。学生的生活经验较少，如果不进行实地考察，就很难对教学内容获得充分全面了解。缺少活动经验不利于学生完成写作任务。教师可以应用网络资源以及多媒体技术模拟相关的教学情景，多媒体技术不受时间以及空间的限制，能够把景物以及人物生动形象地呈现在学生的面前，为师生提供全方位的活动信息，弥补学生生活经历不足的缺点。在课堂中利用多媒体技术提供文字所不能体现的视频或图片不仅可以让学生对教学内容拥有更直观地了解，同时也能吸引学生的注意力、调动学生的学习热情。以"天下国家"这一主题的综合性学习教学为例，教学目标之一是学生通过阅读材料了解一些爱国人士，培养对自己国家的热爱之情。但是资料中有关爱国的文字描述比较抽象和空泛，对于想象力较差的学生来说，书面上的文字描写并不能让学生对这个人物产生直观性感受。学生对爱国仍旧只停留在书面上的文字解释，并不能有深刻的感悟。缺乏深刻感悟，写出来的文字缺乏情感是毋庸置疑的。教师可以在教学过程中可以利用多媒体技术再现一些经典的爱国人士的爱国场景，在模拟的环境中观看视频以及文字有利于学生直观感受到人物的神态以及动作，在进一步了解人物的基础上进一步了解爱国的含义。学生在模拟的情境中获得更加直观的感受有利于学生进行人物描写更加生动传神，最终写出内涵丰富、条理清晰的文章。

[①] 中华人民共和国教育部. 全日制义务教育语文课程标准（2011 年版）[M]. 北京：北京师范大学出版社，2011：10.

第五章 学生表达交流能力培养

第一节 学生表达交流能力培养的时代思考

一、破旧观，立新观

"新基础教育"研究中，首先看到了学生客观存在的精神生命的主动性、能力发展的潜在性。学生是主动、积极的表达交流者，是表达交流的主体。教学中创造条件，发挥主体的积极性、潜在性，让他们用自己的话表达自己的思想、情感，在表达交流中获得极大的表达乐趣与发展，这是对表达的前提认识。明白这个前提，才能具体思考为什么表达、表达什么、怎么表达等一系列问题。

青少年身上具有丰富的母语资源、一定的国语基础，他们生性活泼爱交往，他们有自己的生活经验，有自己的思想情感，他们生活在家庭、社会、学校这个大群体中，有足够的条件可以与人交流。如果把表达交流限定在作文写作的范围内，当作一种技能训练，让学生按照他人的指令、他人的要求、用他人的语言方式做文章，学生的痛苦是显而易见的。

学生还存在多种发展潜在可能。尤其当前，旧的教育观念开始动摇，教学的封闭性受到冲击，全社会文化水平提高，学生知识面广，交流平台增多。教育在学生多种潜在可能性向现实发展确定性转化的过程中可发挥重要的作用。

基于"新基础教育"培养主动、健康新人的目标，借鉴国外关于世纪写作观的思考，"新基础教育"确立新的作文观：

（一）破学生单一的写作身份，立双重的表达身份

青少年在成长过程中，基础教育有责任对他们进行有目的、有计划地培养，促进他们尽快成长，将他们发展的潜在可能性转化为发展现实性。就表达而言，他们需要通过教学、实践来积极主动地学习如何真实地、以多种方式表达自己的思想、感情，如何围绕主题表达，如何有序表达，如何准确、生动地表达等一系

列知识和技能。

学生是学习者。学生在学习过程中，在交往过程中需要也应该能独立、自主地对生活中、学习中、对周边的人和事发表自己的创造性的见解和感受，和他人作多方面的交流。学生是思想者。教学要尊重、保护、鼓励这种主动、创造精神，要采用多种措施为学生提供和创造这种主动性、创造性表达的机会。

（二）破学生只为应试写作思想，立为自己、为不同读者写作思想

基于当前国情，应试写作不可避免，但是要提倡多种表达形式。口头表达、书面表达，写观察笔记，写生活日记，记录生活，留下成长脚印；写随笔，发表自己的思想，享受写作的乐趣；用各种方式通过各种途径发表自己的作品，分享快乐与烦恼——把表达作为自己的一种生活方式，从中历练思想、抒发情怀、培养人格、锻炼表达。

学生从单一的表达学习者身份转变为双重表达身份，从只为应试写作转变成为自己、为不同读者写作，能有助于学生多元发展。比如，视野会拓宽，观察能力会加强；能主动关注生活，提高对生活的敏感性；独立思考能力、创造精神、批判精神加强，培养公民意识；表达积极性提高，有助于根据实际需要选择、运用多种形式的、适切的表达方式，提高表达水平；有助于培养独立人格、自信精神等。

二、"作文""口语交际"能力培养整合为"表达交流能力"培养

长期以来，说到作文，人们就想到教学生用笔写文章，热衷于作文技巧训练，对其他如为什么要学生写文章，学生怎样才能写好文章等许多根本性问题缺少深层思考，忽视如观察、口头表达、多种书面表达等与学生表达能力发展密切相关的能力的培养。

将"作文""口语交际"整合为"表达交流"能力，目的在被割裂的惯性思维，整合运用多种母语资源。

"表达交流"能力是一项综合能力，其内涵比"作文"或"口语交际"要丰富得多：

表达交流主体——学生自己。表达什么、与谁交流、用什么方式表达交流，全由学生自己做主。

表达交流形式——包括口头表达交流和多种书面表达交流形式。远远超出作文一种形式。

表达交流对象——可以通过日记、随笔等向内倾吐，表达自我内心，也可以对外交流，交流面极广。表达交流对象不限于教师一人。

表达交流内容——一切生活皆可表达。自己的所见、所闻、所想、所做，自己真实的心里话、阅读的启迪、生活实践的体验皆可以作表达交流内容。尤其中学生，生活时空广，表达交流的内容更丰富：世界文化、人类历史、社会关系、科学技术、天文地理、生态环境、文学艺术、语言变迁、商业贸易，等等。表达交流没有限制、不用拘束。

表达交流功能：将人格塑造和表达能力培养融为一体，说真话、抒真情。

将"作文""口语交际"能力整合为"表达交流"能力，有助于建构多元育人价值：

（一）有利于形成综合整体性意识

综合整体性表现在表达交流中诸因素之间的横向关联性和纵向发展序列性的结构性系统。

横向关联性：与生活关联，表达校内外学习、校内外生活；与思维关联，表达中培养观察、比较、分析、思考、想象、联想等能力；与世界观、人生观、人文素养培养，与人格、兴趣、习惯培养关联；与听、说、读、写多种表达方式联系。多种因素的关联，保证了学生表达的丰富性、深刻性，保证了交流的广泛性、多元性。积累生活经验，倾听内心，抒发情感；与他人交流，分享收获、成就、思想、忧愁。

纵向发展序列性：体现年段之间发展要求的递进性。随着年段提高，学生视野越来越开阔、思想越来越成熟，观察能力、判断能力、表达能力越来越强。从低年级的观察说话、写话类、童话仿创类发展到中年级的多种形式表达类、话题写作类，发展到高年级的文体线索表达类、主题表达类等，实现低中高年段贯通。

（二）有利于教学开放性

表达内容开放，表达对象开放，表达方式开放，表达功能开放。向每一个学生发展开放，不仅打开了表达交流的空间，也打开了学生和老师的胸怀。写作文不再是唯一的表达形式，写作不再诚惶诚恐，不再虚情假意，学生和老师都走出恐惧作文的阴影。表达过程是师生交流过程，老师和学生进行真正沟通、交流，在交流过程中老师对学生提供有效指导。

（三）有利于学生表达能力整体发展

表达是一个人的思想观念、情趣爱好、生活经历、文化素养、语言文字等综合水平的表现，以写作为例，要写出一篇好的作品少一样也不行。这方面，青少年和成人没有本质区别。但是，生活的事件数不胜数，人物众多，不是每一件事、每一个人物都能激起作者表达的欲望。这要取决于作者对事件、人物的看法和兴趣，取决于作者能否从纷繁复杂的生活现象、事件、人物中选择有价值的、有兴趣的写成文字。还得考虑作品的结构、语言。既要考虑内容，也要考虑形式。这是写作的一般规律，青少年写作也得遵循这个规律。但是，如果没有青少年主动、积极地投入，没有敏锐的观察力、感受力，没有广阔的舞台进行充分实践，理想不会转化为能力。"表达交流"能激发学生主动、积极地表达交流热情，提供丰富的实践空间，比如，除了语文教学课堂、语文学科活动之外，班级、学校、社会的许多活动、学科之间的联动都是学生表达实践的舞台，学生们出班报、写评论、写实验报告、调查报告、演话剧、开讨论会、辩论会、举行演讲比赛等等，保证了学生表达能力的整体发展。

三、培养表达交流能力的教学要求

培养表达交流能力的总要求主要体现在七个方面：第一，培养表达能力和塑造人格同步，以塑人为主；第二，培养兴趣、习惯、能力，以培养兴趣、习惯为先；第三，培养口头表达能力和书面表达能力并重。以低年级观察说话为起点；第四，培养会话式口语表达能力和独白式口语表达能力并重；第五，文体写作专项训练和根据日常生活需要，进行常见的小型多样表达实践并重，以小型多样表达实践为先；第六，写作技能指导和表达实践并重，以表达实践为主；第七，作后批改和表达过程中点评同步，以过程中点评为主。

培养学生留心观察的兴趣、习惯、能力。能用口头语言和书面语言独立自主地表达交流自己的见闻、感受和想象，从中历练思想、培养人格、提高表达交流能力。

第二节　培养学生表达交流能力途径与方法

一、培养表达交流能力的基本途径

课堂教学和课外活动结合，课堂表达指导和课外表达实践结合为培养表达交流能力的基本途径。

课堂教学指导：基于表达能力的整体、综合性特点，表达能力指导包括观察说话课、阅读理解课、课外阅读课和随笔、日记、读书笔记等小型多样表达形式指导课、讲评课等所有与语文学习有关的课堂教学，在所有这些课堂教学中有机渗透表达能力指导因素，使众多因素形成合力，从整体上促进学生表达能力提高，不要把表达交流课堂教学指导窄化理解为通常意义上的"作文指导课"。

课外表达实践：表达能力是一种综合实践能力，必须要经过表达主体长期、综合多样的行为实践。学生家庭、学校、社会的日常生活、形式多样的活动都能激发学生表达的热情、都能提供丰富的表达素材，也是学生交流展示表达的舞台。没有学生主体的长期、综合多样的表达实践，提高学生真正意义上的表达能力是不可能的。鼓励、指导学生以积极的生活态度投入生活、参与活动是老师的责任。

二、培养表达交流能力的基本方法

教师与学生之间有效沟通的策略具有智慧性特点，欲将沟通技能运用纯熟，在教学实践中运用自如，发挥应有的实效性，就要注意以下沟通策略。

（一）教师的角度

1．要真诚有爱心

教师的真诚、爱心是实施语言沟通的前提条件。如果教师不爱自己的学生，不爱自己所干的事业，那将影响教师与学生沟通的效果和质量。俄国批判现实主义作家托尔斯泰说过如果教师只有对事业的爱，那么他是一个好教师，如果他把对教育带来的爱和对学生的爱融为一体，他就是个完美的教师。具有专业精神，缔造爱心，这是掌握沟通技能，实现与学生有效沟通的前提。

2．同理心是沟通的前提

同理心是指在人际交往过程中，能够体会他人的情绪和想法、理解他人的立场和感受并站在他人角度思考和处理问题的能力。同理心可以诱发良好的沟通氛围，同理心是开启学生内在心智世界的钥匙，是沟通效能产生的前提。

苏联教育家苏霍姆林斯基认为，假如你只是从教室的讲台上观察学生，假如学生仅仅因点名才走近你，假如他跟你的交谈只限于回答你的问题，那么，无论什么心理学的知识也帮不了你的忙。应当像对待同伴和直言规劝的朋友那样跟孩子们打交道，同他们一道分享胜利的喜悦和失败的忧伤。

拥有良好的同理心，也就拥有了感受他人、理解他人行为和处事方式的能力，不仅可以知道对方明确表达的内容，还能够更深入地理解并把握对方隐含的感觉和想法。同理心能够成为教师与学生之间得以顺畅沟通的心理桥梁。

在师生关系中，如果教师能够从同理心的角度去感受学生的感受、态度，并有效地将这些感受传递给学生，就会得到学生的尊敬和理解，从而产生温暖感和满足感。如果教师不能或不愿意同理，与学生的沟通就必然受到影响。

3．依靠团体力量实施沟通

教师要善于依据"团体动力"学原理进行沟通。在团体中，每个人都能够创造自己的心理优势，强烈地影响其他成员，这称为"团体动力"。群体有其自身的特点：成员有共同的目标；成员对群体有认同感和归属感；群体内有结构、有共同的价值观等。群体具有生产性功能和维持性功能。

同侪互教，学习者年龄相当，心理特点相近，便于互助互学。学生群体的价值和力量在于其成员思想和行为上的一致性，具有维持群体、评价和导向成员思想和行为以及限制成员思想和行为的功能。因为青春期的学生伙伴关系密切，伙伴之间互相模仿、互相影响，甚至可以达到言听计从的程度。

教师要善于依靠班级集体的正能量优势影响个人，要善于利用集体的力量，使学生的行为趋于正确的范围。要善于避免负能量造成的困扰。

4．沟通要把握尺度和分寸

沟通要因人因事而异，如与机灵的学生、与功课较差的学生、与教师得力的助手、与活泼好动的学生、与思维灵活的学生等，沟通的方式都不可能是相同的。教师与学生沟通是创造性的教学行为，教师不能因循守旧，期望用固定模式对待一切学生，并期望一劳永逸。教师要做到：因材施教，施教适当，因人、因事而异，一把钥匙开一把锁，沟通手段不能千篇一律。

5．沟通需要教育机智

教育机智意味着教师在教学中展开恰当的应变力和组织力。日本著名教育实践家斋藤喜博认为，教育机智是在教学展开过程中时时刻刻对学生的反应做出相应的决断和组织力量。在斋藤看来，"洞察"学生的反应与教师对学生反应做出的"呼应""瞬间的决断"这两者是绝对不能分开论述的。

教师必须依据洞察到的学生具体情况（发言、思路、联想、沉默、焦虑、困惑、挫折、争论、提议）加以整理、辨疏、提高和升华。教育机智就是造就"通向未来"的教学能力的阶梯。

教育机智是扣动学生心弦的共鸣力与感化力。瑞士民主主义教育家裴斯泰洛齐被人们誉为"教育天才""教育机智的天才"，他说："出色的人的教育必须有母爱的眼神，能从孩子的眼睛、口腔和额头上，觉察幼儿心理状态的哪怕是些微的变化。"他强调，只有通过同儿童的"接触"真切地感触到儿童的内心世界，与之共鸣，才能推动每一个儿童的生活。

教育机智意味着教师的表现力和说服力。苏联教育家马卡连柯认为，教育机智是一种教师同学生交往并影响学生的职业性力量——表现力和说服力。他断言：凡是缺乏教育机智的人都信奉长篇说教的效用，但这是一种幼稚的幻想。

"共鸣""表达""说服"是人际交往的三要素。师生在应答关系中实现共鸣、表达和说服，是贯穿于多样教育机智论中的一条基本原理。

6．字斟句酌，语言亲切、准确生动

教师的语言不是蜜，但是可以黏着学生。教师的语言可以潜移默化地影响学生，既可以进行情感的熏陶，又可以给学生起示范作用，影响学生学习和运用语言。教师向教学风格化发展，必须下苦功夫，熟练掌握和运用教学语言的技巧。

苏霍姆林斯基在《给教师的一百条建议》中说："你是通过语言去打动学生的理智与心灵的。然而，语言是强有力的、锐利的、火热的，也可以是软弱无力的。"教师的语言既是教师基本功的体现，也是提高课堂教学效率的重要组成部分。学生们都喜欢老师讲课语言清晰、准确、生动、幽默。

（1）清晰

清晰就是指语言要言简意赅，恰到好处，需有抑扬顿挫、情真意切、真挚感人的魅力。而拖泥带水，颠三倒四的语言会使学生不得要领，久而生厌。

（2）准确

教学语言要准确，只有用准确的语言才能正确无误地传授知识，才不会误人子弟。模棱两可的语言会影响教学任务的完成。在备课时应该注意对语言的推敲、研究，教学中绝不可用"或许""大概""可能"之类的含糊语言。

（3）生动

教师语言生动，就是能用形象的语言，绘声绘色地描述事物，正如鲁迅先生讲课那样，侃侃而谈，饶有趣味。

（4）幽默

教学语言要幽默风趣——幽默是情感交流的润滑剂，幽默的语言富有情趣，意味深长。一位名人曾说过："用幽默的方式说出严肃的真理，比直截了当更能令人接受。"风趣幽默的语言可以激活、调节学习情绪。借助幽默的语言还可以提高批评的效果，让课堂违纪的同学心悦诚服。幽默可以开启学生的智慧，提高思维的质量，使学生获得美的享受。

教师与学生沟通的时候，还要用体态语言配合，表情要亲切自然，使语言表

达更生动、有变化。教师要表现出善意、真诚，与学生交流要有积极的情绪表现。

教学实践证明，教师用优质的沟通语言施教于学生，学生则精神振奋、积极学习、求知欲强，喜欢接近教师并提问，并善于联想、想象，表现出思维的活跃，教学必然有好效果。

（二）学生的角度

1．学生会话式口语表达和独白式口语表达培养并重

口头语言表达一般分为会话式表达和独白式表达。语文教学中统称为口语交际。

会话式表达最显著特点是情景性，即在特定场合、面对特定对象进行文明、得体的口语交流，表达自己的思想，表达所见所闻，讲究互动性和即时性。交流过程中听、思、说快速转化，内部语言、外部语言、体态语言、肢体语言相互配合。比如，一个人说话时，身体有关部位，如眼睛、面部、手等自觉不自觉地做出一些动作加强说话的感染力。要求：

说话时，眼睛看着对方，不要东张西望，否则显得思想不集中，不尊重对方；

说话时，不要和对方靠得太近，保持一定距离，更不能将唾沫溅到对方身上；

说话时，面部表情要和说话内容情感相符合；

说话时，手势要适当，不要手舞足蹈；

说话时，声音以对方听到为宜，不要大声叫喊，也不要过轻，使对方听起来费力或听不清；

与长辈说话时，站姿和坐姿要得体，不要趴在桌子上，不跷二郎腿；

客人来访时说"请"，适当运用请的手势，给客人上茶，用双手端上并说"请"。客人离开时，送到门口，说"再见"；

几个人交谈时，等别人把话说完后再发言，不要抢说。

既然是交际说话，就一定要重视听的过程：认真地听，有思考地听，能听懂对方的意思，听出对方的情感，听出对方的需求，当然包括交谈过程中的眼看、心悟。在讨论、商量的过程中，要充分表达自己的见解，也要尊重他人的意见，积极吸纳他人正确观点与合理建议。

基础教育阶段，学生会话式交际说话机会很多。如：打招呼、请求、安慰、感谢、拒绝、祝贺、问路、购物、待客、商量、讨论、介绍、采访等。

独白式口语表达一般指连贯地口头表达。如：讲故事、复述课文、演讲、讨论中的阐述等，用几句话、一段话，连贯、有条理地在群体前讲述。要求口齿清楚，态度大方，声音能传送到每个听者耳中。能根据听众的情绪，调整表达的语速等，提高表达的感染力、说服力。初中生独白式表达的机会比小学生多，要求也比较高。

（1）培养口语表达能力的育人价值

人类社会中用口头语言抒发情感、倾吐心声、交流信息，口语表达是一种重要的交流方式。发展学生口头语言是提高学生书面语言的基础。

社会进入新世纪后，人类交往机会多了，交往在人的成长中，在学习、生活、工作中的重要性越显突出。闭关自守不能适应社会发展需要，于国于己皆不利。会话式表达和独白式表达方式特点不同，对学生的锻炼重点也不同。会话式表达互动性、趣味性强，更能与学生文明行为培养密切结合。有人以为会话式口语表达与培养作文能力无关，所以不重视。其实不然，会话式口语表达的情景性正好可以培养学生的语用能力，而提高语用能力是提高学生语文能力的关键所在。独白式表达对内容、思维、表达方式要求高，小学高年级和初中阶段需要加大培养力度。口语交际不只是一种语言表达方式，它涉及人的世界观、人生观，人的情感态度、思维方式、行为方式，关系到人的整体发展。青少年是个特殊群体，独生子女生存环境缩小了他们与人群交往的范围；沉重的学业负担限制了他们与人广泛、深入交往的实践。有限的交往实践或多或少造成人格发展上的缺憾，造成交往能力、语言能力发展受阻。基础教育更需要加强对青少年进行口语交际（会话式、独白式）的教学与指导。

但实际教学中口语表达并不被重视，且出现种种偏差：

① 语文教学总体上重阅读、轻作文，更轻口语。口语表达课或上或不上。

② 口语表达课通常采用封闭式的知识性、技术性教学；如：教学"打招呼"

时，指名几个学生表演老师设计的"打招呼"小品，而不关注学生日常行为。

③ 口语表达教学和阅读教学、作文教学脱节。阅读教学、作文教学中许多口语表达资源没有被充分运用。如，课文中许多精彩的对话都和特定的语境有关，教学中老师欠缺语境教学意识，学生语用能力差。虽然学生常常被要求"表情朗读"，但因为学生不明白为什么朗读，怎样朗读才是好的朗读，于是朗读时过于夸张，不是真情表达。

④ 年级越高，越不关注口语表达。学生不愿主动发言、不敢发言、不能有理有据地阐述自己观点等，已严重影响课堂学习的效果，影响学生语言能力进一步提高。

（2）"新基础教育"研究培养学生口语表达能力基本策略

① 语文教学中的识字课、阅读课、作文课、童话表演课、比较阅读课等，阅读教学中的朗读、复述、概括课文主要内容、理解感悟文本思想、不同观点讨论和辩论等毫无异议地都应该成为学生口语表达交流能力培养的指导课、实践课。

② 学校内各科教学、各种学生活动也毫无异议地应该成为学生口语表达交流能力培养的指导课、实践课，实现能力培养的综合效应。

培养学生口语交际能力，绝对不只是语文学科单科的教学任务，应是各科教学的共同要求。日常教学中不难发现这样的现象：语文老师上课要求学生积极发言、大声发言，而其他学科老师上课时并不在意学生说话声音大小，重点关注内容正确性。学生小声说话时，老师宁愿走到学生面前俯下身子听学生说话，然后把这位学生的发言内容转告给全班。因为各科老师要求不一致，这些学生在群体面前说话始终羞羞答答，扭扭捏捏。

为了尽快养成学生的良好学习习惯，新生入学第一节口语交际课——介绍，请全体任课教师共同参与。课堂上生动活泼的口语教学形式，不仅使师生互相熟悉了各自的情况，而且各任课老师和学生统一了关于课堂学习常规的认识。如，学生积极参与课堂学习、大胆举手、大声说话、相互倾听等。各任课教师要求一致，学生就能很快养成良好的课堂学习习惯。实践证明，培养学生良好的口语交际能力，需要各科老师共同努力，绝不能限于几节口语交际训练课。

为了提高教师的综合整体意识，发挥科际之间综合效应，除了高一开设口语交际课，重点培养学生学习习惯外，建议其他年级基本不开设口语交际课，口语交际能力培养渗透在各科教学和各种活动中。

如果每次班级、学校活动在每门学科都渗透学生口语交际能力培养，每位老师都关注学生口语交际能力培养，那么就不仅能提高学生表达水平，提高学生语文整体水平，也有利于提高各科教学效率，提高活动效率。

2．学生观察说话能力与观察写话能力培养并重

学生不喜欢作文，普遍反映是：没有写作材料，难为"无米之炊"，作文时或者临时胡编，或者变相抄袭，硬着头皮应付；写不具体，话题展不开，三言两语就把过程写完；文章过于平淡，没有真情实感；找不到合适的词句等。

造成这些现象的原因有多种，缺少观察能力可能是主要原因。

（1）事实上"可写的事儿满街跑，瞪着大眼找不到"。满世界的人、事、物都是写作的材料，可是学生没有自主观察、自觉表达交流的内心需要时，对生活缺少热情、不敏感，不会发现。

（2）平时没有积累的习惯，事过即忘，自己的语言素材库空空如也，需要时提不出货。

（3）没有形成良好的观察品质。没有明确的观察目标，观察随意性大；观察不细致、粗枝大叶；观察时缺少思考，不会追问"为什么""怎么样"，只能看到现象的表面，看不到现象背后的本质。

（4）缺少具体有效的观察方法，不能根据观察对象特征选择不同的观察方法。

（5）为完成任务写作，没有真情实感，文章平淡无味。

观察能力是小学语文教学阶段就非常重视培养的能力，但进入高中后，大多数学生还很欠缺这种能力。基础教育阶段语文教学需要非常重视培养学生观察能力，打开语文教材，走进语文课堂，会发现许多关于培养学生观察能力的举措。

第六章 学生思辨能力培养

第一节 议论文教学与学生思辨能力培养

从 1977 年恢复高考以来，议论文就是高考作文不可或缺的题材。议论文是作者通过对客观事物进行分析和评论以表达自己的见解、主张和态度的一种文体，要求作者具有思辨思维。《语文学科教学基本要求》一书中关于作文的思想这一章有"思考辨析、提炼主题"的要求，也就是提炼作文主题必须对题目中的材料进行思考辨析。但是，就目前大多数情况看，学生不仅不能主动思考题目中的材料，反而急于求快和只顾应试，出现思维方面的问题，下面选取三个比较突出的思维问题分析高考背景下的议论文现状。

一、议论文现状分析

（一）思维定式

所谓思维定式，就是按照自身积累的经验和已有的思维规律，在反复使用中形成的比较稳定的思维路线。在议论文写作中，思维定式一方面集中表现为学生思维循规蹈矩，换言之，也就是缺乏联想力和想象力，无法将作文与真实生活联系起来，更无法基于真实生活大胆想象。曾经有一个教学事例，一位教师问学生："冰雪融化了会变成什么？"大多数学生会回答："冰雪融化了变成了冰水。"唯独一个学生大声回答："冰雪融化了变成了春天。"但这个学生的回答被老师否定了，事实上唯有这位学生跳出了思维定式，展开了基于现实之上的联想。若将两种语句用于作文中，效果是显而易见的。

思维定式的另一种集中表现为学生认为作文可以像数学题套用公式完成即可。议论文中最常见的框架式写作就是一两句话分析题目中材料的含义，提出一个可以套用在无数文章中的论点，然后用几个伟人的事例证明这个论点的准确性，最后用几句充满激情的话语结尾。例如，考前归纳了几大系列作文内容，比如，无私奉献、勤学好问、友谊长存等，无论遇到什么样的作文题目，内容都可相互套用。议论文相对于别的作文题材，更需要学生自主独立思考和分析。试想，高中生利用雷锋做好事不留名的例子阐述乐于助人的论点，内容能不空泛吗？只有雷锋知道自己当时的心理活动，学生并不能完全将自己代入当时的情景中，并且写出真实的想法，所以只能用空话套话强行分析和总结，根本看不到自身的思维走向和真情实感。虽说名人的例子具有典型性和说服力，但是是否可以换种方式呢？例如将名人事例作为引子，结合自身经验进行写作等。以上分析说明思维定式的形成与作文教学息息相关，有些教师的教学看起来像减轻了学生的负担，却在无形中磨灭了学生的思辨思维。

（二）思维混乱

所谓思维混乱，就是学生写作时语无伦次、词不达意、毫无逻辑。近几年高考作文中，议论文中的逻辑思辨性已经成为拿高分的关键之一，一些学生因担心时间问题等客观因素和不懂得如何分析题目材料等主观因素造成写作前的思维混乱，当然还包括平时课堂中练笔次数过少和学校训练套路式写作太严重等原因，他们往往在考场中，用例子和名言警句堆砌作文内容，用稍微沾边的词语草草分析论点。这种作文只注重形式，缺乏逻辑性的说理分析，给阅卷者一种极大的跳跃感，读完后，依旧空洞乏味。

（三）文风浮夸

文风是思想的直接显现，有些学生写议论文时过于注重华丽辞藻的运用，而无内涵的体现。此类文章体现在写作时对事物的认识停留于表面，无法透过现象看本质。近年来的高考试卷中都反映了"网络化"的问题，学生习惯于网络上的碎片化阅读，被未经思考的社会舆论牵着走，网络用语层出不穷，这与高中生心态浮躁、思维不够成熟和阅历浅等原因有关。学生写议论文时看似长篇大论，实际是人云亦云，未能从浅层到深层思考，提出自己的观点。

高考作文应拥有更多思辨性。思辨是提高议论文质量的一种重要思维方式，培养学生的思辨思维，不仅能培养学生主动思考的能力，还能通过分析和对旧观念的检验，产生有自己特色的新观念，并且以富有逻辑性的语言完成议论文写作。

二、议论文中思辨思维缺乏的原因

(一) 高考议论文写作教师教的现状

如今高考议论文教学中，教师将自己定位成写作知识的传授者，只是把静态的作文知识传授给学生，带着学生跟着"一切为了高考"走。一些老师只考虑怎样在最短时间内将学生的作文分数提高上去。有了这种想法，在作文训练方面自然会避重就轻，选择模式化的技能训练，作文就变成了填空题，束缚学生的思维。而且这类型的作文缺少内容和思想，十篇如一篇，怎会受到阅卷老师的青睐呢？

1．议论文写作必须让学生学会怎样理性地分析材料

要求立论严密周全，层次清晰，并且内容逐层深化。要写好议论文，必须在作文课堂教学中提高学生的思辨能力。学生在进行议论文写作之前，多问关于题目材料的问题，形成相对完整的思路，尽量做到就算你要告诉阅卷老师太阳是从西边出来的，也有绝对让人信服的理由。在以往的作文教学中，基本是老师带着学生跟着教材和考试大纲走，没有培养思辨能力的空间，思辨思维会被束缚。这种思辨能力需要在课堂教学和老师引导中慢慢培养，如果教师本身不重视，不研究和改进教学方法，继续照本宣科，那么形势只会每况愈下。

2．写作是一种表达自己思想和情感的需求

在教学中，教师经常忽略学生这一写作主体。若要学生的作文活起来，就应该给予学生自由的空间，从学生实际出发，培养学生的表达能力和思辨思维。

3．教师的写作素养的高低是决定学生能否有思辨能力的因素之一

所谓"亲其师，信其道"，语文老师具备的专业素养会对学生的写作兴趣和写作能力提高有直接且深远的影响。现在一些老师对学生的写作思辨思维不重视，反映出了教师自身写作素养的缺失。

(二) 高考议论文写作学生的现状

1．学生对议论文文体知识掌握少之又少

教师教框架，学生背套路，议论文写作变成了议论文阅读题。不总结议论文写作的本质和规则，体会不到思辨思维的重要性，是无法写好议论文的。

2．学生在日常生活中观察力不足，缺乏积累，导致无事可思

要培养思辨思维，大脑中首先要有丰富的材料，才有事可思。近几年高考议论文中的材料都与学生的生活息息相关，出题者改变了以往"政治作文"形式，将作文重新回归生活，这就需要学生对生活进行观察、感悟和静下心来思考。

3．学生对议论文写作缺乏动力和兴趣

学生对写作基本都是叫苦连天。兴趣是最好的老师，而对学生当下的写作情绪，想要学生主动写作、独立思考是相当困难的。

三、培养议论文中的思辨思维

（一）利用有限的课堂资源

1．利用语文课堂培养学生思辨能力

语文课堂是培养学生思辨思维的直接场所，语文课程标准提倡的"人文性与工具性"统一，在此可理解为阅读与写作的统一。教师应利用有限的课本资源为学生提供思辨思维的情境。入选语文教材的课文都是优秀篇章，教师在进行课文教学时应鼓励学生多思考和大胆讨论，鼓励学生质疑一些陈旧的观念并说出自己的看法，敢于打破常规。

例如，在《鸿门宴》人物教学中，鼓励学生大胆说出他们是如何看待某个人物的，可以结合生活浅谈，并且将自己的所思转成书面语，只要言之有理即可。这样不但能调动学生的学习积极性，更能培养学生的思辨思维。

2．利用作文课培养学生的思辨能力

现今，某些学校为稳准狠地复习高考内容，作文课已经名存实亡，教师应该重视作文课这一课堂，有针对性地进行思辨能力培养。首先，选取适合学生思考并且贴近生活的作文材料，先让学生分析这种现象存在的背景，再从现象中看到共同特征，其次，分析此现象的特殊含义，最后从特殊到一般，联系现实生活慢慢推理，这样分析就会更有深度。提供学生练笔场所是作文课必不可少的原因之一。如果不经常练笔，就会导致考场上思维混乱，作文课堂上不仅要教授作文知识，留时间给学生练习写作也是非常重要的，课堂写作往往更能文思如泉涌，也可借助老师教学重新审视自己的文章。

3．利用往年高考真题优秀范文培养学生的思辨能力

高考议论文优秀范文经过阅卷老师和专家层层筛选，在审题立意、谋篇布局、论证思维等方面都是有独到之处的。也就是将抽象的评分标准直观地展现出来，并且高考优秀范文出自同级学生之手，并不是"不可高攀"的大师级的作文，所以，学生学习优秀范文时并无距离感，反而会得到某种灵感。例如，某一年高考题中，让学生谈谈对如今教育中是"严"好，还是"宽"好的看法。教师可以选择此题的高考优秀范文分析。比如《赏识教育 or 虎妈教育》这篇优秀范文将"赏识教育"和"虎妈教育"两种不同教育模式进行对比思考，让人看清各自的优劣，同时全面分析、辩证思考。对两种看似矛盾的教育方式，没有完全肯定或否定其中一个，而是通过对比分析，提出将两者结合起来的观点，在议论文中体现出来，这就是明显的思辨思维。要让学生在模仿中学会思辨性分析。

（二）注重平时学习生活中的培养

1．通过学习时间培养学生的思辨能力

思辨思维培养并不是一蹴而就的，需要一段很长的时间。教师对待这个问题必须谨慎，不应该出现临时抱佛脚的情形。在平时教学中，老师应处在学生的位置与他们对话。华东师范大学教授钟启泉认为，教学原本就是形形色色的对话，拥有对话的性格。作文这种表达学生自己观点的教学更要与学生平等对话。一些老师在作文教学中存在"误入藕花深处"的错误，把假空对话和放任不管式对话看作真正的对话，流于活跃但失之深远的课堂不是我们想要看到的，所以在教学中应该思考何为与学生的真正的对话。北京师范大学教授郑国民曾谈论到，真正的课堂应是对话式的课堂，课堂应以探索和创新为最终目标，学生应具有独立、理智的批判意识。可见，教师与学生在日常学习中的平等对话，对于培养学生的思辨思维是多么重要。教师通过与学生的平等对话，让学生养成习惯，抛弃思维定式，勇于思辨和善于思辨。

2．通过学习活动培养学生的思辨能力

最可行的学习活动就是举办课堂辩论赛，既规定了时间，又提供了一定的辩

论情景。课堂辩论赛可以采取不同于以往的辩论赛形式，题目可以换为某一年的作文考试材料，让学生围绕这一材料问题展开辩论，在辩论过程中，学生自然而然就会用理论和思考支撑自己的立意，并且会有学生找出更多不同的立意。从不同角度深入思考和辩证分析，不仅丰富学生的写作素材，更重要的是让学生主动思考和分析。

3. 通过日常生活培养学生的思辨能力

思想获得的途径，除了辩论赛之外，还可以让学生养成在日常学习生活中交流共享的习惯。交流共享是丰富学生内在积累的途径，积累是写议论文的第一步，要通过加上整理，才能将积累的材料化为养料滋润作文，但是实操时，学生存在很大的差异，水平有高低，速度有快慢，需要老师提供一个学生之间交流共享的机会。共享方式有很多种，例如课下办故事会、办杂志、共改一文等，让学生享受到学会思考的乐趣，产生不吐不快的写作冲动，让思维灵动起来。

（三）加强语文教师的思辨思维

语文教学离不开思辨思维，语文老师更离不开思辨思维，当今教学日益向研究型教学方式发展，只有主动思考形成新观念才能诞生新的教学方式。如今语文教学的评价体系要求教师加强思辨性思维。教师评价是学生能力测试的重要标准。试想若在作文教学中，连教师都无法判断学生是否具备思辨思维，就更别谈教学了，所以语文教师必须加强思辨思维培养。

1. 及时评价，多鼓励

不管是大作文还是小练笔，都要在最短的时间内进行评价，最好是当天交上，当天评价，效果最佳。一段、一个句子写得特别好的同学也进行表扬，有进步后进生也提及。对于全篇都好的同学则让他们誊抄出来张贴，或让同学们传看，让大家及时了解他人的水平，发现自己的差距。这种做法还杜绝了抄袭，一旦有人发现好作文来自抄袭，那么这位得到表扬的同学在短时间内就不会再犯。评价时，不仅鼓励优生尝试新的写作方法，运用新的词语，还注意后进生的点滴进步。

2. 集体指导和单独指导相结合

教师不仅在课堂上集体指导，还在课下单独指导。一般每篇大作文教师都要求同学们先打草稿交上，批改后大家再修改，改好再抄到作文本上。打草后教师把作文分为三类，优秀的、中等的、差的。优秀的作文，提示改改错别字、不通的句子即可，中等的往往在结构、详略、取材等方面有所欠缺，教师逐一指导，让他们修改后再给教师看。差的作文就很麻烦，最大的问题是缺中心或字数连要求的一半都达不到，或者连句子都不通。对于这些同学标准就要低一些，要求书写工整，标点正确，语句通顺，中心较突出，分段基本正确即可，否则，按高水平要求，重写几遍也达不到，时间久了学生容易灰心丧气，丧失兴趣。教师逐个找学生们指导，写完后再进行修改。每一遍都提出表扬、鼓励，这样才能帮助学生们树立信心。

3. 强调表达真情实感

凡是好文章，一定是真情的流露，一旦抄袭或者无病呻吟，都逃不过读者的眼睛。因此，作文前，一方面做方法的指导，另一方面每次都强调"真情实感"是文章的第一生命力；作文后进行评价，教师不忘把"真情实感"作为评价好文章的第一个指标。事实证明，这样培养出来的学生并不愿意抄袭，他们不仅有内容可写，而且写得相当生动，文中时有思想的火花闪现。

4. 通过对比，学习写作规律

这里说的对比不是同学之间的对比，而是自己与自己的对比，文体与文体的对比，同一文体前后不同时间段的对比。这种对比需要教师和学生都保存资料。适时回顾有助于当下的提高，可以及时总结成功的经验和失败的原因，为了今后进一步的提高做铺垫。

综上所述，要想指导好作文，教师不仅要付出大量的心血和汗水，还要善于总结各种方法的利弊，不断学习新的方法，用于教学实践，提高教学能力。同时，还要看到这一切之上的——保护好孩子的写作兴趣最重要。

四、高中议论文写作教学中培养思辨能力的必要性

（一）高中生的思维特点

人的思维发展在各个年龄阶段表现出不同的特点，在进行思辨能力训练时必

须依据各个年龄阶段的特点有所侧重。

根据心理学的研究，高中生思辨能力迅速提高，比初中阶段更具有抽象性与概括性，其思维的批判性、独立性在历经义务教育阶段的学习后得到进一步的发展。高二进入智力成熟阶段，学生智力的各项指标缓中趋稳，其思辨能力大体上完成向抽象思维的转化，个体智力品质、智力层次也基本稳定，此时正是提升思辨能力和议论能力的大好时机。

因此，在高中的教学活动中，要紧抓高一到高二这个关键期，以便更好地促进学生迅速而有效的发展。再者，在发展多种认知能力时，要特别重视思辨能力的流畅性、变通性和独创性的培养。当然，重视情感、意志等非认知因素的培养，也会更好地促进思辨能力的提升。因此，把思辨能力的培养引入议论文写作教学，有利于加快提高学生的思辨水平，对全面提高语文学科的教育质量也可以起到积极的促进作用。

（二）议论文写作教学在培养学生思辨能力方面的优势

思辨能力虽是抽象的，但可以依托一定的载体来培养它，而议论文便是其最好的培养载体。正如美国学者韦斯特所说，"创作"能让你头脑中混杂的思维明晰化，使头脑中的想法经过深思熟虑后渐渐明朗，并进一步促进思维发展。从议论文的角度来说，这就是思路清晰的要求。议论文要求学生行文结构上必须思路清晰，学生通过作文可以将脑海中笼统、混沌的思想明晰化，对残缺不全的思想片段进行修补、提升，使其相对完整、系统、有序。总之是将原始、相对粗糙的思想外显为精致的语言结构，从外部形态看，表现为一种文化。从议论文角度来说，这便是"结构严谨、语言流畅"的要求。

高中阶段的议论文写作训练要求严格，最能培养学生认识客观事物之间的内在联系以及事物之间关系的思辨能力，能促使学生逻辑思维有条理，能辨别主次、轻重、真伪等，并且对学生形成正确的人生观、世界观有积极的意义。这也是高中阶段主要的写作教学任务。北京师范大学中文系教授刘锡庆在《从大学新生透视中学作文教学的问题》中说到，打好了叙的根基，发展"论"也是必要的。这样，叙、论并举，形象思维、逻辑思维就得到全面发展；华东师范大学中文系教授王光祖先生在《让议论展开思想的深度》一文中也曾提到，现在高中生进入大学后一个普遍的现象是，写散文、随笔还可以，文体较规范的议论性文章却写不好。可见，高中阶段的议论文写作训练是十分必要的。

（三）素质教育对思辨能力的要求

在素质教育的要求下，学校教育的目的不再仅限于让学生获得书本知识和技能，而更注重主体素质，特别是创造性的培养。可见，素质教育本质上是一种创新能力的教育。因此，在素质教育时代，语文教学必然强调对学生的语文能力尤其是写作能力的培养，它具有创造性、抽象性、严密性。写作教学注重对学生进行科学的写作训练，培养学生良好的书面表达能力，从而达到正确运用母语语言文字的目的。

素质教育对于语文教学而言，强调以培养学生的写作能力为要。其实，每篇作文的创作过程，无一不是学生依照自己的思维方式，将对生活的感悟谋篇布局形成文字，以解决现实难题的过程。因此，写作教学尤其是议论文写作教学应侧重于培养学生的形象思维、逻辑思维和辩证思维，并最终形成创造性思维。在议论文写作教学中应适时地培养学生的思辨能力，能全面地分析作文材料，既抓整体，又不忽视细节，从而增强思维的广阔性；能从材料文字中抓准立意，从纷繁复杂的头绪中理清写作思路，提升思维的深刻性；能按合理的逻辑顺序审查事物，阐发思想，使思维具有逻辑性。如此全面地训练学生的思辨能力，就能让学生在行文时才思敏捷，思维活跃，使"地球上最美的花朵——思维着的精神"开得更娇艳，散发出人类智慧的光芒。

（四）新课标对思辨能力的要求

《普通高中语文课程标准（实验）》在课程设计上，将高中语文课程分为必修课程和选修课程两个部分，其中必修课程包括"阅读与鉴赏""表达与交流"两方面的目标。在"表达与交流"方面，强调书面表达要观点明确，内容充实，感情真实健康；思路清晰连贯，能围绕中心选取材料，合理安排结构。在表达实践中发展形象思维和逻辑思维，发展创造性思维。另外，《普通高中语文课程标准（实验）》在实施建议上，针对"表达与交流"方面的目标明确指出，写作教学应着重培养学生的观察能力、想象能力和表达能力，重视发展学生的思维能力，发展创造性思维。

综上所述，学生的写作思维是在作文训练中逐步养成的，是为人的心理内容寻求、发现或创造内在语言形式的思维过程。写作思维必须与写作实践紧密结合，根据写作转型的时代要求，把作文教学的重点从过去的抓写作技巧和分析作文材料，转向对智能的培养。因此，教师在培养学生写作的思辨能力时，必须根据语文新课标的要求对学生进行有效指导。为了学生的自身发展，加强学生思维与语言的训练，提高高中生议论文写作水平己是写作教学的当务之急。

五、高中议论文写作教学中培养思辨能力的基本策略

为提高学生的思辨能力和议论文写作水平，教师必须从学生的实际出发，不断优化教学方法。本书将从三个方面对高中议论文写作教学中培养学生思辨能力的策略展开论述。

（一）转变观念，提高对议论文写作教学中培养思辨能力的认识

1．发挥鲶鱼效应，培养学生写议论文的兴趣

建构主义强调在教学中要培养学生自主、合作、探究的学习方式。语文教育艺术要求"活"，"活"字就表现在学生的自主性上。语文教学切忌包办，教师唱独角戏，而是要积极发挥学生的主观能动作用，让学生自发地爱上写作。中学议论文写作教学可以从"鲶鱼效应"中得到许多有益启示。"鲶鱼效应"原指用鲶鱼来激发沙丁鱼机体活力的方法，现多指在一个组织活动中，引入那些头脑灵活、富有朝气的年轻生力军，会带动整个团体，从而敦促全体成员齐心协力的一种措施。现阶段的写作教学，学生惧怕写作，对写作了然无趣，导致写作课堂死气沉沉、缺乏活力。教师应善于利用写作尖子们的"鲶鱼效应"，以优带后，唤醒学生的创作情感，萌发主动创作的欲望。

每个班级通常都有喜欢创作且文采不错的写作尖子，他们有的在各类作文比

赛中有所斩获，有的在校内外刊物上刊登过文章。这些写作尖子，如同活力四射的"鲶鱼"，具有激发"沙丁鱼"不停游动的先天优势。教师应因势利导，积极发挥尖子们的"刺激"作用。第一，教师可以积极表彰他们的作文成绩，以触动班上其他成绩稍差的学生，使他们产生紧迫感，形成不甘人后的竞争意识与奋进意识。第二，作文评改时，朗读、印发写作尖子的优秀作品，为其他学生树立学习和赶超的榜样。第三，学校、年级每学期定期开展作文竞赛，或选拔、推荐优秀学生参加校外组织的各级作文竞赛。在竞争中争取优胜是每个人都具有的特性，学生尤甚。因此，以此类活动为轴心，对优胜学生加以奖励，进而充分带动学生整体的写作热情，能将群聚效应逐步扩大，最终形成班级良性的写作氛围和合理的写作空间提升运作模式。第四，充分发挥校内文学活动社的指导和引领作用，敦促成员积极发挥"鲶鱼"作用，激发其他学生产生浓厚的创作兴趣，促使他们对写作的热爱转化为实际行动。

2．教师身体力行，制定长期的思辨能力培养计划

建构主义强调，教学不能无视学生已有的知识经验，而是应激活原有的知识经验，促使其"生长"，从而促进学生形成系统有序的知识建构。因此，语文教师必须转变认识，立足于学生实际，制定科学有序、长期有效的思辨能力培养方案。首先，语文教师要将思辨能力的培养训练置于与写作技巧同等重要的位置。其次，教师应严格要求自己，在提高自身思辨能力的同时，不断提升学生的思辨能力，以便顺利开展教学工作。

思辨能力的培养是一个长期的过程。教师要从学生身心发展的规律出发，遵循因材施教的原则，制定一个在议论文写作教学中，培养思辨能力的长期计划。由于高中阶段的教学会因学生的年级变动引起教师授课班级的变化，因此，为保证教学计划施行的连续性，教师在制定培养学生思辨能力的长期计划时，应考虑到一学期甚至一学年的时间范畴。在这个时间范畴里展开对学生思辨能力的写作训练，可以使教师的指导能够对学生的写作产生持续、稳定的作用。时下所进行的新课程，就为教师长期写作教学计划的制定提供了方向。

（二）学会论辩，掌握理性思辨的规律方法

从美国教育心理学家霍华德·加德纳提出的多元智能理论可以看出，学生具备了某一方面的智能，也就具备了运用多元智能理解和分析问题，进行创作的能力。在对学生思辨能力的训练中，要尽可能地用多种方法进行讲解，这样可以使不同智力类型优势的学生都能用自己最擅长的方式理解和掌握思辨能力提升的要领，从而更好地养成思维习惯。以此为构想，本书从议论文写作教学入手，将教给学生的三种思辨方法直接应用，以检验方法的可操作性和可靠性。

1．透过现象看透本质，分析事物之间的因果关系

世界纷繁复杂，我们要由表及里、由浅入深、由因推果、由形观神地审察事透过现象深入本质，透过表面看到真相，经由问题揭示原因，经由形式洞察内涵；否则，看问题就会停留在表面，流于肤浅。纵观近几年的高考与模考作文，不难发现材料作文占有较大的比例。而在材料作文的写作当中，如何正确审题立意是写好作文的前提。在审题立意时，如果能围绕材料给出的事实或结果的成因进行冷静而客观的分析，那么分析出的原因往往就是材料的立意所在。

2．运用对立统一规律，把握事物正反两面的关系

"对立统一"规律是唯物辩证法的核心，包含以下内容：世界上的一切事物都是处于矛盾运动之中的，矛盾的双方既相互依存又相互排斥。文学家王籍诗句"蝉噪林愈静，鸟鸣山更幽"，便充分体现了这一规律。"蝉噪""鸟鸣"的声响与山林的幽静形成一组矛盾，二者无疑是对立的双方，相互排斥，"蝉噪""鸟鸣"的声响势必打破寂静，而山林要幽静就定要排除声响；但二者却又是相互统一、相互依存的。没有"蝉噪""鸟鸣"便反衬不出山林的幽静，同样，不是山林幽静，"蝉噪""鸟鸣"也不会声声入耳，营造出别样的意境。反观议论文写作教学中"对立统一"规律的妙用，不难发现把握这一规律能使我们尽快从材料纷繁的角度中突围较快捕捉到材料中的矛盾所在，从而达成集中而深刻的立意。

3．分析问题辩证全面，切忌陷入片面性、绝对化

世界是对立统一的，因此要全面地看问题，避免产生片面、狭隘的错误。对此，尤其要注意作文审题立意上的局部把握与整体观照。对于给出的材料，我们要从宏观上理解内容，把握材料的总体方向。另外，还需对局部细节进行微观上的把控，逐段逐句揣摩文意，理清材料结构和蕴含的内在逻辑，找出其中的关键字句。以研究者给学生布置的两次议论文写作为例。第一次是上文中提到的"乌鸦模仿老鹰抓羊"的作文。作文材料有三句话，可分两层，第一层介绍乌鸦模仿老鹰抓羊这件事，第二层是牧羊人与孩子针对这件事给出的两种相左的看法。从材料的总结层次（往往是最后一层）得知，材料的关键在于牧羊人和孩子之间的对话，但文章笼统写谁的观点正确还是错误不行，一定要整体考虑"乌鸦模仿老鹰捉羊"这件事，既可以写乌鸦盲目模仿，也可以肯定乌鸦敢于追求的精神，还可以对这两者进行理性辨析，论辩量力而行的重要性。

（三）系统积累，使善于思辨成为习惯

1．课内课外，双向积累素材

多元智能理论所研究的"智能"，指的是解决现实问题和进行产品、劳动创造的智能，超越了传统智能理论仅把语言、数理逻辑能力定位智能的核心，促使智力走出书本，与社会实践产生联系。语文学习的外延与生活的外延相等。受多元智能理论的启示，系统的素材积累可以从课内和课外入手，双管齐下。课内方面，可以通过课内阅读，即对教材中出现的课文展开阅读，把优秀课文内化为写作素材的方式实现。但是在语文教学中，学生却时常无视这种提取素材的方式，舍近求远，无形中为自己的写作增添了许多障碍。学生可以充分利用教材资源，从文质兼美的课文中汲取习作之米，化用课文中熟悉的典型素材进行文学创作，更能增强文章论证的深刻性与严密性，写出质量上乘的佳作。因此，在这一方面对学生进行因势利导是很有必要的。

课文中的素材虽经典，但毕竟篇目有限，因此还需利用课外阅读和对周遭事物的细心观察，全方位、多层次地积累素材。在课外阅读方面，教师除指导学生对课外素材分门别类、做好笔记，在特定情境中灵活使用外，还要引导学生关注文质兼美、思想深刻的课外读物，如中外古典名著、富有时代气息的现代书目以及贴近日常生活的当代佳作。当然，阅读不仅仅局限于"读"，读的同时还要对优秀段落和语句进行摘抄和片段反思，集腋成裘，百川归海，才能真正充实自己的写作素材库，在此基础上展开辩证分析，提高思维水平。

书本上的知识毕竟是一种前人经验的累积，学生需要更广阔的认知视野，来获取更加独特的心灵体验素材，提升善于观察、思考客观事物的能力。叶圣陶先生曾说，生活如泉源，文章如溪水，泉源丰富而不枯竭，溪水自然地流个不歇。实际上也是在强调生活的积累，强调"活书"教益的重大。面对瞬息万变的日常生活，时时睁大锐利的双眼，带着一颗敏感的心，生活中自有取用不尽的鲜活素材。为此，学生应多观察、多参与、多思考。从作文的角度来说，观察就是有意识、有目的地感受自然或认识社会现象，从中获得写作材料。另外，也要注意学思结合，将学习与思考紧密结合。观察如果脱离了思考，也就失去了观察真正的发现意义。

2．一事一议，重视片段写作

多元智能理论的提出者加德纳强调"为理解而教"，还把"理解"与"知识"进行对比。"知识"只是对某件事情有所了解，仅限于知道；"理解"就不单单指掌握了静态的信息，而是还可以运用这些信息展开分析，解决一系列的问题。也就是说，当学生了解了某些信息后，能够将其内化，真正变成自己的东西，也就是"为智能而教"。如今信息技术迅猛发展，网络媒体与纸质媒体虽不如现实生活中亲身经历的某些事情直接、深刻，但随着自媒体时代的到来，学生几乎人人都有个人微信账号、腾讯 QQ 账号和微博账号等，获取新闻大事件以及评论、社论等资讯信息越来越便捷、迅速，学生也乐于接受这些新鲜事物。但是，仅把这些资讯信息当作茶余饭后的谈资而不加以利用，不免有些可惜。因此，在议论文写作教学中，教师可以有针对性地选取某些社会上有影响力的国家大事、社会现象等，让学生就此事进行思考，发表自己的看法。展开讨论的方式有很多，可以采用一事一议的方式，写一段针对某一现象的小评论或是小随笔，充分发挥学生的多种智能因素，既锻炼了文笔，又能提高思维认知能力。

3．开展辩论，实现以说促写

建构主义理论认为知识不能脱离活动情境而孤立存在，而要通过实际情境中的应用才能真正被内化。因此，学习必须与情境化的实践活动紧密结合。为激发学生的思辨能力，教师可以适时开展对既定辩题或社会热议事件的辩论活动，营造思辨色彩浓厚的学习氛围，激发学生的思维动机。选择辩题时，应选择贴近学生生活，符合高中生心理、年龄特点，且容易引发论辩的题目，引导学生言必有据地阐发自己的观点。需要说明一点，辩论的目的不在于最终的结果，而是借这种方式，在提升学生明辨是非的能力的同时，巧妙地应用于议论文写作中，实现以说促写，说写迁移。

4．依托教材，进行思辨训练

建构主义理论强调学习情境的建构对学生学习的重要性，因此教师必须制定一个长期且有效的思辨能力的培养训练，让学生时时处于这种思辨色彩浓郁的学习情境中。众所周知，教材是教师确定教学目标、把握教学内容、开展教学活动的范例。在议论文写作教学中训练学生的思辨能力，教材发挥了中流砥柱的重要作用，尤其是其中的议论性课文，为学生内化议论文知识提供了很好的范例。

选取恰当的课文作为范例十分关键。以《拿来主义》《寡人之于国也》《劝学》《过秦论》《师说》等课文是作为范例的首要之选。学习鲁迅的《拿来主义》，可以让学生学习使文章深刻的方法，获得全面深入的思辨能力；讲授韩愈的《师说》，可以巧妙运用比较思维，阐述自己对"从师"重要性的认识；王安石在《游褒禅山记》中，借自身经历，阐发了做事须志、力、物统一，即主观意志与客观条件相统一的道理。另外，还可以将《过秦论》与选修部分《中国古代诗歌散文欣赏》中的《阿房宫赋》《伶官传序》进行哲学思辨的比较分析。《阿房宫赋》由"秦亡"之果追溯"奢"乃其中最为根本的原因，并借这一历史教训向唐人发出告诫；同样针对秦亡的史实，《过秦论》却得出"仁义不施而攻守之势异也"的深刻原因。与杜牧所处晚唐骄奢淫逸（"大起宫室，广声色"）不同的是，汉代名士贾谊生活在汉初年代，需要国君实行宽松的政策，以帮助汉王朝建立制度，巩固统治。二者立足点不同，所探究的原因也相异。《伶官传序》则意在总结兴亡的规律，说明一朝的兴亡不在天命而在人事，可以说作为史学家的欧阳修得出了比杜牧和贾谊更为抽象也更为深刻的治国之道。三篇文章的"因"有相同之处，但出发点不同，视野不同，归因又相异。[①]

上面所列举的范例课文中，鲁迅的文章无论是思考的深度，还是对社会现状剖析的角度，都达到了其他作家难以企及的高度。因此，本书以鲁迅的《拿来主义》一课为例，谈谈如何依托教材开展思辨能力的培养训练。

备课时，研究者不断思考，作者在创作这篇课文时，是如何做到深刻的？通过反复研读课文，不难看出文章渗透着多种哲学思辨技巧，如联系与发展、对立与统一、肯定与否定、主观与客观等等。如文章结尾所说："没有拿来的，人不能自成为新人，没有拿来的，文艺不能自成为新文艺。"[②]作者正是以一种发展的眼光来审视拿来主义的重要性。于是，研究者将教学目标确定为：理解文章内容，领会文本所蕴含的深刻的思辨精神。

上课时，研究者首先告诉学生这篇文章有很强的思辨色彩，通过引导学生反复阅读课文，让学生逐段梳理课文所体现出来的思辨性的内容。拿肯定与否定观来说，研究者先给学生讲授肯定与否定观的基本内涵，即任何事物内部都包含肯定与否定这两个因素。一方面，肯定中包含着否定，在一定意义上肯定就是否定，如此事物才能发展，旧事物才能变为新事物；另一方面，否定中包含肯定，否定不是对事物的简单"抛弃"，而是在肯定事物积极因素的基础上的"扬弃"。否定本身不是目的，其目的是为了肯定。因此，我们要辩证地看待肯定与否定，树立起辩证的否定观。然后在学生讨论、发言的基础上，研究者又对本书中的"肯定与否定观"进行概括，文章是在批判"送去主义"的基础之上提倡"拿来主义"的，是一种先破后立的驳论文的写法，是结构上"肯定与否定"思维的运用。鲁迅在文末论述"拿来"的方法时，强调要"占有，挑选"[③]，"总之，我们要拿来。

① 李建生. 高中作文哲学思辨与议论文写作二十课[M]. 上海：上海科学技术文献出版社，2016：185.
② 鲁迅. 拿来主义[M]. 北京：人民教育出版社，2014：45.
③ 鲁迅. 拿来主义[M]. 北京：人民教育出版社，2014：45.

我们要或使用，或存放，或毁灭。"①这里，肯定之中又有否定，是辩证的否定观和全面观的体现。同理，文章中渗透出的其他的哲学思辨色彩也可以应用此法。最后，在此基础上，可以引入相关的作文思辨能力训练，实现有效的读写迁移。

第二节　阅读教学与学生思辨能力培养

一、高中语文阅读教学中学生思辨能力培养现状原因分析

高中生在语文阅读教学中思辨能力的缺失是由多种原因造成的，客观的环境影响因素和主观的意识因素综合在一起制约着思辨能力的发展与提高。

（一）教育模式传统单一

语文阅读教学中的思考能力指的是学生根据已有事物分析推断未知事物的能力，是一种"想问题"的动脑过程。美国著名教育家杜威认为动脑子思考的中心功能就是考虑一件事物能在多大程度上被视为另一事物的根据。高中生从小学开始已经在应试教育环境中成长了十几年，思考热情深受唯分数至上的大环境影响，思辨思维受到一定程度的阻碍。在教师的调查问卷中，对于问题"您最注重学生哪方面的提高？"55%的教师最注重考试成绩的提高，28%最注重语文素养，只有17%的教师最注重思辨能力。

传统应试教育模式下学生们对基础知识掌握得比较牢固，但同时也存在一定弊端。很多教师、家长、学生们都认定只有取得好的高考成绩，进入理想的大学才能改变命运，"分数决定未来"的思想制约着思辨能力的发展。教师在分数竞争压力下不得不让学生反复去做语文高考模拟题，从海量的刷题中提高学生的应试能力，而忽视了思维素质教育。学生在繁重的课业和成绩压力下疲于应付各种考试，已经没有时间和精力深入思考分析问题，学生的思考热情在某种程度上了受到了应试教育模式的束缚。

（二）教师教学观念保守

语文阅读教学中的质疑能力指的是学生向教师提出问题以及对于教师或者书

---

① 鲁迅. 拿来主义[M]. 北京：人民教育出版社，2014：45.

本观点有所疑问时能够提出不同的想法的能力；教师也能够向学生提出问题，并鼓励学生进行分析思考，发现问题。美国著名教育学家布鲁诺认为最精湛的教学艺术，就是遵循最高的法则由学生提出问题。古人云"学起于思，思源于疑""学而不思则罔"，质疑能力在学习中发挥重要作用。可在语文课堂中，学生因长期的被动学习不善于主动提出问题，教师提出的问题有时令学生无从回答。

部分教师的教学观念相对传统，主观上不愿意有所创新和突破，在教学中忽视学生的主体地位和思辨能力的培养，只注重知识的单向灌输，不注重引导学生提问质疑。部分教师在教学中没有调动学生积极性使其参与其中，将课堂还给学生，引领学生去阅读、思辨和表达。这种重记忆而轻创新探究的语文阅读教学方法使学生缺乏主体性，长期被动地学习，不能很好地培养学生的思辨能力，适应未来社会对思辨人才的需求。

（三）教师探究能力不足

语文阅读教学中的探究能力指的是学生深究文本的能力，能够深入挖掘文本的主旨，研究内在的逻辑关系，究其根源，寻找答案的能力。语文特级教师于漪曾经说过"教师要想方设法让爱思考的学生多思，深思，让不会思考的学生爱思，会思""教师要指导带领学生深入剖析，把握课文的精神实质"其中的"多思""深思""深入剖析"指的就是探究能力。

当前，学生的探究能力不强，除了受以上提到的应试教育体制束缚、教师落后的教学观念和传统的教学方法影响外，还有以下的原因：教师的探究能力有限，导致无法引领学生探究。

对于问题"您不经常引导学生探究的原因"，一些教师会认为是因为自身的深入探究能力有限。教师的探究能力不强一方面因为教师自身能力有限，另一方面因为教师教学任务繁重无暇顾及探究。

教师的探究能力高低直接决定了能否有效培养学生的思辨能力。教师的探究水平只有在高于学生时才能引领学生深入感悟。例如：教师在讲授道家学派代表人物庄子的哲理性文章《逍遥游》时，若自己的探究能力有限，便无法做到用启发法去启发学生深刻体会庄子的天人合一道家思想，理解只有忘却物我的界限，达到无己、无功、无名的境界，无所依凭而游于无穷，才是实现真正的"逍遥"。庄子的凌驾于万物之上的超脱忘我的思想在今天能否实现？这就要求教师对庄子思想理解不能浮于表面，要评古论今，才能在教学中游刃有余，自如引导学生评析庄子思想的现实意义。

（四）师生缺乏评判意识

评判能力，应用在语文阅读教学中指的是学生对于阅读内容的评价判断的能力，并能依据原因阐明观点的能力。评判能力决定了自己能否产生有创造性的新的观点。高中生普遍不善于做出评判，除了以上提到的几点原因之外，还因为师生的主观评判意识薄弱，重视程度不够，平常的训练不够。

学生自身对评判重视程度不够，不愿意积极参与而是敷衍了事，缺乏独立判断评价的能力。只有经过评价、判断别人观点的思维过程，自己才能形成独到的观点，才能使思辨能力得到升华。师生平时过多注重成绩的提高，而疏于评判训练过程，发言评论的机会比较少，导致学生们不善于对事物做出自己的评判。

美国思维专家理查德·保罗曾经指出，良好的思维方式可以通过训练实现。叶圣陶先生说过"教是为了不教"，教学是为了培养正确的价值观，形成文化判断力，理性的分析辨别，学会判断，学会选择，学会创造，而不是简单的人云亦云没有自己的见解主张。

二、高中语文阅读教学中培养学生思辨能力的可行性

思辨能力可以促使人们用批判的眼光去看待周围的一切事物，更好地发现问题解决问题，从而为创新提供条件。思辨性思维已经成为我们这个时代重要的文化概念，越来越多的人认识到，它是未来社会科学精神不可或缺的基础。美国著名社会学家萨姆纳说，思辨能力教育是唯一真正称得上培养好公民的教育。

思辨能力对于促进时代的发展和学生的个人成长都必不可少。培养学生思辨能力的途径有很多，语文学科因其特殊的性质在培养高中生思辨能力方面具有一定的优势和可操作性。

发展思辨能力是语文课程基本性质之一。语文是思维的工具，是表达思想的交际工具，是学好其他学科的基础。《普通高中语文课程标准（2017 年版）》在基本理念中指出要引导学生能够在语言文字运用的过程中发现探究问题，培养思维的敏感性，在语言表达与解决问题方面寻找创新途径。语文是最重要的交际工具，是人类文化的重要组成部分。语文是人文性和工具性相统一的一门基础学科。语文的人文性特点表现在它既要实现自我价值，又要努力促进学生情感态度与人文情怀的发展。语文学科具有育人功能，它的形式是文字，内容是思想，是文化，这些对于学生审美情趣的培养、思维方式的转变、文化品位的提升，都起到了潜移默化的作用。语文具有思想性，是与人的思维和思想感情不可分割的工具，语文学科的性质之一是发展学生的思辨能力。

三、高中语文阅读教学中培养学生思辨能力的策略

世界著名学者弗赖登塔尔指出教师的任务就是帮助学生学会思考、学会创造。教师不应该只是让学生在阅读过程中被动去接受，而应该采取一定策略让学生主动地参与阅读，理解阅读，对文章形成自己的见解和观点，有自己的理解和判断、评判，具备一定的思辨能力。苏联著名教育家苏霍姆林斯基认为一个优秀的教师要根据学生已有的知识背景、思维发展规律和所教学科的具体特点开展教学工作，做到心中有人，眼中有人，随时关注学生的情况，根据即时的课堂生成实施相应教学策略。

（一）启发思考，促使思辨

在高中语文阅读教学中，教师在关注知识和技能的同时更应该以学生为本，关注学生亲历知识的思考过程和思维的发展，在漫长的阅读教学过程中采取一定的策略来逐渐培养学生的思考能力。

1．营造宽松氛围

美国教育家库姆斯认为，人本主义教育要实现的目标之一就是努力创造自由和谐、活泼生动、鼓舞人心、充满关怀的教育氛围，为学生营造虽有挑战但充满活力与正能量的校园环境。教师更新语文阅读教学的教育观念，以学生为本营造

民主的课堂氛围，是使学生思维得到发展与提升的重要一步。教师积极的教学观念会对学生起到很大的鼓舞作用，促使学生们认真思考发现探究，进而具有批判和创造精神。语文教师要树立民主平等的观念，不以分数高低作为评判学生的唯一标准，接受并迎接全新的挑战，积极转变教学方式提高能力，努力为学生创设和谐课堂环境。在课堂教学中，教师要成为学生的好朋友与大家共同学习探讨，给予学生充分的发挥空间和时间，让大家都能各抒己见阐述观点。教师要使学生们在宽松愉悦的学习氛围中敢于敞开心扉与老师进行平等沟通。明代教育家王守仁在《训蒙大意》中说过："今教童子，必使其趋向鼓舞，中心喜悦，则其进自不能已。"

教师在教授《鸿门宴》时为了充分调动学生的积极性，激发学生们探索的兴趣，可以特意创设生动有趣的情境氛围，课上请同学们分角色扮演刘邦、项羽、张良等人，穿上古代的服装和鞋子，模拟文本中人物的说话语气进行表演，生动再现《鸿门宴》中的情景。在这样一种轻松愉悦的氛围中，同学们对人物性格的理解和对文本的解读更加深刻，思考氛围更加浓厚。而严肃紧张的教学气氛会令学生们的精神得不到愉悦和放松，语文课上不敢积极发言，不敢针对文本提出问题，更谈不到批判质疑，影响求真精神和思辨能力的培养。教师要有海纳百川的度量，愿意接受学生的批评指正虚心学习，能够开展批评与自我批评。为了更好地实施教学，教师要与学生融为一体，时刻创设一种轻松愉悦的教学氛围。在宽松的氛围下，学生们的思维会得到最大程度的发挥。苏联心理学家维果斯基说过教学必须走在学生心理发展的前面，才能促进学生的发展。教师要及时倾听学生的反馈意见，做好课后反思，改进教学方法，由浅入深适度引导，激发学生的学习兴趣和求知欲，提高学生对语文阅读课的兴趣，鼓励大家在阅读中发现问题，尽最大努力为学生营造宽松的环境。

2. 增强思考意识

杜威这位来自美国的教育家认为人类的思维是由问题开始的，新事物是在对旧事物不断否定中产生的。20世纪著名的教育心理学家加涅认为，每个学习动作可以分成八个阶段，其中动机阶段是第一阶段，也即是思想意识阶段。教师要帮助学生在学习中确立思考意识，实现预期教学目标。

　　某教师在讲到《长恨歌》"后宫佳丽三千人，三千宠爱在一身"时，同学们发出了很大的嘘声，老师立刻抓住机会，增进学生探索热情，鼓励同学们思考问题，作者用了很大篇幅描写唐玄宗和杨贵妃的爱情故事，那么这到底是一首歌颂爱情的诗还是一首政治讽喻诗呢？或是二者皆有之或有第三种第四种解读？学生们马上来了兴致，都想探个究竟，纷纷思考起来。某教师在讲授作家契诃夫的《装在套子里的人》时，在讲到别里科夫"他总是把雨伞装在套子里，把表放在一个灰色的鹿皮套子里；就连那削铅笔的小刀都是装在一个小套子里的。""可是，这个装在套子里的人，差点结了婚。"学生们哄堂大笑，觉得这个人太古怪了，太有意思了。老师看到这种场面，马上激发学生的求知欲，培养学生的思考意识，请大家思考下列问题：别里科夫为什么那么喜欢把自己装在"套子"里？结婚表现别里科夫对生活的什么渴望？如果他真的结婚了，是否真的走出"套子"了？

　　思考意识决定思考能力，高中生的思维潜力巨大，在及时引导下他们的思考意识会增强很多，进而会促使思辨能力的提升，提出自己独特的观点。在教学的过程中，教师要充分利用一切时机，激发学生的思考意识，鼓励思考问题，提高学生思辨能力的独特性、变通性和深刻性，增强思辨能力。重视学生个性的弘扬和独立思考能力的培养，引导学生有意识地主动发现问题，解决问题。美国学者彼得·法乔恩一言以蔽之："教育，不折不扣，就是学会思考。"

3. 培养思考习惯

　　美国著名的教育心理学家布鲁纳指出在学生养成自发的主动思考习惯之后，有助于未来的独立学习与探究。他认为如果没有经过学生自己探索的过程，教师就直接把答案告诉学生，这种模式容易使学生不能透彻理解并容易忘记。教师需要引导学生充满自信地主动去发现，探索新旧知识之间的联系，运用已有知识评价对比，解决新问题，养成自主思考的习惯。学生如果拥有良好的思考习惯将会终身受益，好习惯会激发学生的积极性和求知欲，促进思辨思维和创造性思维的良性发展。例如，教师在讲授戴望舒的《雨巷》时，习惯性地引导学生展开想象去思考"丁香"被赋予了什么深层次含义，作者笔下的"丁香"象征了什么，这首诗的主旨是什么？而不能单纯从意象表面去理解文本。

叶圣陶曾经指出学习语文的本旨便是将一切方法化为习惯。哈佛大学以培养学生习惯于"乐于发现和思辨"为根本教学追求。在高中阅读教学中，教师要培养学生动脑思考的习惯，使思考变成一种兴趣，成为每天必做的事情，要做到使学生习惯性地"在阅读中进行全方位的思考，思维才能进一步发展。"

（二）引导质疑，促进思辨

孔子曾经说过："疑是思之始，学之端。"教师在教学中需要预先设计好问题，以问题激发学生阅读的兴趣和欲望，并进一步追问，进而使学生做到自主提问，有效提升学生质疑的思维品质。

1. 展开合理追问

长期以来，学生在传统的教学模式惯性影响下，创新和质疑受到限制，教师也迫于应试教育压力考虑进度，很少给学生创造机会去质疑，实际上是非常不利于学生思维的发展。在高中语文阅读教学中，教师要打破过去"一言堂"的局面，给学生更多的质疑机会和自主权，让学生思维得到发挥和放松，鼓励学生敢于质疑，展开合理的追问，在思维碰撞中提高思辨能力。厦门大学中文系教授、哈佛大学访问学者王诺指出哈佛大学鼓励学生学会质疑，能够敢于向任何类型的权威提出质疑，并且具体贯彻落实到教学的每一个环节当中。钱梦龙老师在他的"六步教学法"——认读、辨体、审题、发问、质疑、评析中指出"质疑环节要求学生思前顾后，统观全篇，发现问题，提出问题，可以有疑而问，也可以无疑而问"[①]，教师要根据即时的课堂生成进行追问。

韩愈曾经说过，"千里马常有，而伯乐不常有"。教师在阅读教学中，要做一个能够善于创造质疑空间，合理展开追问，能够根据学情进行顺向、逆向或迂回提问的伯乐，并引领学生解疑、释疑，使学生们在解决疑难问题中一步步更加深

---

① 欧阳林. 批判性思维与中学语文阅读教学[M]. 北京：中国人民大学出版社，2019：23.

入地理解文本内涵和主旨。教师要善于在教学中培养学生善于追求真理、敢于怀疑的精神，遇到问题反复追问，促进学生不断地提高思辨能力。

2. 提倡自发提问

爱因斯坦曾经说过，提出问题比解决问题重要。思辨能力从学会自己会问问题开始。教师要教授给学生质疑的方法，学会提出有深度的问题，会自发提出能够引发思考探究的问题，而不是盲目地质疑，盲目地怀疑。叶圣陶老先生曾经说过"教是为了不教"。真正的思考不是源于回答问题，而是来源于提出问题，教师要鼓励学生认真分析，洞悉表面挖掘实质，提出有深度值得思考的问题。教师可以引导学生透过意象细节描写、人物形象、文章标题、关键句、关键段、首末句、文章逻辑思路、情感等方面展开思考提出问题。某教师在讲到《林黛玉进贾府》王熙凤一出场时便夸奖林黛玉是个天下极其标致的人物，通身的气派看起来不像老祖宗的外孙女儿，竟像是老祖宗身边嫡亲的孙女，引导学生质疑并鼓励学生能够自己发现提出疑问。在老师的鼓励下，一名学生主动站起来问道："王熙凤不认识林黛玉，为什么刚一见面就用了大量语言夸她？"教师表扬了这名学生并带领大家一起认真思考这个疑问。深入分析之后，学生们发现王熙凤这样说的目的是为了奉承老祖宗，因为她知道老祖宗最喜欢最惦记这个外孙女。但是也不能一味地只夸这一个人，邢夫人、王夫人、迎春姐妹等岂不会挑理？要皆大欢喜，一个都不能得罪，于是她说"竟不像老祖宗的外孙女儿，竟是个嫡亲的孙女"。通过细读文本品味语言，深入分析追根到底，我们能够判断出王熙凤是个八面玲珑又敢说话的重要人物。通过这样的质疑分析自问自答，将王熙凤的人物性格特点就分析出来了，这将有助于更好地理解《红楼梦》这部文学巨著的思想内涵。某教师在讲授庄子《逍遥游》时讲到"逍遥游是庄子的一种凌驾于万物之上的不求功名利禄的逍遥自在的超脱思想，他启发人们超越自我、平和看待生活中遇到的各种困难，把烦恼抛在脑后，置之度外，看淡世间万物，快乐地度过自己的人生。"这时，有学生马上提出疑问："老师，庄子的逍遥思想在现实中可能实现吗？"老师肯定了学生能够自主发问的意识和习惯，并引导全班同学一起交流探讨。

教育家希伯特曾经提出要让学生学会能够就学科内容提出自己的问题，主动想知道"为什么"和探索"怎么办"，这是课程与教学改革的原则。英国的剑桥大学一直把"鼓励怀疑精神"奉为教学宗旨。教师需要教会学生具有积极提问的意识，使学生能够清晰地找到探索的方向。教学中要逐步训练学生课堂主人公的意识，提倡学生主动发现问题进而自发提问，养成积极提问的意识，训练学生提问和质疑的能力。

（三）鼓励探究，深入思辨

阅读教学中的文本深究，主张学生以文本为核心，以多元姿态亲近文本，深入言语之中，品味分析，探究求细，挖掘内涵。鼓励学生在语言和文字运用过程中进行探究，敏锐地发现解决问题的新方法和新途径。

1. 单文细读探究

美国著名的教育家布鲁纳特别强调主动学习和发现探究的重要性，提倡要使学科的基本知识转变成为学生头脑中的认知。新课标中明确提出了阅读与鉴赏的要求要能够感受形象，品味语言，领悟作品的丰富内涵，体会其艺术表现力，有自己的情感体验和思考。这一课程目标直接决定了语文课堂阅读教学要引导学生走进文本世界、走进作家的心灵世界，从而建构自己的思想世界。

在鲁迅的《祝福》中，作者遇见祥林嫂时，有这样的细节描写"只见她一手提着竹篮，内中一个破碗，空的；一手拄着一支比她更长的竹竿，下端开了裂，她分明已经纯乎是一个乞丐了。"本来是一个比男人还要力气大还要能干的勤劳纯朴的女人，此情此景下是什么原因使其沦落为乞丐？而另一边却是完全相反的热闹景象"杀鸡、宰鹅，买猪肉……恭请福神们来享用；拜的却仅限于男人……"穷人的凄惨境遇与富贵人家的热闹生活形成了鲜明对比，烘托出旧社会背景下不同阶层贫富差别的巨大不平等境况。通过探究文本，多向自己问几个"为什么这样写？"我们会发现作者是想借此抨击旧社会迷信礼教、重男轻女的封建思想。祥林嫂的婆婆思想守旧、蛮横霸道，把她绑了卖到深山里以换取小叔子娶媳妇的礼钱和生活费，这件事也成为她悲惨生活的开端。文中通过进一步对祥林嫂动作、神态、语言的细节描写，生动地刻画出了可怜的祥林嫂在生命垂危之际唯一企盼的是死后魂灵的宽恕和寄托。"这正好。你是识字的，又是出门人，见识得多。我正要问你一件事""她那没有精采的眼睛忽然发光了。""她走近了两步，放低了声音，极秘密似的切切地说""一个人死了以后，究竟有没有魂灵的？"从这里我们能够分析出封建思想长期以来的毒害已经导致祥林嫂麻木不仁，丧失自我。教师最后引导同学们思考探究祥林嫂到底是怎么死的？是被鲁四老爷之类极端冷酷的人杀死的？还是刘妈的一席话葬送了祥林嫂的命？还是说她是封建礼教的牺牲品？通过一步步探究文本细节，研究故事情节的开端、发展、高潮、结局，分析内在联系，挖掘出问题的根源，祥林嫂的死因并不是某个人或某句话这些表面现象造成的，而是那根深蒂固的冷酷无情的封建制度造成了祥林嫂的悲剧。

阅读单一文本时要力求在逐步探究细节中理解主题，领悟作品所蕴含的核心思想。要想读懂并真正领会一篇课文的思想内容，必须做到分析得深和细，再在分析的基础上进行综合，把握作品实质，获得正确而深刻的结论，做到这一点是需要下一翻探究苦功的。

2．整书拓展探究

《普通高中语文课程标准（2017 年版）》在学习任务群 1 中提出开展整本书阅读与研讨，通过阅读全书整体把握书中的写作特点和思想内容，对于故事中最令自己印象深刻的人物形象和语言表达要反复品味探究，发现文中的思维闪光点，感悟人物的内心世界，梳理小说脉络，研究主旨和文学价值。在教学实际中，存在学生阅读片面、阅读量小的问题，这在很大程度上影响学生今后的发展。要学好语文，光学教材中的选文是远远不够的，需要拓展整本书阅读活动。学生的语文素养和思辨能力，需要在大量的阅读中长进，这就需要树立大语文观，立足于教材，找准拓展点，注重整本书知识点的渗入，做到融会贯通。当学生在阅读中遇到各种问题时，整本书阅读有助学生走进文本，理解课文，更好地探究主旨，拓展升华，解决文本中的疑难问题。例如：在讲授作家沈从文《边城》时可以建议学生进行整本书阅读，这样有助于学生对文中人物翠翠等的性格特点的整体认知与理解。通过整本书阅读，了解到《边城》通过对湘西一带特有的淳朴民风以及青年人爱情的描写，引发人们对于人性淳朴中的鲁莽与理性对待生活的思考。在讲授《林黛玉进贾府》时可以建议学生阅读整本书——古典文学的巅峰之作《红楼梦》，以此深入了解以贾府为中心的四大家族由鼎盛而至衰退的完整过程，从古代社会世态百相中感悟封建统治阶级必将走向灭亡的命运。在阅读教学过程中要引导学生拓展整本书阅读，延伸思考，从多个角度和层面进行主动的分析与探究。透过现象看本质，挖掘事物的内在联系与规律，进而探究实质。进行恰当的推理判断，避免片面笼统的分析问题，对事物进行合理的质疑，打破思维的僵化，在接近真理的道路上不断探索，反思自己的思维过程，理性的生活，理性的思辨。

教师要不遗余力地引导学生遵循阅读规律循序渐进走进文本，展开整本书阅读的各种拓展探究活动，溯源求真，提高思维的深度和广度。

3．群文比较探究

群文阅读，就是根据议题甄选一组具有一定关联性特点的文本，师生围绕议题展开阅读感知、整合归纳、分析总结、阅读评鉴等活动，以探究达成一定共识的多文本阅读教学过程。群文阅读教学最明显的特点是阅读内容由点延展为线、面、立体空间，建立了立体、紧致的课堂结构，让学生发展创新思维、批判思维等思维能力，在多文本的人文滋养中，探究正确的道德认知与方法论，凝练终身受益的核心素养。

大连市二十四中学的孙胜男老师曾经在"东北地区知名高中语文教育论坛"上对于群文阅读课做出过大胆的尝试，论坛上讲了一节题目为《群文阅读：艰难困苦，玉汝于成》的公开课，取得了很好的效果。课上回顾了三篇散文《泥泞》、《求乞者》《山路》的内容情感，了解散文形散神聚的特点，比较解读了这三篇散文中象征手法的运用以及作者面对苦境的不同态度，联系文章的创作背景和社会环境，体会人生中或跋涉、或一个人坚强独行、或呐喊、或达观、或求索，或寄情山水的苦难观，汲取人生的力量，挖掘作者所表达的深刻思想内涵。师生结合这些散文的解读共同探讨文章中深思处、质疑处，或是豁然开朗处，共同感悟正确的人生价值观即面对困难时要树立乐观、坚强、执着的价值观。课上，学生们的思维被激发得更加全面、立体，孙老师为参会的各校教师们展示了群文阅读教学的效果，做了出色的教学示范，引发了大家的思考，受到评课的教师和同学们一致好评。

在具体教学实践中，我们也可以酌情借鉴采用群文阅读的方式来培养学生的探究能力。例如：学习唐代诗歌，感受古代社会生活和古人的情感世界，可以运用群文阅读的方法进行比较分析，同时学习并交流探究李白《蜀道难》、杜甫《杜甫诗三首》、白居易《琵琶行》、李商隐《李商隐诗两首》这几首唐代诗歌的异同，加深印象。文中所选的四位诗人虽然均是唐朝的著名诗人，但因成长于不同社会历史时期，人生经历不同，仔细探究后学生会发现风格和情感侧重各有不同：李白的诗歌豪迈奔放、洒脱飘逸；杜甫的诗歌苍劲凝练、沉郁顿挫；白居易的诗歌浅切平易、明畅通俗；李商隐的诗歌深刻细腻、形象生动。诗歌的共同点是都有唐朝人民生活的缩影，反映着唐朝由盛到衰的历史，都能让我们从诗歌中体会到唐朝的气息，感受到唐人深邃的思想。教学中也可以将同一作者的不同作品放在一起比较阅读，例如鲁迅的《祝福》《拿来主义》《记念刘和珍君》三篇课文放在一起，形成一个议题，深刻认识探究鲁迅的批判思想。

群文阅读侧重于通过文本的纵横比较研究，提高学生的独立思维能力，通过一定的策略鼓励学生探究问题，也可以自己提出问题，解决问题。通过老师提炼的议题，进行比较，找到读物情节上、结构上、观点上的异同，形成自己的理解，更注重了学生自我个性思维的发展。在群文阅读比较中，教师要指导学生以批判的态度阅读理性的文本。

群文阅读通过制定相应的阅读规程，让学生逐步养成群文阅读习惯，自觉运用群文阅读思维，学会有效的阅读方法，学会如何在多文本阅读中辨识提取，比较整合，批判创新，提升常态阅读能力和探究求深能力。

（四）训练评判，升华思辨

通过演讲、对话讨论、辩论等评判训练，同学之间进行探讨和交流，学生可以听到同伴和对方的理解与分析，拓展思维，学会明辨是非，学会透彻明了地阐明观点，增强自己的评判能力。

1．课前演讲互评

演讲是针对某个具体问题，鲜明、完整地发表自己的见解和主张的语言交际活动。为了使自己的演讲更加具有逻辑性、可信性、独特性，演讲者需要在演讲之前缜密地思考、评估、分析、判断，这对培养及提升学生的思辨能力具有极大的促进作用。

新课标在学习要求中指出高中生需要学会演讲，做到观点鲜明，材料充实、生动，有说服力和感染力，力求有个性和风度。参加演讲与辩论，学习主持集会、演出等活动。演讲不只是内容的表现，更是思维的反应。课前演讲互评可以有效地提升理性诉求，锻炼思辨思维，提高学生的评判思辨能力。

2．课上对话讨论

在高中语文阅读课上，教师需要适时组织学生进行讨论，大家一起交流探讨，在讨论中进行思维的碰撞，互相补充借鉴，在讨论中提高思辨能力。同学们在对话讨论的过程中有了均等的参与机会，这正是思辨思维所要达到的宽容、平等的最大化程度。在师生、生生对话过程中，质疑、分析、解释、评价、调整、规范等一系列思维能力都在有限时间里涌动起来，并通过讨论解决了全部或部分问题。新课标在学习要求中提出在讨论或辩论中积极主动地发言，恰当地应对和辩驳。教师要积极创设自由讨论式的氛围，让学生在讨论中形成思辨，在畅所欲言中达成思辨。

3．课后组织辩论

开展辩论可以活跃学生的本来思维，形成思想的摩擦与碰撞，有利于开展思辨性阅读教学。辩论不但可以促进思辨性阅读教学的顺利开展，还有助于学生学会有条理有逻辑性的阐述观点。辩论可以帮助学生批判性思考问题，有理有据地反驳别人，合理质疑，深入思考批判吸收，反思中构建自己的观点。辩论的主题多种多样，文本中具有思辨性质的问题都可以用来展开辩论。例如：对于《过秦论》中"仁义不施而攻守之势异也"观点的辩论；《陈情表》关于忠孝的辩论；《游褒禅山记》不以成败论英雄的辩论；《烛之武退秦师》中烛之武说服秦伯的说辞辩论；《逍遥游》里庄子道家思想中体现的人生观等话题进行辩论。结合文本中人物特点和故事背景阐释原因，使学生借助辩论培养科学理性的思维方式，得出许多深刻的人生道理。也可以针对当前社会热点问题进行辩论，培养自己的思辨意识。例如：有关校外补课有无必要的话题等等。通过组织辩论，延伸思考，含糊不清的观点逐渐变得清晰可见，思维品质越来越优化，思维质量有效提高。教师在语文阅读教学中引导学生深入思考更深层次的原因，探求规律，透过现象看本质，能够挖掘事物的内在联系，进行恰当的评价判断，避免片面笼统的分析问题，对事物进行合理的质疑，打破思维的僵化，在接近真理的道路上不断探索，反思自己的思维过程，理性的评判，理性的思辨。教师通过组织学生参与辩论，引导学生进行深入而具体的探索事物本质，而不是浮于表面，进行理论评判最后得出结论。高中语文阅读教学中思辨思维所强调的求真、公正和反思可以很好地促使我们理性地评判，不盲从，有自己的主见和判断，这对于高中生来讲十分重要，对未来的发展非常有益。

被誉为"拉丁美洲的杜威"的世界著名的巴西教育家保罗·弗莱雷认为对话是一种创造活动。辩论发生在双方情感上、思维上真正的相互回应与相互碰撞中，发生在双方认知视觉的相互融合中。辩论充满着无穷的可能性，是在自主、探究中创新思维的过程。辩论交锋能够磨炼思维，促进思维的系统性发展，对于学生今后的发展也更加具有长效性。辩论是一种语言的艺术，是思维的碰撞语言的交锋，是很好的培养思辨能力的渠道。辩论成员之间互相倾听、讨论、研究、思考，历经思想的互补和互动，思辨能力得到提升。

四、高中语文阅读教学中培养学生思辨能力的实践与反思

随着语文新课程改革的不断推进，高中语文阅读教学愈发重视在具体的教学实践中培养与提升学生的思辨能力。新课标在教学建议中提出教师要根据学生身心发展和语文学习的特点，激发求知欲和好奇心，鼓励自主阅读，自由表达，激发问题意识，引导他们体验发现问题和解决问题的过程。教师要将具体的培养策

略应用到教学实践中，在逐渐积累的教学案例中总结反思以求达到提高学生思辨能力的目的。

(一) 教学效果

教师通过在语文阅读教学中有意识地采取一定策略引导学生思辨，课堂面貌焕然一新。在教师的指引下学生们的表现诠释着换种教学方式，教师就会变成一个不一样的思想者。

1. 学生积极思考

在教学中，老师积极营造宽松和谐的课堂氛围，鼓励大家增强思考意识，在老师的引导下学生们纷纷举手发言畅谈自己的观点。这种气氛的改变说明教师要改变传统一成不变的沉闷枯燥的教学方式，真正让学生成为学习的主人，启发学生多去思考"为什么"，而不是把现成的知识教授给学生。教师要用微笑和带有亲和力的语言拉近师生彼此心灵的距离，使思维产生有效的"共振"，进而有效培养学生爱思考的习惯。教师课下有时和同学们交流，为什么现在愿意思考回答问题了？有的同学说通过自己思考问题、看书或者上网寻找答案，发现原来还有很多知识需要学习，求知欲望更加强烈；有的同学说通过独立阅读思考得来的答案理解的更加深刻，不容易忘记；有的同学说这样的学习方式可以让自己主动参与其中，避免发困，感觉上课时间过得挺快；有的同学认为课上大家积极发言，互相交流，这样的课堂非常有趣。

2. 学生敢于质疑

孔子曾说："不愤不启，不悱不发。"可见，只有当学生具备了"愤、悱"状态，即到了"心求通而未得""口欲言而未能"之时，才是对学生进行"开其心"和"达其辞"的最佳时机。在老师有效的提问和追问下，学生在互动和交流中主动参与课堂教学，开始敢于质疑文本提出问题。值得一提的是，班里有一位同学，平时很少发言，在活跃的课堂气氛中竟然主动发言，而且一鸣惊人，质疑文本中的观点"人生得意须尽欢并不是真正的欢"并且提出自己独到的见解。在他的启发下，其他同学也陆续参与到探讨中，提出自己不同的观点，学生们的思维在不断的质疑中自由驰骋。课上个别同学的观点虽然有些片面，但是能够敢于在众人面前表达出来就值得表扬，思维的深刻性、全面性也是需要在不断训练中逐渐培养。课下和同学们交流，他们觉得老师变得爱笑并且容易接近，允许提问的时间比以前多，所以有什么话也敢跟老师说，有问题也敢问，即使问错了老师也不会批评，给予更多的是鼓励，自己也更爱学习语文课了。教师在培养学生获取新知识的基础上，大力发展思辨能力，进而提高了教学效果。通过在教学中倡导学生理性思考问题，敢于质疑，学生开始更加深刻、灵活、牢固地掌握新知识，熟练、定出路独立地将所学知识运用到实践活动中，形成高层次的质疑能力。思路决定眼界决定境界。良好的质疑力对于学生的课堂学习乃至终身学习和发展都有着十分重要的意义。

深入文本去挖掘内涵，批判质疑作者的真正思想，领悟诗歌的主旨。教师在课堂中一步步激发学生思考的热情，在有方向有目的的指引下使学生展开探究的翅膀充分地自由发挥思维，从而找出问题的实质。同学们在探究中互相补充，将李白同一时期的其他诗歌《梦游天姥吟留别》《行路难》同《将进酒》进行群文比较，再结合诗人的人生经历和这首诗的创作背景，探究诗仙李白的人生观与价值观。学生们的观点也给老师带来了思维上的启迪，促使老师乐于充当组织者和旁观者，引领大家共同探究。教师时刻鼓励学生深思细究，大家的研究热情得到了极大地调动。叶圣陶老先生曾经说过："语文教材无非是个例子，凭借这个例子要使学生能举一反三"。

3. 师生讨论热烈

在讨论的过程中，教师成为引导和启发者，学生成为课堂的主导，引领着课堂的进展。教师通过提出问题组织学生进行分组讨论，评判文本中的观点。学生虽然在思维方面存在着不够严谨、深刻等问题，但是在老师的引导下，作为班级的一分子，小组的成员，仍然勇于从高中生的视角做出评判，热烈地参与讨论，阐明自己的观点。教师尊重每个学生独特的品评，关注评判能力的发展，鼓励学生深思熟虑后善于评论问题，逐渐提高思维的批判性。对话教学是发展思维的重要途径，在阅读课上引领学生参与讨论是培养评判能力的突破口。在讨论的氛围中，学生们都各抒己见，互相切磋，有时某个人的观点在瞬间就引发其他人的共鸣，大家你一言我一语不停地交流探讨，老师成了旁听者。通过大家一起研讨，学生们扩大了知识面，个人的观点得到升华，逻辑思维更加缜密，思路更加宽阔，观点也更加趋于严谨。教师为学生提供了讨论的机会和平台，大家互相学习，取长补短，"三人行必有我师"，热烈的讨论气氛促进了学生更加积极深入的思辨。

（二）教学反思

教师在感受收获的喜悦的同时也需要进一步反思，要结合学生的反馈情况思考总结，不断改善提升教学方法，以期在实践中更好地培养学生的思辨能力。

1. 思考与审美应需平衡

在教学中，教师有时会很迷惑，应该提出什么样的问题来引导学生思考，在培养学生的思考能力和审美能力之间做到平衡。想要让学生更好地理解文本，离不开对于诗歌中情感的解读，但是过多注重文本中意象的描写和情感的表达，似乎又远离了文本深刻的人生观启示内涵。思考能力与审美能力之间的交叉有时令高中生分辨不清，课上有时提出问题的时候，学生们不知如何回答。将课堂反应情况跟资深语文教师交流后，再结合课上的情况，意识到主要是因为学生连续问了几个问题，问题之间没有关联，重点不突出，同学们被搞糊涂了，不知道应该是从思想层面回答还是从审美情感层面回答。教师经过反思后觉得以后再向学生提问需要简明扼要，每次只提出一个问题，重点引领学生思维发展而非审美感受。做到有针对性地解决问题，使学生能够一问一得，而不是一次性把所有问题都抛给学生，向学生施加思考问题的压力，要使学生通过回答重点问题感受到思考带来的乐趣。

2. 质疑误区需合理纠正

教学中提倡学生质疑，但是不能一味地否定，要批判吸收。对于课上同学们积极提出质疑的表现感到很欣慰，同时又深刻体会到需要不断提升自己的教学能力以适应学生日益增长的思维水平。教师需要不断学习文化知识，在教学实践中充实提高自己，只有当教师的眼界和知识储藏量大于学生时，才能更好地调控即兴生成的课堂。高中生对文本的理解已经具有自己独特的视角。课上，同学们对诗人李白的评价褒贬不一，对诗歌的解读各有千秋。有的学生认为李白只是一个不得志的文人而已，并不认为他有多么伟大。教学中要引导学生适度质疑，首先要肯定长处和优点，不能认为质疑就要全盘否定批判一切，要取其精华去其糟粕，理性质疑。

3. 探究的深度有待提升

探究要有一定的深度，不能浅尝辄止，因高中生的学习精力有限，有些可以进一步深入探究的问题被搁置一旁，没能及时地拓展查阅课外资料，进行深入探究。课前教师查阅了大量的文献资料以期更好地理解文本，引导学生深入探究，但学生们在下课之后便无暇顾及，未能达到预期的深入解读。教师想在以后的教学中提前布置探究任务，使学生在课前进行预习，阅读与文本相关的文献，这样有助于课上大家更好地理解并能深度探讨。教师提出的问题要有一定的深刻性，不能问一些肤浅的问题，要在有限时间内合理提出真正可以提高学生思辨能力的具有启发性的问题。

4. 评判标准需适度把握

学生发言之后需要老师适时地指导评价，对学生的观点做出公正理性的评价和判断，而不是一味地旁听。当个别学生的观点较为狭隘时要给予适当的引导，教师需要帮助学生建立正确的评判观点的标准。评价也要因人而异，不能对学生的回答全部表扬肯定，也要指出存在的问题和改正的方向，促进学生更好地深度发展思维。评判观点要具有一定的逻辑性和准确性，引领学生由浅入深地解读文本，逐渐将学生引领到正确的思辨轨道。

第七章 学生审美能力培养

第一节 高中语文审美教育及审美教育发展解读

审美教育是具有提高学生情感精神能力功能的教育，是现代教育中必不可少的一个环节。它最早由德国诗人、文学理论家席勒正式提出，此后审美教育成为教育家们研究的重要问题之一。多年来，审美教育的定义表述虽不尽相同，但其中心都围绕着情感教育和人性教育这两个主题。

一、高中语文审美教育定义及目标

《义务教育语文课程标准》中对语文课程的定义是一门学习语言文字运用的综合性、实践性课程。它指出了语文课程的基本定义，在教育理念上偏重培养学生的基本语文素养和学习方式。《普通高中语文课程标准（实验）》并没有对语文课程重新定义。从之后的课程基本理念来看，高中语文课程的教学更偏向于学生人格的养成。这一点也是和中国传统语文教育的目标大致相同。综合上述信息，高中阶段语文课程应该是一门以学习语言文字运用为基础，以提高、健全学生人格为目标的学科。

审美教育是功利性与超越性统一。美学具有功利性的一面，即享受着美的时候，虽然几乎不想到功用，但可由科学的分析而被发现，所以美的享乐的特殊性，即在直接性。审美的功利性是潜伏的，是为了满足人的精神活动需求而产生的。除此之外，审美教育兼具超越性，"独美之为物，使人忘一己之利害，而入高尚纯洁之域"。审美教育产生于客观物质，但其目的不是直接物质利益，而是使人超越现实世界达到"高洁"的境界。受到审美教育本身特点影响，高中审美教育就是让学生在精神与情感上不断完善充实，达到超越自身精神水平的目标。

综合语文学科特点与高中审美教育要求，高中阶段的语文审美教育是通过咀嚼语言文字，悟出文本中所蕴含的人性美和人情美。教师在教学过程中设法让学生体味、品评语文文本的文字美、意境美、人性美和人情美等审美情趣，从而提升学生的个性化的审美品位，陶冶学生的情操，引导学生达到情感与精神上的自由和谐状态。而语文审美教育与美育和语文教育的关系是部分与整体的关系。一方面，审美教育不仅需要语文课程，还需要其他学科共同建构，以满足学生对审美发展的需求；另一方面，语文课程是通过语言文字对学生的审美素养进行提高，欣赏的途径多以视觉为主。而审美教育还应该包括听觉、触觉等其他感官知觉。

二、古代至"五四"前后语文审美教育概况

（一）古代传统的语文审美教育

古代语文教育虽没有直接提出审美教育理论，但是审美精神却贯穿始终。古代教育在发展过程中出现了许多承担美育功能的课程，例如宋朝的画教、魏晋产生到唐宋时期达到鼎盛的书法教育等等。虽然都属于"大语文"教育的范畴，但结合现代语文教育的范畴，诗教是古代语文审美教育最具代表性的课程之一。因此，本书以诗教为线索梳理古代语文审美教育，力求从中窥见中国古代语文审美教育的发展脉络。

远古到商周时期的文学作品是主观情感的集中表达，但这种表达趋向并不能形成语文审美教育。一方面，早期文化包含的情感多是基于生理与安全需要，并不能普遍地提升人的情感和思想境界；另一方面，西周时期的教育局限于上层阶级，受众范围狭小。因此，春秋战国时期，百家争鸣、文化下移才真正促进了语文审美教育的正式产生与发展。

儒家审美教育思想集中体现在诗教上。孔子认为教育需要通过相对统一的规范或经典事物，而"诗可以兴，可以观，可以群，可以怨"（《论语·阳货》）。《诗》的内容丰富，学生可以通过学习而获得多样的审美体验。同时，《诗》本身思想纯正："子曰：《诗》三百，一言以蔽之，曰：思无邪"（《论语·为政》）。南宋理学家朱熹将"无邪"释义为"诚"。"诚"不仅是思想真诚，还是情感的真挚。学生浸润在坦诚纯洁情感中，坦诚纯洁情绪与思想愿望也就成了审美教育主要刺激物，激发引申出的审美体验也将具有相似的审美价值。坚持内心善和真，超越现实的

功利性，遵守内心准则，不受到外物的影响，方为"君子"。儒家的审美教育方式就是激发深化人性中所包含的"真善美"，同时根据礼教要求对这些情感加以生发或节制。

同时期的道家思想中也包含着审美因素。道家的审美教育思想不同于儒家的入世思想，包含更多的是顺应自然、逍遥自得的自然审美观念。先秦时期主要以老庄思想为代表。老子关注人与万物的密切联系，认为世间万物是和人具有相同地位的，物我齐一。而庄子则将这种思想进一步延伸："齐人"之后，还要达到人顺应自然，物我和谐相处的境界。儒家和道家虽然都强调人的和谐状态，但两者具有明显的区别：其一表现在审美对象上。道家的审美对象与儒家的"诗礼乐"不同，是"自然"之美。不仅是自然的客观事物，更是自然生发的思绪与情感。其二体现在审美教育的方式上。儒家注重学习，而道家更为注重感受。道家审美思想是让学生自己从自然、日常生活中感受万事万物。这样的教育方式不需要刻意的教学方法，而是要求教师在日常生活中发挥对学生潜移默化的教育作用。教师要用平口的"善言""善行"等"自然"之法作为审美教育内容，让学生在潜移默化中获得"齐物""天人合一"和谐的审美境界。其三展现在审美教育的最终目的上。儒家审美教育的最终目标是"君子"，而道家则是"自然"。一个是入世，另一个为出世。道家对现代审美教育的启示在于审美教育应该顺应天性，尊重每一个受教育者的本性，并且以身作则让学生得到"自然"之美的教化。在审美教学过程中，教师要注重引导学生，让学生自行感受、发现世界蕴含的美。

汉代的经学发展也对语文审美教育产生了深远影响。汉代经学虽带着明显的神学色彩，但这种"天人感应"的文学潮流巩固维护了统治阶级。于是，汉武帝大力推行教育，使得学校教育得到了极大的发展。然而，汉代经学的审美思想是从政治社会需要的角度划定审美对象。因此，作为诗教的主要教材，《诗》中的审美因素大大降低。"汉儒对《诗经》中的第一篇《关雎》做了曲解，说他是后妃之德，是用来风化天下的"。尽管如此，由于安定的社会环境与政府的大力推进，审美教育逐步形成相对统一的带有儒家审美教育色彩的观念与方式。同时，通过美育安定时局的政策也成为中国审美教育发展的一大特色。

汉末时期，战乱频繁，儒学的正统地位被打破，文人对未来的理想在战火下变得虚无缥缈。文人开始关注到生命本身，寻找精神寄托。于是，魏晋时期的文学逐步形成"儒、道、佛"三教并存的格局，玄学应运而生。特殊政治文化环境使得当时的审美内容倾向"生死""自然"等带有主观意识与哲学意味的命题。诗教依旧占据语文审美的重要地位，并以诵读的教育方式为主。当时的诗教大多让学生自己体会诗词中的意味，而教师只在学生遇到难题时起点拨、引导作用。这种教育方式有利于学生形成个性化的审美意识。不仅是诗教，许多诗乐著作也能体现当时注重个人感受的审美倾向：三国时期曹魏思想家、音乐家、文学家嵇康《声无哀乐论》、魏文帝曹丕的《典论·论文》和文学批评家钟嵘《诗品》等都从个人的立场上阐释自己的文学见解。简而言之，当时的审美理念以道家的"天人合一"的精神境界为主要核心，以儒家提倡的"和谐"为基本理念，最终目的是为了充盈人的精神境界和培养个性化的审美观。魏晋是中国审美教育发展上最早带有主观审美意识时代，打破了春秋至汉代在美育思想上不断向政治靠拢的趋势，使得审美教育朝向个人、自然以及真理的永恒命题发展。

唐宋时期，诗词之风盛行，科举制度的出现使得教育局面更加繁荣，从蒙学到大学、官学到私学都形成以儒学为核心的教育格局。诗教传统得到极大的发展，其内容涉及范围广，教育对象涵盖各个阶层。在蒙学阶段，诗歌教学就已经成为常态。蒙学阶段的诗教具备相对稳定的教学模式：先从短章、形象鲜明以及常见的事物开始，培养学生的审美感受和审美意识；再让学生自己进行简单的绝句创作，以提升审美意识，锻炼审美创造能力。在这样的诗词教育环境下，文人诗词创作偏向个人的审美情感表达和审美创造。正是因为时代对于诗歌创作的推崇，私学甚至是蒙学教育中，也多以诗作为教材。但好景不长，程朱理学的出现使得礼教思想成为评判美学价值的标准之一，用理性思维束缚住当时强调个性的审美风气。

明清时期，随着通俗小说的发展，大众通俗审美开辟广阔空间，开启了审美发展的新方向。当时的诗教教材数量迅速提升，如有启蒙的《唐诗三百首》到《全唐诗》《唐宋诗醇》等，大大丰富了学生的审美感受与体验。但其选编标准出于政治考虑，加之程朱理学与科举制度使得教育为科举考试服务，削弱了诗教审美功能。久而久之，教育的审美功能逐步消退。

诗歌是诗人的个人情感与理想的结晶，可以从诗教的发展历程中窥探出不同时期语文审美教育的不同倾向：春秋战国时期的语文审美教育注重个人精神修养；而到了汉代则将个人与国家政治紧密地联合在了一起，加强了美育与德育之间的联系；魏晋时期的语文审美教育有了相对稳定的一套教学模式；这套从诵读到创作的语文审美教学方式在唐代得到了极大发展完善；最后的明清时期则增加了大量审美教育的素材，八股取士重新增强了美育与德育之间的相互影响力。由此看来，古代语文审美教育虽没有专门的著作，但有相对完整的发展历程，使得古代审美教育思想得以流传至今。

(二)"五四"，前后我国语文审美教育理念及其西方渊源

多数学者认为"五四"时期的审美思潮直接受西方的美育思想影响，其中影响最为广泛的是法国著名思想家卢梭与德国诗人、文学理论家席勒的美育观点。两位的美育观点相似，都围绕着"人"的主题进行。

1. 西方主要的审美教育渊源

让·雅克·卢梭是十八世纪法国思想解放运动的先驱，著名的思想家、教育家、哲学家、文学家，《爱弥儿》是其著名的教育学著作之一。早在席勒出版《审美书简》之前，卢梭的审美教育思想已经风靡欧洲教育界。当时神学盛行，教会掌握教育的实际控制权。初等教育的内容以大量的神学著作为主，学校成为各个教派争斗的场所。卢梭的《爱弥儿》正是在这样的教育环境中出现的。在《爱弥儿》一文中，卢梭并没有系统地提出美育观点，但"游戏说"和根据孩子年龄特点进行教育的主张都包含着美育的因素：卢梭主张遵循学生本身情感变化，通过培养积极正面情感引导学生发展。与其他教育学家不同，卢梭更关注儿童的发展情况，要求分阶段对儿童进行教育。他将儿童分为诞生、幼儿时期、童年时期、少年时期、青年时期、爱情与婚姻六个阶段，探究其中的审美教育因素。邹华将其综合归纳为"审美感受""审美兴趣"和"审美情境"①三个阶段。幼年时期儿

---

① 邹华. 卢梭与思想要点及现实意义[J]. 中国教育学刊，2004（11）：1-2.

童的认知能力停留在直观感觉上，只能采用相对直接的审美教育方式。随着年龄的增长，教育者采用游戏的方式引起学生对审美对象的兴趣。当学生获取足够多的审美经验，教育者才通过具体的审美情景，引发儿童的审美体验。在循序渐进的审美教育过程中，学生发挥潜在自然本性中的"善"与"自我"，成为"自然人"。

席勒于 1793 年初开始以书信方式与克尔纳谈论"美"的定义和本质。1795年，经过席勒的整理和改写，这 27 封信件在《时序女神》上发表问世，成了现代审美教育的第一本书籍《审美书简》。他在关注人本身存在的前提下，更多地把美育焦点放在对人性的塑造上。席勒从情感的角度来解释"美"，也就是"第四种方式"[①]。所谓的第四种方式就是"自由"，"通过自由去给予自由，这就是审美王国的基本法律"[②]。在席勒眼中，审美的自由分为两种：一是超出物质现实的自由。也就是生物在必要生存活动之外的娱乐享受行为。另一种则是审美想象力的自由。审美想象力的自由"是想象力对于自由形式的追求从而飞跃到审美的自由的游戏"[③]，是人类区别与动物的分界点。学生通过"自由的游戏"达到人自身情感和精神的统一，走向人性情感的解放。

2. "五四"前后主要的审美教育主张

近代中国，战火频发，民族危亡。在"民主与科学"的旗帜下，人们将救亡图存的希望寄托在教育和科学上，"五四"运动应运而生。"五四"运动是我国新民主主义革命的开端，也使近代中国的审美教育观念焕发了生机。"五四"时期的政治环境与卢梭等人提出美育的政治、文化环境相似，由于封建主义的文化控制，在主流"忠君奉献"观念控制下，"人"的地位难以为继。因此，部分爱国运动者为挽救时局，选择继承西方的审美教育观点，以"人"为核心，开展思想解放运动。

梁启超是近代维新变法的先驱，其活动的主要目的都回归于政治。因为其救

---

① （德）约翰·克里斯托弗·弗里德里希·玛·席勒. 秀美与尊严[M]. 张玉能，译. 北京：文化艺术出版社，1995：36.
② （德）约翰·克里斯托弗·弗里德里希·玛·席勒. 秀美与尊严[M]. 张玉能，译. 北京：文化艺术出版社，1995：145.
③ 曾繁仁. 论席勒美育理论的划时代意义—纪念席勒逝世二百周年[J]. 文艺研究，2005（06）：36.

亡图存的政治立场，梁启超的美育思想早期以全盘西化为主。后期变法失败，游历欧洲之后，他才提出中西文化融合主张："东方的学问，以精神为出发点，西方的学问，以物质为出发点，救知识饥荒，在西方找材料；救精神饥荒，在东方找材料"①。梁启超早期提出的小说的审美教育价值，即通过"熏""浸""刺""提"四种"力"，达到"移入"。后期梁启超的"新民"思想则是站在"趣味审美"上，提倡自由化和非物质化的审美观点。前后期"共同构建了一个以趣味为核心、以情感为基石、以力为中介、以移入为目标的人生论美学思想体系"②。梁启超的审美教育体系意义在结合中西双方的美学观念阐释小说和诗歌的审美情感价值，给当时的刚刚接触西方审美教育的人指出一条新的思路。

王国维是近代的思想家，也是系统引进西方美学和美育思想，并将其与中国传统审美理念相结合的先驱者。在"民主与科学"的旗帜下，王国维将眼光放在了西方先进的思想理念上。由于王国维接受过传统教育，其思想并非全盘西化，而是带着传统道家的审美观念，"他力主'能动'而不是'受动'地对待西学，以达到中西二学的'化合'"③。

《人间词话》正是两者融合的结晶，其"出入"说最能体现王国维将道家与西方审美观念相结合的特点。"诗人对宇宙人生，须入乎其内，又须出乎其外。入乎其内，故能写之；出乎其外，故能观之。入乎其内，故有生气；出乎其外，故有高致"④。深入事物的内部，发现世间万物遵循的自然法则，符合道家的自然审美观念；跳出事外，观察事物本身的特质，则是受启发于叔本华的哲学思想。叔本华认为事件事物都是按照其"意志"发展。在西方审美思想影响下，王国维的审美教育思想不再局限主观情感上的"意境"，而是加入理性因素，要求发现事物本身的内在审美规律。

蔡元培是中国近代美育倡导第一人，是"以美育代宗教"运动的领军人物，也是促使美育与近代教育实践相结合的先驱。"以美育代宗教"运动是新文化的重

① 梁启超. 欧游心影录·饮冰室合集[M]. 北京：中华书局，1989：12.
② 袁陈媛. 梁启超的启蒙文学观与美学思想[D]. 银川：宁夏大学，2014.
③ 佛雏. 王国维诗学研究[M]. 北京：北京大学出版社，1987：187.
④ 王国维. 王国维文学美学论著集[M]. 太原：北岳文艺出版社，1987：367.

要口号:"提倡美育,反对宗教;提倡科学,反对愚昧;提倡自由,反对专制"①。当时袁世凯实行尊孔复古的特殊政策,儒家思想被曲解成宗教。宗教之风盛行,儒家思想成了复辟封建的工具。新文化运动应运而生,以启迪民众思想为要务。"纯粹之美育,所以陶养吾人之感情,使由高尚纯洁之习惯,而使人我之见、利己损人之思念,以渐消沮也"②。美育在人精神方面的影响是潜移默化、积极向上的,与宗教禁锢束缚相反,是"自由"的精神发展。蔡元培对于美育的贡献就在于重申美育对人精神解放的作用,并把其运用到实际教育中。与其他提倡审美观念的学者不同,蔡元培曾担任南京临时政府首任教育总长和北大校长的职务,这让他拥有更多的时间和注意力放在学生群体与教育专题上。蔡元培将审美教育的作用分为三种:"一曰知识;二曰意志,三曰情感"③。他认为美育是通过意志和情感教育,起到发挥唤醒民众,开启民智重要作用的教育方式。这使得美育在一开始就在实际教育中获得了重要位置。现代美学家、哲学家宗白华的审美教育思想与大部分带有明确的政治目的的教育家不同。他崇尚魏晋时期的美学传统,使得其审美教育呈现出显著的道家"自然"的特点。宗白华曾在《论<世说新语>和晋人的美》中谈到晋人是通过自然之美而达到自身的"美","晋人向外发现了自然,向内发现了自己的深情"④,而自然艺术的繁盛是"最富有艺术精神一个时代"⑤。在学习继承中国传统审美思想的同时,宗白华认为西方的柏拉图和亚里士多德的对称、和谐、整齐的审美观念是对自然之道的深刻思考,自然之美不仅是自然万物的追求,还是对自然发展原则的遵循。他认为审美的素材来源于日常生活中发现的美的事物。"美学思想却是总结了艺术实践,回过来又影响艺术的发展"⑥美的态度运用到实际教学当中,化蕴含的生命美学与宇宙哲思是使其教学方式呈现"散步"的姿态。宗白华将自然审他认为中国传统文不可言说的,用抽象的逻辑是捕捉不到活生生的生命本体。美不因为心境变化而改变,想要获得美就要改变

① 李清聚. 蔡元培"以美育代宗教"思想研究[D]. 南京:南京理工大学,2012.
② 蔡元培. 蔡元培全集·第三卷[M]. 北京:中华书局,1984:33.
③ 蔡元培. 蔡元培美育论集[M]. 长沙:湖南出版社,1987:43.
④ 宗白华. 中国现代美学名家文丛宗白华卷[M]. 北京:中国文联出版社,2009:200.
⑤ 宗白华. 中国现代美学名家文丛宗白华卷[M]. 北京:中国文联出版社,2009:195.
⑥宗白华. 宗白华全集(第3卷)[M]. 合肥:安徽教育出版社,1994:392.

自己的心境，采用"散步"自由的姿态，"以中国人自己独特的语言艺术来揭示这种表现方法的秘密，向世人描摹了'中国文化的美丽精神'"[①]。

（三）传统语文审美教育对高中语文审美教育的影响

纵观中国传统审美教育，不难发现其对于现代语文审美教育产生了显著影响。

1. 传统语文审美教育为现代语文审美价值提供了判断依据

古代审美教育大多都是选择具有普遍审美价值的文学作品作为审美教育素材，例如《论语》《诗经》《唐诗三百首》等文学作品。这些作品包含的审美价值不仅来自于语言美感，还涉及意境与人格品质等精神层面。特别是魏晋以后，透过文本展现出来的作者主观精神状态成为审美判断的重要依据。受此影响，现代语文审美教育选择教学内容的标准不仅关注到语句本身的美感，还尤其重视文本展现出来的意境与人格精神状态。

2. 传统语文审美教育影响现代语文审美教学过程与思想

以诗教为主的古代语文审美教育拥有相对完整的教育模式。从字词鉴赏到自由创作，从具体事物到抽象精神，这种循序渐进的教育模式依旧在现今语文审美教育中发挥着重要作用。而"五四"时期对语文审美教育的影响则从具体的体裁入手，解释不同文学体裁具有的审美价值。如果说，古代语文审美教育是构成了现今语文美育的灵魂，那近代审美教育思想则是为灵魂塑造了肉体，使之能成为一个完整的"人"。近代审美教育思想融入西方审美教育理念，通过审美强调了人本身的价值，给予现代语文审美教育启示：尊重学生，在遵循一般规律的基础上，探寻学生个性化审美发展道路。

3. 传统语文审美教育解释了当今德育与美育关系密切的现状

古代教育多由官府负责，特殊的政治文化环境导致了古代语文审美具有特殊的、带有政治目的教化作用。同时，包含着道德教化因素的礼教和为满足统治者需求而产生的乐教是古代语文审美教育的组成部分。"五四"运动的产生也是出于政治原因。在这样的政治文化环境中成长起来的中国语文审美教育难以获得完全

---

① 黄燕. 宗白华生命美育教学特点研究[J]. 美育学刊，2016，7（02）：95.

独立地位，自然而然地与德育保持着密切联系。而品德教育包含着政治因素，是领导阶级意志在教育中的重要表现方式。这也就不难理解现代语文审美教育总是渗透着政治与道德因素的现象了。

第二节　高中语文审美教育的现状思考

审美教育拥有着悠久而丰厚的历史积淀，可以说是中国文化与情怀的集中呈现。它不断吸收新的文化与人文因素，不断变化发展。在现代中国，语文审美教育呈现发展的良好态势，对教师与学生都提出了不同要求。

一、当代高中审美教育对语文教育要求概况

（一）高中语文审美教育总体要求概况

1999 年通过的《中共中央国务院关于深化教育改革全面推行素质教育的决定》，提倡"德、智、体、美"教育理念，文件中明确要尽快改变学校美育工作薄弱的现状。至此，审美教育有了根本性的保障。教育部非常重视审美教育，连续三年的工作计划中都明确提到了对学生实行审美教育。此后，审美教育不断向前发展，国务院、教育部多次出台文件指导规划学校审美教育工作。

审美教育具体落实到高中阶段的语文教育中，也有相关文件指导。《关于全面加强和改进学校美育工作的意见》对高中阶段的美育要求普通高中美育课程要满足学生不同艺术爱好和特长发展的需要，体现课程的多样性和可选择性，丰富学生的审美体验，开阔学生的人文视野。具体到语文学科，《普通高中语文课程标准（实验）》要求语文具有重要的审美教育功能，高中语文课程应关注学生情感的发展，让学生受到美的熏陶，培养学生自觉的审美意识和高尚的审美情趣，培养学生审美感知和审美创造的能力。高中语文审美要求丰富学生审美感受，强调学生的体验与教师的引导有机结合。

各个地方根据整体指导性文件的要求，分别出台了具体细则。在地方细则中，语文审美教育有了更加切实的实施建议。将审美素养列为高中教育的核心素养，体现在具体的学科教学中，语文审美教育有了明确的实施建议，美育以文学鉴赏

为主要实施途径，以诗歌和散文为主要的对象；阶段上分段推进——由必修模块的审美体验到选修模块中的审美取向和审美情趣；在能力评价上，语文美育要求学生对文学类文本进行审美判断，但习作部分却不要求学生能表达自己的审美取向。对文学类文本要求学生有"审美能力"，同样在写作上没有提及关于审美能力的要求。由此不难得出，对学生的审美要求并不包括审美创造。这与《2017 普通高等学校招生全国统一考试大纲》对于语文审美教育的评价考核要求一致。

（二）高中语文教师审美能力概述

教师是培养学生审美能力的主要力量。因此语文教师的审美教学能力直接关系到学生的审美水平。《中学教师专业标准（试行）》对教师的审美能力提出了要求，教师不仅要能够发现并且也要能够掌握审美的具体方式。人力资源社会保障部办公厅、教育部办公厅印发的《关于做好 2017 年度中小学教师职称评审工作的通知》中对教师的能力等级评定中将审美教育能力归入"基本能力素质"进行考察评定。

在师范生的培养上，各个师范学院都具备相应的培养计划与课程安排。以教育部直属的六所师范大学为例，华中师范大学在对文学院师范生的培养目标中明确提出需要具有良好的审美能力和中文表达能力；西南大学文学院师范生的培养方案与华中师范大学相似，单列出"德、智、体、美全面发展"与"具备良好的审美素养"的培养要求，并明确要求文学院师范生要有对于文本的鉴赏与分析能力。而华东师范大学与北京师范大学并未在网站上单独列出文学院或中文系的师范生培养计划，而是在中华人民共和国教育部的网站上发布免费师范生的培养方案。但北京师范大学在方案中并未直接提出审美能力的要求。而华东师范大学虽未直接提出，但其在"实施养成教育"的模块中要求师范生阅读书籍与参与文艺活动，这些活动有助于提升师范生审美素养。首都师范大学在文学院师范生的培养目标和培养规格中并未提及审美能力。横向观察各个师范生的培养计划，大部分师范院校都涉及对文学院师范生的文艺精神与审美能力的培养与教育。各师范院校在培养计划中都有独特的审美培养途径。纵向观察，在师范生最终目标——

教师招聘考试中，审美教育能力是师范生必须掌握的语文学科六项基本能力之一。可以说，师范生审美教育从计划规章到最终考评都有着相对完整的培养与考察方式。

二、高中语文审美教育在实践过程中的主要问题

关于语文审美教育的参考文件数量较多，足见社会重视高中学生审美能力的发展。但是，在实际查阅资料与调查过程中发现语文审美教育存在以下四个主要问题：

（一）美育与德育混淆及重德育轻美育

中国的审美教育自春秋战国时期就与道德教化、政治理想相伴而生。儒家的诗、乐教育是对个人精神境界的提升，但其最终目的是为了维护封建统治的需要。中国古代语文审美教育弱化人本身的地位，加强个人审美与国家政治之间的联系。久而久之，美育就成了德育的一种手段。就目前的教育现状而言，两者同为素质教育的重要组成部分，但实际教学过程中美育的落实程度却远低于德育。首先，德育有专门的课程，而大部分中学的美育课程仅依靠艺术类课程；其次，在职教师培训中有明确的德育课程，但相比之下审美能力培训次数较少；最后，教师与学生的道德状况有着相对完善的评价体系，每学期都需要对道德发展进行评价，而审美教育却缺少相应的评价反馈机制。

同时在教育指导文件中，美育的指导思想与目标总是带着德育的影子，《国务院办公厅关于全面加强和改进学校美育工作的意见》中的指导思想明确写出"以立德树人为根本任务""陶冶高尚的道德情操"，把德育当作美育目标和指导思想。同时文件规定要"引领学生树立正确的审美观念"，其判断正确的标准出于道德层面，而不是权威美学著作。表现最为明显的是《普通高中语文课程标准（实验）》在课程性质部分提出使学生具有较强的语文应用能力和一定的审美能力、探究能力，形成良好的思想道德素质和科学文化素质。审美教育成了形成思想道德的方法。

在教师的评价体系中，教师的品德是考评的核心，并且出台过多种政策文件对师德规范促进。但教师的审美能力却极少单列为教师的基本评价标准。教师的

职业道德是教师评价标准中必不可少的，但是如果让道德因素占据了教师评价的半壁江山是不利于语文教师的长久发展的。因为遵照道德标准产生的是健全的人格，健全人格也叫正常人格或常态人格，指的是社会生活中的所谓"正常人"……健全人格是一种常态的现实人格，是现实人格的平均水平。教师以教书育人为天职，仅仅止步于正常人格是远远不能满足现代教育的需要。现代社会对创造性人才的需求日益扩大，培养创造性想象和创造性思维也就成了现代教育的新风向标。培养创造性想象和思维不仅要按照客观规律进行，还涉及美感。苏联教育学家布洛夫曾说人不仅按照物质必然性，而且也按照美的规律进行创作。所以，教师要培养新时代的创新人才，就应该对"美的规律"有一套相对完整的理解和分析体系。如此一来，教师就可以有计划、有目的、有组织地对学生进行系统的审美教育。所以，教师评价体系不能将道德标准无节制扩大，审美教育能力才应该是现代教师评价标准发展新方向。

（二）审美教育与目前教育模式的矛盾冲突

现代社会对创造性人才与人本身价值的重视，使得现代教育不断向素质教育方向发展。现代教育环境产生的不只是素质教育，还有应试教育。应试教育是指一定社会历史发展中产生的，以考试成绩为教育目的的教育方式。教育学家与教师都对应试教育现象持批判态度，认为其是制约素质教育的最大阻力。但考试作为现行的、最为客观的评价方式一直是社会选拔人才的重要方式，本身并没有错误。大部分批判者针对的是过度追求成绩过程而导致教育内容局限化、教育方式的机械化和教学组织形式的模式化等等问题。

1．审美教育与教育内容局限化之间的矛盾

应试教育为了最大限度提高教学效率，将文本的解读局限于考试大纲。而全国统一考试大纲对学生的文学理解与运用能力有着明确的等级要求，且并不要求考核文学名著。阅读能力局限在考纲，间接促使了高中学生文学名著阅读逐步弱化。同时由于试卷的篇幅限制，篇幅长的文章也逐步消失在学生的阅读范围之内。

语文教育内容的局限不仅是在文学经典上的审美局限，还有日常生活中的审

美局限。据调查表明，只有少部分的学生认为语文审美教育对课余生活产生了作用。审美教育如果只是停留在课堂或者是学校之中，那么审美内化就无法落到实处，审美教育也就成了空中楼阁。语文教育主要是以教科书为依托，穿插文学阅读练习，以扩大学生与文学接触面。但这样的语文教育缺少学生的自我意识。学生没有感受到对语文审美能力的需求，自然也不会在课余时间主动接受语文审美教育。高中学生的记忆以理解记忆为主，学生如果认识不到审美教育的必要性，自然对教师进行的审美教育缺少主动参与。长久如此，大部分的学生就会将语文审美运用范围局限在课堂上，而对生活中的美无动于衷。在对语文教师进行访谈调查中，教师都认为自己的课程中包含着审美教育因素。在谈及除了课程之外是否运用其他方式进行审美教育时，教师们不约而同选择对时事新闻和畅销文学的交流讨论的方式。教师认为虽然这种教学活动进行次数不多，但是可以让学生认识到在日常生活中语文审美能力的重要性。教师与学生之间的认知差异在于教师没有明确告知学生审美教育的目标与要求，学生凭借自己的知识程度和理解能力很难理解教师的行为意图。他们认为课上的训练只是一种练习，与课后生活并没有联系。

2. 审美教育与教育方式机械化之间的矛盾

"机械主义教育把学生视为被动的'知识容器'，记忆在整个学习中占据着统治地位"[①]。在某些语文教师的思想误区中，想要让学生取得良好的成绩，就必须教授给学生答题模式、套话，甚至将语文学科完全当成阅读理解或者是文言翻译课。这样的语文教育只是一门单纯记忆的学科，完全忽略了其中所蕴含的审美意义，其审美价值将不复存在。

语文教学中不可避免有记忆的成分，但这种记忆应当是有意义记忆或者是理解记忆。某些教师在教授课程中一味贪图效率或者成绩，认为掌握知识点学生就能够考出"好成绩"。其实不然，机械记忆"没有成为其思想的一部分，他们的思想领域并没有因此而更为丰富和发展"。学生仅仅是记住了某些字符，并没有对其

[①] 何齐宗. 审美人格教育心理[M]. 北京：教育科学出版社，2014：119.

情感和思想产生影响，也就不具有教育意义。通过机械记忆而增长的知识只会使语文中的人文价值丧失殆尽。教师不能被远程教育或者是计算机教育取代的原因就在于除了单纯的记忆之外，还能够传达情感与精神，以及培养学生个性化的想象和思想精神。教师应该在课堂上减少对单纯记忆时间，并适当放开课堂让学生自由地思考与想象。这也就是托马斯·R. 布莱克斯利所提倡的"真正的教育"。

应试带来的教育方式机械化还体现在对"标准"的追求上。为了教育效率最大化，学校在教育方式和内容上有了不约而同地"标准教学"。许多教师在课前将课程设计具体到每一次问答，课堂上按部就班。这样的课堂看似完美高效，但却不是一节真正的语文课。在语文课上，教师需要不停地进行思考，让学生体会蕴含在语文课文中的人文审美因素。另一个标准则是体现在对问题的思考上。每个学生都是独立的客体，有着不同的生活环境。他们对待同一个问题的思考方式也有着个体差异性，审美倾向性也不相同。同样的课文，有的学生偏爱语言之美，而有的学生则更偏向整体的审美意境。孔子在春秋时期就提出"有教无类"的教育方式，结合中国现代审美教育的现状，语文教师应该意识到自己既不是一本"参考书"也不是"百度"，语文教育也并单纯的答疑解惑。教师应该将教学的重点放在大部分学生能够接受的审美点上，并对其进行提问与挖掘，启发引导学生进行独立思考，从而真正锻炼学生的审美思维能力，发挥语文审美教育独特的作用。

3. 审美教育与教学评价体系的同一化之间的矛盾

教学评价是根据一定的教育价值或教育目标，对教学活动进行价值判断的过程。教学评价体系的同一化来自于模式化教育现象。美国教育学家杜威曾直言不讳地批评它"几乎没有机会进行任何社会分工，没有机会让每个儿童完成一点专属于他自己的东西"。教育评价的同一化，折射出的是一种无差别的教育思想，其最终体现在考评方式的同一：全国的语文课程有着不同的教材版本但是最终面对的都是同一张考核试卷。把成千上万的儿童关在像兵营一样的大房子里，不考虑他们的体力、不同的生理需求以及智力差异，每天都在不加区别地、清一色地给所有的孩子配给四五种精神食粮。如果教师和学生都是朝着同一目标努力，因材施教的教育原则就很难得到落实，更谈不上个性化教育。语文审美教育目标是学生抒发内心情感，需要尊重和发现每一位学生的审美习惯，也需要语文教师悉心观察并辅以适当的个别教育。但这样的"同一"直接剥夺了教师与学生接触不同教育方式的机会。国家虽有出台相关政策和文件对学生的个性化教育提出明确的教学要求。但同一化的考核标准，一定程度上削弱了政策的效力。如果没有多样化的考评方式，语文审美教育就会变成教师自己的审美素养的个人展示，而不是切实提高学生审美水平的教育理念。

面对同一的考评筛选制度，家长自然认为语文审美教育没有存在的必要。大多家长让学生周末参加补习班，压缩学生的审美活动时间，但是家长不允许学生进行大量的课外阅读。家长要求学生在周末必须参加补习班、完成作业之后才能进行自己的休闲活动。这也就促成学生课外阅读量小，审美能力没有得到充足锻炼，审美经验极度缺乏的现状。

而在教师层面，同一的考评制度激化了审美教育所需要的大量工作与考评中轻视审美教育之间的矛盾。语文审美教育目前没有相对完整的评价体系，同时由于其具有较强的主观性，教师需要花费大量心力。我们的教师们被迫，或自认为被迫去按照别人给他们会对你更好的路线去教学。这种教育制度既使学生异化，也使教师异化。一方面，语文教师面临的不只是语文审美本身实施的困难，学生对于审美的自觉能动性也加大了语文教师进行审美教育的难度。另一方面，语文教师要进行审美教育，首先就要面对学生审美经验缺乏情况。而在教学的组织中，教师如果花费大量时间补充审美相关知识，让学生拥有完整的审美体验，就会影响占用教学时间，影响其他教学环节。语文审美教育具有如此的实施困难，但其在评价体系中却不占据重要地位。自然而然，语文审美就成了"空中楼阁"。

语文审美教育固然需要教师自身的审美素养，但也需要更多的客观条件的支持，需要学生自觉在课下积累相对充足的审美经验，需要家长的理解与支持，更需要有多元评价体系。

（三）语文教师在语文审美教育实践过程中困难调查

根据国家统计局数据显示，2016 年全国有含高中教学的学校 13 818 所，普通

语文学习与学生语文能力培养研究

高中语文教师 267 642 人。而同年普通高中在校生 23 710 461 人，在校师生比例约为 13.1，而高中语文学科的师生比为 1：88。大部分情况下一名高中语文教书需要教授两个班级甚至更多，也就是说在人口密集的地区平均一名语文教师实际需要教学比例远超统计数据。

高中语文教师实施审美教育的第一个难题就是学生人数众多，教师难以针对每一位学生实施个性化审美教育。第二个问题来自新任职教师。新任职教师是指新加入工作，其年龄一般为 24 岁，占全国高中阶段教师比例约为 3%。新任职语文教师有坚实的理论基础，但却缺乏审美教育经验。他们不了解学生审美习惯，就需要花费更多的时间去研究审美的教学环节。但新任教师在认识和熟悉班级花费了主要精力，分配到教学上的精力少了，更不用说审美教育。语文审美教育对于新任教师的挑战还来自于学校不让新任教师参与高三教学的个别现象。没有经历过完整的高中教学，新任教师无法系统融合高中知识点，导致其难以明确现阶段班级学生的审美取向和审美需求。同时，新任教师不熟悉学生的思维与学习习惯，造成依赖教参完成设计教学的现象。总而言之，花费在教学上的精力少加之没有教学经验是影响新任教师实施美育的主要原因。

不只是新任教师在审美教育上存在问题，在一线长期工作的教师们在审美教育上也有阻碍。相比新任教师存在审美教学经验上的困难，资历深的教师则是普遍存在着审美疲劳甚至教学疲劳。不可否认，老教师对于高中知识的掌握已经烂熟于心，并且对学情分析也有自己的一套高效办法。老教师经历过时间的沉淀，基本拥有高超的教学水平。但也正是由于长期从事教育工作，如果教师不求思辨，就容易进入教学惯性。所谓"教学惯性"是指教学活动一经发生，在长期的实践中便会形成某些"传统"和"模式"，这种"传统"和"模式"会对以后的教学活动产生影响，甚至成为一种恒定的作用力，推动教学活动继续运行。教学惯性带来的是一成不变的教学过程与解读方式。不能根据学生的不同改变对课文审美内涵的解读方式，更不用说个性化审美。学校的专任教师是一种长期的、相对稳定的职业。教师，特别是长期从事本行业的人，需要突破常规束缚，发现新的教学观念。

（四）关键在于教师能否具有审美创新意识

现阶段人们对于考试成绩，特别是高考的重视程度已经超出了对教育本身的关注，超出对人自身的关注。希望考上大学的愿望并不奇怪，但种种现象反映出的对学生成绩的过度关注超乎想象：每次两会期间都会有关于高考改革的提案议案；高考前各个施工点或者临近道路需要停工或者限制通行；高考期间甚至要出动警方来维持和保障考生等等。相对于社会对高考的关注，学生的精神情感状态却很少得到足够的重视：高考前后学生自杀的新闻屡见不鲜，甚至出现了亲人逝世却隐瞒考生的现象。将考试分数作为考查学生 12 年的成果，是现阶段最公平的考评方式。但是学生的精神情感状态却缺乏一个测量制度。社会各界过度关注高考，考试成绩成了本位，学生忽视了自身的发展，容易导致个体的自我定位失衡。

《中小学心理健康教育指导纲要（2012 年修订）》对高中生的心理健康要求在情感发展方面的标准是人际关系，诸如爱情、友情以及对考试焦虑等基本情感情绪。在实施建议上也是专门针对心理健康课程或者活动提出要求。高中阶段是学生世界观、人生观和价值观形成建立的重要阶段。《中小学心理健康教育指导纲要（2012 年修订）》中指出了如何培养"正常"的、符合社会道德要求的心理状态，即个人独立素养养成的建议。但是审美能力，其作为素养的重要组成部分在纲要中却没有涉及。

学生进行自我教育时也很少关注到自己的审美需求。据调查研究表明，大多数高中学生对审美意识都有自我培养的倾向。但在提高语文审美能力上，学生的意识就相对薄弱。主要原因有两点：一方面是由于自身的审美鉴赏能力低，没有产生审美需求。另一方面则是来源于高中生的生理特征。处于青春期的高中生渴望自我的独立。大多数的学生认同语文教师能对其审美产生影响，但只有少部分的学生希望得到教师的帮助。高中生的自我审美教育能力还不完善，但由于年龄特点，不希望教师过多地参与私生活，这也对高中语文审美教育造成了阻力。

综上所述，当代语文审美教育需建立起完善的实施和反馈体系，同时也要认清审美教育的目的不只是培养美感，更多是对人精神上的改善与升华。我国审美教育发展历史的特殊性与当代社会对高效率的过分追求，造成现代语文审美教育出现了许多问题。高效率的语文教学带来的不是学生文学能力的迅速提升，而是学生在由于过快吸收知识而导致精神的空虚状态。所以，在高中阶段，教师与学生都应该认识到高中阶段语文教学任务不是高考，而是应该学生情感精神与健全人格的发展。

第三节　学生语文审美能力的培养路径

语文审美教育面临的问题也是语文教育面临的问题之一。语文从古代发展至今，具有丰厚的历史沉淀，是民族精神的重要体现。但现今，语文教育的内容总被认为是"文物"，只有观赏价值却缺少时代意义。大学语文课程的停开，中学语文课程实际影响逐步缩小都意味着语文教育面临危机。面对这样的现状，语文教育应该重新认识自己的定位，语文不仅教授字词和撰写文章的基础课程，更应该担负起民族精神的传承和创新，承担人文精神教育与人格塑造任务。

一、语文审美教育的必要准备

语文审美教育仅依赖课堂是远远不够的。为了让语文课发挥最大限度的审美教育功能，教师就需要在课前与课后做好必要的准备。除了准备教学环节，师范生与教师还需要思考如何系统进行审美教育。

（一）师范生应加强教学和审美的自我教育

扭转语文审美教育的困局的关键就在师范生的培养。在职教师或多或少有了自己的教授习惯，一时之间难以改正。相比之下，师范生的发展方向尚未定型，更容易转变教学理念。在校学习期间，大学教师会将丰富的审美素材传达给师范生。多数大学为了增强大学生的审美能力，同时增设了不少关于美学的选修课程，诸如美学、中国古代美学史、西方美学史、艺术鉴赏、中国书画等课程。这些都为师范生进行语文审美教育奠定基础。这些素材是否能够被转化为审美素质，还需要师范生自己在课后消化吸收。

然而，师范生想要提高审美能力需要知识理论，更需要拥有审美感知能力。学会发现美远比学习美学理论更重要。阅读大量书籍与学习必要的审美知识是提高审美能力的必经之路。师范生需要丰富的美学知识储备，但更重要的是获得积累审美素材，发现、培养自己的审美兴趣，从而锻炼提高自身的审美感知能力。

师范生需要掌握审美的应用与创造能力，明确语文教育是为了让学生获得情感熏陶和人格建设的教育目标。师范生根据审美教育总目标，有目的地找出相应知识并进行归纳和总结，并且学会"翻译"。这里的"翻译"是指师范生将审美素材加工成为学生能够自行获得体验状态的能力。语文课文虽是经典，但是要能够让学生感受到其中的审美因素还需要其他的材料进行补充。以《装在套子里的人》这篇课文为例。文章中描绘了因循守旧、故步自封的人物形象，其具有的审美价值来源于讽刺。学生很难自己理解消化为什么众人会畏惧胆小的别里科夫，但这个问题是实现审美的关键问题。这时就需要"翻译"。当时的俄国处于沙皇统治时期，政府对人民进行了残酷而严密的精神统治。许多进步人士与知识分子都因为反抗而受到刑罚。当时的人们渴望自由，又无力防抗的状态经过艺术加工，成了《装在套子里的人》文章的在别里科夫影响下的众人形象。当然，写作背景的资料远远不止这些，但这些资料却足以让学生理解作品中的荒诞形象与讽刺手法。整理筛选资料的过程是"翻译"的过程，也是教师对文本的加工的过程教师将课文涉及的背景资料进行筛选归纳，目的是让学生在学习之后，能够根据课上提供的材料和提示自行获得审美体验。要进行高中审美教育，师范生就应该对语文审美这一领域初步的准备：理解知识是第一步，更重要的是了解学生的思维方式与学习加工素材的方式，让学生能够自己获得审美体验。

除了依据文章，师范生还需要根据年级积累必要的审美教育方法。不同年级的语文教材对学生审美能力发展有着不同助力，《红楼梦》在教材中曾出现，师范生在实践过程中就应该意识到不同年龄阶段能接受的审美内容与方式是不同的。审美目标依次将重点定位在语言美感、情感熏陶或是人格修养上，教学方式不论是教师逐步引导，还是学生个性品位都需要教师结合不同年龄阶段的学生特点选择性地进行教学。

总而言之，立志从事教学的师范生在学习必要的审美理论知识的同时，应该主动与教材、学生相联系，以积累必要的审美素材、提高自身的审美教学能力；

并且结合教育类课程了解学生的审美兴趣与审美感知的规律，使自己的审美教学能力能更贴近学生审美能力的实际发展。遵循学生的审美发展规律，结合课程标准，师范生就能明晰学生审美教育的主要内容。除了理论知识，师范生还应该将自己的审美教学思路与实际课例中一些名师的经典课例进行研究，对比整合，找出适合自己的审美教育方式。

（二）建立独立审美档案，调查学生的审美习惯

对于教师而言，养成学生独立、个性的审美观是审美教育的重点。素质教育提倡在整体提高的基础上，个体个性全面发展。但教育现实情况是，一位教师面对至少三十人的课堂，关照每一个人审美思维习惯是有一定难度的，教师对学生的审美培养缺少连贯性。这些都阻碍教师实施依据学生审美特点实施个性化审美教育。

建立独立的学生教学档案是现代教学评价的方式之一，也是适应流动性教育的参考与评价方式。虽然现在大部分城市的学校已经建立起学生的学籍档案，但这份档案主要是由学生的基本信息和学习成绩组成，没有涉及必要的学生审美情况。所以，语文教师想要因材施教，发展学生独特审美教育观念，建立审美教育档案势在必行。审美档案的内容不仅要包括审美教育课程以及评价反馈，更重要的是涉及学生的个性化审美能力发展的阶段状况。就语文教育而言，审美档案应该更多涉及学生的情感与精神发展状态。这种主观的状态可以通过课堂以及平时的习作中进行收集，也可以结合近期审美教育内容整合而成。

整理综合学生的审美教育档案，除了依据教师审美教育的阶段目标，更应该在塑造学生个性化审美人格的总目标基础上进行。审美人格是指美学意义上的人格发展，"指人的精神面貌具有审美特征，达到了美的境界，表现出和谐、个性、自由、超越和创造等基本特征"[1]。和谐是指学生的感性和理性发展状态。以《祝福》主旨理解为例，学生偏重于表达对祥林嫂的同情，一般归类于感性认知；上升到批判其所处时代对女性的迫害，并从中获取女性反抗精神并结合现实生活进

---

[1] 何齐宗. 审美人格教育新论[M]. 北京：教育科学出版社，2014：31.

行反思的则更偏重于理性认知。不管是感性认知还是理性认知都是组成审美能力的一部分，学生进行审美时都需要教师的悉心引导并整合统一。

当然，建立学生审美档案并不意味着学生的培养方案是一成不变的，教师们要在协调各方情况下灵活地调整学生的审美档案。制定学生审美素养的培养计划时，教师要注意与学生或者家长直接沟通交流。沟通过程中，教师要注重引导学生主动发言、勇敢表达自己的观点。当然，教师仅凭学生单方面状态或意愿制定审美培养方案并不客观，还要考虑到家长因素。父母是孩子的启蒙者与培养者，比之学校教师，更能全面了解学生的思想情感倾向。同时，孩子是一个家庭未来的希望。家长有权利参与到关于学生发展的讨论中。经过双方认同的审美培养方向，家长与教师之间相互协调，才能让学生获得全方位的审美教育。

语文教师除了借助家长了解学生的基本情感状态之外，还可以关注到学生课余审美生活的状态。课余审美状态包含课外活动的安排、个人兴趣以及阅读情况。学生课余活动所展现出来的审美倾向性是制定审美教育方案重要考虑因素。语文教师应该以课程标准和国家标准作为目标基础，综合学生自己的日常审美习惯和家长的要求，制定出不同的审美档案。通过语文审美档案，教师能在短时间内了解学生语文审美能力的基本情况，从而更有效地实现学生语文审美能力个性化发展。

二、语文审美教育的实现途径

（一）语文审美教育与语言美感训练

语言是日常生活中用于交流的重要工具，其基本分为口语和书面两种形式。学生的口语要能表达出自己的观点，写作上思维明确、观点清晰和能够创意表达。但有要求具有积极的鉴赏态度，注重审美体验。不仅是要学生能体会别人的情感审美体验，同时也要将这种情感内化到自身，进行自己的审美体验。也就是说，学生使用具有美感的语言，只要求能鉴赏具有美感的语言。

1．审美性语言的界定

语文教师使用语言完成教学。按照语言使用的场合，语言大致可以划分为实用性语言和审美性语言。两者的目的都是交流，审美性语言经过文学加工，实用性语言的适用范围更广。教师在课堂上使用的多为实用性语言，但实用性语言并不适用于表达或抒发情感；审美性语言经过精细加工，适用于个性化、情感化的表达，但是学生对于审美性语言的理解时间相对较长。在实际使用过程中，两者界限并不明显。因为语言的产生依赖于语境，所以在不同的语境下，实用性语言与审美性语言能够相互转换。

审美性语言不是单纯的情感宣泄，而是遵循理性逻辑排列的。理性是有目的、有意识并按照一定的逻辑进行的思维方式。审美语言中的理性因素使得教师能够抓住审美规律，对学生的情感精神展开教育。《赤壁赋》中苏轼对生命的永恒与短暂进行感慨抒发，情感起伏、层层递进。审美性语言在包含着美的同时，掺杂着理性，涵盖着作者对人生哲理的思考。这份理性没有冲淡文章的美感，而是让学生能够更好地在教师引导下更深层次地获得审美体验。黄厚江教师在《阿房宫赋》最后抒情议论自然段的教学中，抓住了"后人"这一个理性逻辑线索，"你说说对这几个'后人'的理解"和"其实，这四个'后人'两个意思，又指一个共同对象，是什么"[①]？通过理性逻辑分析文章的抒情段落，得出了诗人杜牧以史为鉴的理性观念。经过精细加工的抒情话语中，需要运用理性的方法和感性的认知去分析，得出的结论也是蕴含着理性色彩。任性的选择和自决都不是出于意志的理性，而是出于偶然的动机以及这种动机对感性外在世界的依赖。世界上没有什么东西能够无责任地自由，包括情感都要遵循一定的情感逻辑，这也就让情感包含着理性因素。这种理性因素并不会影响到事物的美，而是让审美能够更好展现，也让教师能够通过一定的教学方式引导学生获得审美体验。

2. 语言美感的培养

具有审美意义的话语能够引发人们进行审美体验。但语句大的审美价值深藏在文本世界中，所以教师们应当采用精读、细读等阅读方式对文本语句进行深入分析体验，从中获得作家蕴含在文本中的对精神与情感的独特体验。教师通过对文本的二次加工，运用逻辑对文本进行分析组合，收集加工成为审美素材，引领

[①] 黄厚江. 享受语文课堂——黄厚江本色语文教学典型课例[M]. 北京：教育科学出版社，2012：161.

学生进行审美体验。

（1）文本细读

文本细读关注的是文本中的细节，是对语言文字的反复锤炼和咀嚼，与传统古诗文的炼字炼句传统密不可分。"推敲"二字、"春风又绿江南岸"的"绿"字、"夜静春山空"的"空"字都是耳熟能详的典型案例。

明清时期，科举考试的需要对文本进行分析，于是便衍生出"评点"类型的文学作品。评点的范围从诗文，逐渐扩展到各类文学作品。其中以文学家金圣叹为代表。金圣叹点评的作品以《三国演义》《水浒传》《左传》等最为出名，成为当时文学批评的主要代表作品之一。其文学批评细致深入，"常常用'细寻''细玩''细细看之''细细求之'等字眼进行强调"。他运用的文本细读方式包含着对语言、结构和主体意识的揣摩，并且强调了读者二次创作的重要性。文本细读重视读者对于文本阅读的感受，而不是英美批评派一味强调对文本的还原。在现代，学者孙绍振同样提出对文本的细致解读，命名为"微观分析理论"。与金圣叹不同，孙绍振更加重视文本的内在价值与挖掘文本中暗藏的矛盾。同时提出了"还原（与现象学的还原不尽相同）和比较（同类比较和异类比较，历史比较与逻辑比较）"[①]的分析方法。文本细读法教学实践中与黑格尔的辩证法相互联系，运用结构主义的层次分析模型抓住文本中的每一个细节，深入文本结构，总结成为切实可行的高中文本解读的一种方式。

金圣叹与孙绍振对于文本细读的运用各有特色，与英美的文本解读相比，中国的文本解读更加注重"知人论世"，从作者、文本和世界三个角度展开，最大程度还原文本的创作意图。但文本细读还有很大的发展空间，主要原因就在于文本细读对教师能力和精力要求程度较高。新课改中提出了对于文本的细致、个性分析，但要求的落实情况还需要一段时间。对于学生来说，如果每一篇文章都要细读，也不符合实际教学现状。语文教师应该根据课时安排，有选择地对一些课文值得细致品味的课文展开文本细读，同时以教授方法为主，让学生理解品味语句的意义。

[①] 孙绍振. 名作细读——微观分析个案研究·自序（修订版）[M]. 上海：上海教育出版社，2006：3.

当然，在日常教学中文本细读法更依赖于教师对于文本的教学，也就是语文教师需要结合时代与学生的特点，对课文有一个细致的分析品味。这看似容易，但却是语文教师经常忽视的教学注意点。面对经久不变的课文，教师就很容易产生惯性教学甚至是职业倦怠。某些教师一份教案可以使用上几年，却没有考虑到学生的认知变化更新速度。社会高速发展下，学生的知识储备和生活接触面是不断在变化的。

文本细读法不仅是培养学生语言美感的一种重要方式，还可以从中反映出学生的知识水平和审美素养。语文教师可以从不同的回答重点中发现学生的审美偏向，从而完善学生的审美档案，让学生实现个性化审美发展。学生对语言的审美体验是审美素质培养的最基础的环节，也是贯穿整个审美活动的重要环节。学生在语言环节的反复训练中，通过对同一语句的反复琢磨，锻炼自身的语言审美能力的同时，获得作者的审美体验，以丰富自己审美经验。

（2）同济语言

同济语言是指在课堂环境下师生相互交流讨论的语言行为。课堂上学生与教师课堂的对话、同学间的交流都可以称之为同济语言。学生对于语言审美能力的培养不应该仅仅停留在文本上，还要加强学生的口头语言应用，尤其是用于表达自己思想情感的语言。同济语言正是基于这样的审美要求而被列入语言美感训练的方式之一。

同济语言的差异性产生于不同的知识、能力水平和审美素养的共同作用。差异的磨灭是机械教育的显著体现，不仅使学生语言表达的日趋模式化，也使得语言中的美感逐步降低。

不只是缺少差异性，同济语言还在评价方面存在问题。在课堂活动，同济语言多以师生之间双向交流的模式。这种模式需要学生在教师设置的范围内进行思考和回答，同时教师对回答的评价也是学生再次进行回答的依据。但是某些语文教师对于学生回答的评价反馈都不切要点、一带而过，反映出的是教师没有考虑学生的思维方式，只是判断对与错。这样简单评价是远远不能使得同济语言的质量得以提升，更谈不上锻炼高中生口语表达的美感。对学生口语交际的评价标准也可用于评价同济语言，应考查学生参与口语交际实践活动的态度，能否把握口语交际的基本要求，善于倾听，在交流中捕捉重要的信息，清楚、准确、自信地表达自己的思想和感情。文件对同济语言的要求是最基本的表达与倾听。在教师评价的相关文件中对于教师语言没有明确的要求，但在大部分课堂评价中，教师的语言应以鼓励和引导为主。

（3）文学写作

对于学生而言，写作包含审题、立意、选材、结构、成文及修改；对于教师则是分为写作前指导、写作中引导和成文后的批改三个环节。审美教育并不只是获得精神享受，更重要的是学生的情感、精神甚至于行为是否受到审美教育影响而提升。而通过阅读和同济语言，审美感知能力得到发展。写作运用学生自身的审美创作能力，是对前两个环节的考察与巩固。真实的、美好的作文题能够唤起学生情感，激发起学生的审美意识。写作的重心在于文章的立意，而立意取决于学生的人生价值、审美素养、人格修养等内在气质。所以说，立意是最基础的环节，但也最能展现学生个人审美和文学素养。

学生作文的立意是根据作文的题目产生的。随着网络信息的发展，高中生的思维能力发展越加迅速，对于生活中的时事热点接触的也愈加频繁。现在作文中的审美缺失主要是因为文章旨引起学生的情感共鸣，使得作文缺少真情实感，变成"空架子"。

综上所述，审美教育中对语言美感的训练不能局限于文辞，而应该与生活和学生的自我意识紧密联系。文本细读的审美方式使得高中生发现文本世界中的美，通过同济语言加以思考，最终，内化为自己的语言。语言发展至今已经具备了远超工具之外的人文意义。中国的语言艺术在国际上也是享有盛誉，但是随着社会的发展越来越失去原本的韵味而变得贫乏、枯燥、缺少生动性。究其原因还是精神和情感的匮乏。所以，教师在与学生的交流过程中不仅要传递知识，还应该注意到语言中的情感与精神的传递。

（二）语文审美教育与意境感悟训练

意境是中国传统文化的重要标志之一，是个人审美理想和审美水平的重要体现。如果艺术作品缺乏意境的体现，则失去了"灵魂"，这是技巧所不能弥补的重要部分。意境已经成为一种约定俗成的评价方式。在众多艺术作品中，文学艺术是最能彰显意境表达和追求的艺术类型之一，特别是中国古代文学作品更是把对意境的追求表现得淋漓尽致。

由于其本身作为一种精神状态很难被完整地解释，意境的定义众说纷纭。《诗格》中将意境划分为三重："物境""情境""意境"①。作者由对山水的描绘引发情感，而这种情感思之于心，表现范围兼具短暂的情绪与品格。同时文章论述了意境产生的途径应该是用以主观情感去探求世间。之后，唐代诗人皎然在《诗式》中提出要获得意境必须要有"先积精思"，之后经历"至难、至险"，才得出"巧句"②的观点。唐代文学家司空图在总结诗歌意境的基础上，直接将其划分为二十四种审美意境，"论述了诗歌意境共同的审美本质"③，将意境与审美联系得更加紧密。南宋诗人严羽在《沧浪诗话》中引用"羚羊挂角，无迹可求"的典故，阐述意境必须是在意象、语言、与思想形成一个整体的时候，"达到'透彻玲珑，不可凑泊'的艺术境界，而后成'言有尽而意无穷'审美的意境"④。巩固了意境韵味无穷的审美特点。近代学者王国维抓住了情景交融的特征，"故能写真景物、真感情者，谓之有境界，否则谓之无境界"⑤。王国维反对严羽只注重形式而忽视本性，在《人间词话》中反复强调"真"。他认为意境应该是由真情实感组成的，自然而然生成。"境非独谓景物也。喜怒哀乐，亦人心中之一境界。故能写真景物、真情感者谓之有境界。否则谓之无境界"⑥。王国维对于意境的界定是由真景自然引发的真情，"真"才能称之为意境。王国维强调意境的无功利性，反对美刺、投赠，加深了情与景的交融，把意境上升到形而上的境界。如果说王国维把意境上升到了一定高度，那学者朱光潜则是将意境的审美性与生活紧密联系。《诗论》中提出对待意境应该是"不即不离"，保证兼具真实感和趣味性，是情趣和意趣的结

---

① 王达津，陈洪. 中国古典文论选[M]. 沈阳：辽宁教育出版社，1989：135.
② 王达津，陈洪. 中国古典文论选[M]. 沈阳：辽宁教育出版社，1989：139.
③ 叶朗. 中国美学史大纲[M]. 上海：上海人民出版社，1985：273.
④ 张蓉. 中国古代文学思潮与意境演变[D]. 兰州：西北师范大学，2013.
⑤ 王国维. 人间词话[M]. 北京：人民出版社，2004：2.
⑥ 王国维. 人间词话[M]. 北京：人民出版社，2004：11.

合体。现代美学家、哲学家宗白华则是将意境提升到民族文化精神，突破传统的意境局限于文学的困境。

1. 意境感悟在文学类文本教育中的重要性

一谈到意境教学，部分人会有误区：只有诗文教学中才会涉及文本意境。古诗文和现代诗歌在教材中占很大比，可谓是半壁江山。虽然意境是文学中重要的组成部分，但并不是所有的诗文教学都必须涉及意境教学，例如《烛之武退秦师》与《荆轲刺秦王》属于叙事议论型的文章，就无须进行意境的教学。《普通高中语文课程标准（实验）》对于诗文的教学实施意见中明确了对文字理解、艺术手法和朗读等实用性要求，对于诗歌意境的教学要求只有在选修课程的评价标准中出现。由此看来，是否进行意境教学不是按照题材划分，而是按照文本的主要功能。教材中的文本涉及文学类文本、实用类文本和议论类文本，其中教学中有要求涉及意境的大多为文学类文本。例如《故都的秋》就是一篇富有意境美的文章。文学类文本是对学生审美能力培养的重要素材，是作者情感和精神的直接表达，包含着在一定的社会文化环境下人独特的精神状态。同时，在《普通高等学校招生全国统一考试大纲》中对文学类文本的意境有探究水平的要求。可见，高中语文教学需要意境教学。

意境教学是建立在语言文字的感悟基础之上，是对文本中流露出情感精神的感悟与理解。然而在古代文学教学中，教师为了让学生理解文章花费了大部分时间，之后又让思想主旨替代了意境的理解或教学中一带而过。意境是个人精神情感的重要表达，更应该是一个时代精神状态的反映。可以说，优秀文学作品是中华文化的思维方式、审美传统、精神气度的重要传递，包含着民族的情感与历史，流淌的中华民族的血液中的重要传承。而这些重要的民族记忆并不是通过繁复多样的文学修辞和辞藻来表达，而是通过意境传达。所以，对意境的教学不应该知识局限在一首诗一篇文章之中，而应该扩大，尽可能地渗透传统文化，让学生体味到不同时代独特的文化氛围。

2. 意境感悟与翻译解读

意境的形成是由于作者将思想情感通过语义的模糊和借代形成特殊的语言氛

围。意境与文章的朦胧美有着密切联系。但是，古诗文在教学过程中为了达到让学生理解的目的，大部分文章内容教师都会进行翻译。这样的翻译就是将这一层朦胧的面纱直接揭下，将典雅的词句和深刻的意象直接转化成通俗易懂的文字。自然也就谈不上语言和意境的美了。意境感悟是建立在语言体会的基础之上，也还是需要学生对文章含义的理解。这样一来，矛盾点就自然产生了：诗词美文究竟需不需要翻译。其实答案也很简单，需要。而其中的翻译解读的程度就值得教师斟酌深思。

在实际教学中，学生对诗文的解读能力就是依据教师教授的固定知识和语法。"授之以鱼不如授之以渔"，翻译教学还是很必要的。那如何掌握翻译解读的程度才不至于影响学生理解建构文本意境呢？教师应该将字词的翻译融入其他的教学环节。在教学过程中教师可以让学生自己去寻找文中语句进行例证，对文章的语句进行翻译、组合分类。在这个过程中教师可以点明文章中重点字词语法，引导学生通过关键词自行翻译，由于文章的重新集合，让文中的具有审美特色的语句集中在学生的脑海中。之后，学生将教师提供的情感线索重新排列，意境的生成就并不是难题。总的来说，古文的翻译不必逐字逐句，而是抓住文中的关键性情感和与其相对应的意象，其他的空白就应该由学生自己去完成填补。而些空白也就是意境生成的关键。

当然，并不是所有的古文都需要翻译。例如诗词，《孔雀东南飞》等诗文就不适合翻译，全文的文字对于学生而言通俗易懂，学生自己能通过自己的诵读来通晓其中的含义。同时对诗词的翻译会破坏语言节奏上的美感，不利于审美意境的生成。

现代诗文文字简单明了，学生没有字面上的阅读障碍。但还是需要教师的翻译能力，即帮助学生解读意象。诗歌中的特定意象对于高中生而言是很陌生的，需要教师引导翻译。

综上所述，对于翻译解读的权衡是为了保证学生在理解文本世界的基础上，能自行通过语言美感的体会，从而体味到文本意境的独特之美。当然，体会意境之美并不是审美教育的最终目的。停留在意境之美上只会让情感共鸣局限在文本世界之中，停留在纸上。教师应该通过意境的反复出现，让学生情感的升华内化，即将这样的情感融入人格之中，真正对学生的精神人格产生深远的影响。

（三）语文审美教育与情感熏陶

情感熏陶，是情感教育的具体实施，同时也是审美教育由文本延伸到学生本身的重要环节。情感的定义属于心理学上的范畴，其定义涵盖的范围很广，本书主要是研究分析在学习与教育过程中产生和变化的情感。情感教育的定义的范围不仅是课堂上学生情感的变化，还包括"教育过程中学生的态度、情绪、情感以及信念"，以及"道德感、理智感、美感"。

在实际教学运用方面，最广为人知的是布卢姆三层教育目标理论中的情感目标。之后克拉斯沃尔将情感目标具体化，划分为"接受或注意、反应、形成价值观念、组织价值观念系统、价值体系个性化"五个具体阶段。随着情感发展的不断深入，情感教育甚至成为以罗杰斯为主的人文教育学家的主要教育理论。情感教育发展到现在已经成为较为完备的教育方式。

语文教育有别于其他教育的最显著区别就在于其对于情感的重视，这种情感不只是对于文本中作者情感的体会，还有教师与学生自身的情感变化，从而经年累月潜移默化地提升人格品质。在语文课中，教师与学生之间的情感随着文章的发展变化逐步递进，进而对学生的认知感情产生的迁移。作为情感教育内容，课文都是经过时代考验之后的具有价值的文章，具备满足教师和学生情感教育的基本条件。而情感熏陶是建立在语言文字和文本意境之上的，具有个性化色彩的阶段。一篇文章的语言是否优美、意境是否悠远都是客观事实，读者主观意识的发挥空间不大。到了情感的环节，教师和学生能从文本中体会、内化多少内容则依据个人的审美能力不同而有所差别。

教学是师生双边互动活动，教师在这个环节中也会受到情感的熏陶。这种情感的迁移发生得比学生更为长久，影响的程度也更为深远。所以，教师对情感教育的安排比学生自身的情感教育更为重要。在语文教学过程中，教师对于情感的升发可以大致分为三个阶段来分析。

1. 授课前，理清文章中的情感线索

在备课阶段，教师需要对文本进行阅读与分析。在这个过程中，教师投入自身的情感进入文本，假设自己是第一遍或者是学生的角度来阅读文章，以产生情感共鸣。教师将自己情感投入到文本中并不简单。

（1）教师需要克服的是对课文的倦怠

倦怠的产生是由于教师们对课文了若指掌而形成的教学惯性。教师需要能够打破已有的思维定式，在字里行间发现情感变化。

（2）教师需要对参考资料进行筛选

教师们备课过程中自觉或不自觉地会接触到大量他人的教案或者是教师指导用书。面对他人的成果，教师们要凭借自己的经验筛选合适的分析，并且能独立于这些现成结论自己去发现文本中的情感脉络。

（3）教师对于课文的理解程度

文本的情感线索并不会直接呈现在文中，有些甚至与作家的经历有着千丝万缕的联系。教师需要做的就是超越眼前文本，尽可能完整地理解文本相关背景，才能最完善地还原作家当时的感受。当然投入情感进行文本分析还不够，由于教师对文本的感知能力比之学生更为成熟，社会阅历更为复杂，能够感受和理解的情感内容大大超出了学生理解的范围，所以还要考虑如何筛选出符合学生认知能力的情感教育内容。

要选择需要教学的情感内容，首先要找到一个选择的出发点，也就是文章的主要思想情感。思想情感通过文章的发展逐层递进，最终形成完整的情感脉络。围绕着一条情感脉络，就能很好地对文章中出现的情感分析进行重新选择、组织排列。但这样一来，整条情感会先得非常冗杂。所以，教师还要根据文章的重点重新梳理文章中的情感线索，使课堂详略得当。

《故都的秋》是能考验教师对文章情感脉络的把握能力的课文之一。大多的教案，将课文划分概括成为五幅秋景图片，并通过对文中形容词让学生想象，还原文中的描写，最终得出一个"清""静""悲凉"的主要态度和情感。这样的课堂井然有序，但也未免过于程序化以至于索然无味、面面俱到。"我想，在这里，

和品读《荷塘月色》一样，也要从中读出一个'人'来，或者换一种说法，必须能够想象出一个中国文人，为何要急匆匆地从老远的南方跑到北方，一早就做到院子里，独得其乐的，满怀兴味地品尝秋味的姿态和情趣"。以作家想要表达出情感为主要内容：同样的景象中，由于个人的思想和阅历产生的截然不同的感情。在牵牛花底，还长着几根疏疏落落的尖细且长的秋草，作为陪衬。文中的"疏疏落落""尖细且长""秋草"都是客观的真实景物，而"作为陪衬"却是个人的主观想法。为什么选择秋草、为什么秋草是陪衬都是可以和最后"清""静""悲凉"的主要情感相互联系，整理出文章的情感主线。在文章中最能突显郁达夫对故都的眷恋可以从大的方面入手，从五幅秋景图入手，但为免显得过于粗糙。处理细腻的情感应该从细节入手，从"训鸽""落蕊"和"扫帚的丝纹"等秋天特有的景致一点点勾画。

2．授课期间，营造相应的课堂氛围

授课的过程才是师生之间的真正对话，这时候教师的教案材料与教学机制才真正调动起来。教师在备课环节中所预设的环节都是理想状态的学生，与真实的学生存在出入，实际教学中需要教师对课堂中出现的各种状况进行应对和调整。

对于课堂氛围，很多人都会将目光集中在教师对课堂氛围的营造，而忽视教师与学生之间的情感交流。观看许多教学实录，不难发现某些现象：学生们总是认真安静地听教师上课，课堂上的环节有条不紊地按照预设的教案进行。这种看似融洽的课堂成为教师个人技巧的展示平台，却忽视了学生的主体地位。教师的主导地位和学生的主体地位看似相近，但两者的区别显而易见。教师学习各种教育知识或者教学技能其目的都是更好地教育学生。学生才是课堂的主角。教师与学生之间的年龄差异并不是教师凌驾在学生意志之上的原因。中国古代有"天地君亲师"，师生关系紧紧排列在亲子关系之后。

尊师重道传统对于师范生和教师的意识形态影响很大，总是认为学生应该无条件尊重甚至服从自己。但是当代学生对于教师的理解却完全不一样，学生把教师当成平辈的朋友相处，关于学生对于喜欢教师的评选中"亲和力"也是首选的原因之一。所以想要建立良好的情感交流，教师完全不必将自己与学生之间的关系拉得太远，仔细倾听学生的诉求和想法才能有效地引导学生。

课堂氛围包括的不仅是师生之间的氛围，还有在教师有意识构建的文化氛围。为了建构文化氛围，教师在备课阶段就要有充足的准备。这种准备的成功与否不仅依靠教师的思想情感，还包含对学生的了解。只有了解学生的思维方式和情感敏感点，才能在备课阶段找到最贴近需求的教学策略。选择调动情感的方式应该依据学生的阅读和学习的习惯，以及班集体总体呈现出的学习情感状态。

语文教师对班级学生情感熏陶最重要的是通过教学。教师抓住文中的语句，建构文本意境，让学生感受到文本世界里的真善美，从而引起学生的情感共鸣。多数教师采用朗读的方式。教师和学生都要反复诵读关键语句，体会从中生发出的情感色彩。同时辅助外部媒介，例如音乐、图片或者视频等等，都是为了更直接地刺激学生的外部感觉接收器，从而激发内在的情感状态。

本书以《雨巷》为例对学生的情感熏陶教学进行设计。《雨巷》这一课文极具特色，由于其属于朦胧诗，其中蕴含的情感还需要在教师的引导下进行品味分析。语文教师可以借助的诗歌以外的媒介：单元导语、音乐、图片以及包含相应元素的古诗词。视听效果极佳，给学生带来全方位的感受。单元导语的出现是一个信号，"美的真谛"提示学生学习的方向。之后配乐朗读："暮春时节，烟雨江南。有道是：自在飞花轻似梦，无边丝雨细如愁。漫步江南的小巷，你的耳边安静了下来，只有细丝般的丝雨摩掌青石板的声音。这个时候，你的心里会涌起一种什么样的思绪？撑一柄油纸伞，化身瘦身的江南才子"，作为导语进入课文。这是高一阶段的诗歌，学生并不深入了解意象。在这种教学情境中，语文教师在概括了整首诗歌的主要内容和意象的前提下，加入了很多具有情感色彩的词语"愁""细丝""瘦身""漫步""烟雨江南"这些都是常见的能够引发读者忧愁心绪的词语。把生活中对这些形象的闲适忧郁情绪，通过音乐强化并且转移到文本中。而之后的"丁香"意象的教学环节就更能体现情感迁移了：学生对意象理解并不系统，所以教师在介绍丁香花的时候，不仅插入了图片以显示"娇弱"的特点，还在介绍中特别说明了"香气淡雅，十分容易凋谢"的特点。再通过两首古诗，巩固丁香花在我国传统中忧愁幽怨的含义。之后，教师可以加入联想环节，找出生活中具有类似含义的景物。这样一来，学生必须自我消化这种情绪之后，通过理性的回忆和检索才能完成，使得情感就在不自觉中内化。最后教师通过一段情景还原，再次渲染课堂氛围，加深学生的情感体验。

3. 授课后，内化产生的情绪情感

对于情感熏陶，许多教师在课堂上都有出色的表现，但是在最后的作业布置环节却没有继续把握和内化课上产生的宝贵情感体验，使得之前的费心引导也就失去了实际价值。在课堂上，教师都会有意识地对学生进行情感熏陶，但如果在课后环节没有继续加强，将产生的情感融入学生实际情感体验中去，情感熏陶就没有产生任何实质变化，这个环节就失去了价值。这也就是学生们总是认为语文无用的原因之一。

学生产生情感体验后，在这段黄金时期学生自然而然地会引发一系列的联想和思考。这时教师放手让学生去体会是一种最为简单而有效的方式。放手并不意味着教师完全放弃课堂，而是让学生自己表达交流，甚至于可以让学生自己动笔写一写，抓住瞬间的情感变化。而在表达或者写作时，教师要让学生将从课文中引申出来的情感，用自身的理解或者是逻辑再次组合表达。在《氓》的教学过程中，教师可以带领学生通过品读分析诗歌，让学生对诗歌的语言与意境已经产生了审美体验，并产生对女主人公勇敢决绝的钦佩之情。在学生对女主人公的勇敢与果断有了认识之后，分别引用朱熹和钱钟书对其的负面评价。这时提出了与学生情感态度截然相反的观点，学生对自己的情感就会产生怀疑。接着，教师可以让学生重新回归语言，多次阅读诗歌，结合自己对于爱情的理解，跳出一味赞扬的审美局限。在重新回归语言并调动自己审美体验的同时，学生理解了前期女主人公的草率冲动。通过各个学习小组各自的总结发言，整理了学生的总体思想。在两次反复当中，学生的情感会发生变化，调动学生的情感体验，最后进行总结发言，结合诗歌对学生的爱情情感体验产生积极作用。

情感熏陶不应该只是语文人文关怀的展示工具，更主要的是让学生自己接触消化不同时期不同作家产生的情感状态，从而扩充自身的情感世界。社会上总是

评论学生成了"高考工具"，也正是因为他们不能独立从生活中的一些事情中获得情感体验。像是关上了对现实世界的门，只作为旁观者观看。语文审美教育所要做的正是让学生放弃旁观者的角度，获得自己对世界的独特体验。

（四）语文审美教育与人格修养提升

语文审美教育的最终目的就是让学生的人格修养得到提升。不论是语言美感、意境感悟还是情感熏陶都是为了学生能透过文本深入到作者当时的内心情感世界，通过感知作家丰富的文本世界从而影响学生的审美人格。所谓审美人格是现实人格向理想人格的过度。理想人格不是指人格的某一方面达到了很高的水平，而人格的其他方面被荒废或压抑，而是至人格的所有品质都得到了最充分、最完美的展现。学校教育的目的正是为了学生的全方面发展，换而言之就是为了学生能够不断趋近理想人格。学生的人格培养涉及感觉、情感、意志等方面，是审美教育的内化、深化阶段，具有的渐进性和终身性。语文教育所要建立审美人格包含的内容不仅是风花雪月、阳春白雪，更重要的是文章中体现出来的不同特点的理想人格。总而言之，本书对语文审美人格教育目标的界定是利于学生发展成为理想人格的特有优秀品质。在学生主观能动性的基础上，教师通过教学过程中接触到文本蕴含着的真善美，针对性地对学生固有或隐藏的积极人格品质进行影响与生发。

1. 审美人格修养提高的主要影响因素

影响因素主要指的是培育审美人格所需要的必要因素，包括自然因素、人文因素和社会因素。学生在日常学校学习生活中能够接触到的主要影响因素主要为：教师、教材、班级环境。班级环境是一个相对固定的状态，对于学生的审美人格教育主要来自于同伴、黑板报或者是文化角的展示。

（1）教师在审美人格教育中的主导地位

课堂教学以学生为主体，教师为主导。教师是学生在学校接触最多的人文因素，可以说学生的基本状态都是由语文教师通过自身状态与教学环节引发出的。教育呈现的内容是由教师主导的，重点延伸的情感也是由教师的教学内容决定的。所以在审美人格建立的过程中，教师始终影响着学生的情感发展状态。

　　教师的自身状态是学生的第一印象。如果教师一走进教室就气势汹汹，就会给学生造成心理上的压力，甚至引发逆反的情绪。适宜的教态才能让学生有一个良好而舒适的学习环境。上课时的情绪状态，包括声音、表情以及动作。声音不仅指音量大小与吐字清晰的状态，更重要的是语气的轻重缓急变化。但也有教师全程皱紧眉头、语言铿锵有力，手舞足蹈，自我沉醉恨不得投身到抗争第一线，但这时候的学生往往产生了审美疲劳，仿佛在观赏教师上课一般，与课堂拉开距离，完全没有投入自己的情绪。过犹不及，教师在授课过程中的情感波动，具体表现为语气的变化和姿势的配合。在实习教师的公开课中，教师的情绪变化不明显，学生可能会出现打呵欠、神游等游离课堂的不良状态；而在经验丰富的教师课堂上，讲课语速和情感状态相对饱满且变化自然，学生自然注意力都投注到教师身上。随着教师透过肢体与语言呈现出的情感变化，学生对各个环节的思考也在其引导下逐步进行。

　　以上是语文教师的内在要求，而外在要求就是职业技能要求，也是教师会在审美人格教育因素中占主导地位的主要原因。文本中隐含的审美因素，以及课堂之外的真实生活也蕴藏着相对应的审美对象，这些隐性因素如果没有教师的引导，学生自己从文本中摸索、归纳、分析和总结就需要大量的时间与经历沉淀。为了弥补现实与文本的美之间的距离，语文教师需要带领学生学会自发对生活与文本中的现象投注目光，运用学生能够理解的思维方式对事件分析提炼。审美教育的目的从来不是为了一时的成绩，而是逐步提高学生对文本和生活的认知能力与人格境界。课文其中蕴含着比之现实世界更为单纯的直接呈现的真善美，语文教师引导学生接触到不同的情感世界，让学生学习文本知识的同时直接感受到精神上的教育。所以，语文教师们在承担发展智力因素的同时，对非智力因素，特别是人格养成尤其要重视，否则就失去进行语文教育的意义。

　　（2）教材在审美人格教育中基础作用

　　高中教育的一切教学活动以教材为基础，课标为导向按照学生身心发展规律依次进行。由于教材距今相对久远，教师要尽可能从课文中挖掘出适合当今时代的教育因素。

利用教材进行审美人格教育,首先要分清楚教材中具有怎样的审美人格形象。审美人格形象是作家以生活中人物形象为基础,利用艺术创作的手法,提炼出来具有真、善、美品质的人物形象,具有纯粹性与集中性。由于课文中文章篇幅的限制,人物形象往往具有集中的品质特点。审美人格教育需要的文本是以人物形象塑造为教学重点进行,按照这个标准筛选。在课堂中,学生围绕着教师提出来的"自负"个性是否具有审美价值进行交流谈论。在讨论过程中,学生运用文中字词与情感进行审美判断,并得到属于自己的审美体验。在体验的基础上,教师让学生联系自身平时的行为举止,内化对梁启超审美人格的体验,对学生的自身人格发展产生了影响。所以说,教材是一个集中展现审美人格的平台,让学生能够接触到纯粹的人格精神,从而在无意间促进高中生审美人格发展。

2. 实施审美人格修养教育的主要困难与解决措施

明确培养或提高审美人格修养并不是一节课或者一个阶段能够完成的,教师在课堂上传授的也只是让学生学会审美判断与鉴赏,是否内化或者内化效果还是依赖于学生的主观能动性。所以,教师所要做的就是让学生最直接、最大限度地获得关于人格修养的审美体验。作为审美教育的最终目的,前三个环节语言美感、意境感悟和情感熏陶都是为其做铺垫,人格修养却总是放在最后一个环节简单进行。语文教师一般设置与人格相关的问题,诸如"从这件事中你觉得主角是一个怎样的人?""是什么精神让他做出某种行为?",让学生思考或者分组讨论。但这样安排其实也存在时间精力的双重压力。这样就成为语文审美人格修养虽然列入"升华"的环节,但是实际花费的课时却比不上字词教学。总而言之,由于学生都是具有独立意识的个体,语文审美教育在人格提升上最大的困难就在于没有既定或明确的培养方式与目标。

语文审美人格教育主要依托语文教材进行。教师需要先明确课文中出现的具有"真善美"价值的人格,再确定经过审美教育后学生能够提升人格修养的哪些方面。审美人格教育通常有两种办法。

一方面,教师可以通过创设矛盾情景,从而加深学生的审美体验。以《氓》的教学为例,学生在初读课文之处就能感受到女主人公的勇敢果决的人格品质。

就在此基础之上，教师引入朱熹与钱钟书对其行为的批判，转变学生的情感态度。让学生陷入判断人格品质的矛盾后，教师就有意识地开始联系生活中的审美经验。在这样的启发之下，学生重新对女主人公的人格进行评判。通过多次反复与联系，学生由此理解女主人公知耻后勇的人格品质。

另一方面，教师可以通过与社会或是自身生活相联系，加深学生审美感受。以《寡人之于国也》最后总结升华部分为例，可以采用不同的方法进行。语文教师可以让学生充分感受孟子具有审美价值的民本精神与机智善辩品质后，讨论"经济发展与转型"的问题。让学生通过模仿孟子的做法与思维，内化孟子心怀苍生的审美人格，以促进自我人格的提升。也可以围绕着"孟子思想的启迪"为核心展开讨论。在教学实践中，我们可以在这个环节设计两个问题"在我们的现实生活中，哪些事例反映了孟子思想的现实意义？""孟子的论辩术对我们的论辩有什么借鉴意义？"。同样也是在学生获得对孟子人格的尊崇后，围绕着具有审美价值的人格展开问题。这种做法是在概括的基础上与自身生活相联系，以提升人格修养。

不可否认，在语文课堂中呈现的审美人格并不适用于所有学生，其教育的目的也不是让学生成为一个完美的人。教师要培养学生成为具有个性的人。所以，语文审美教育的最终目的应该是学生从课堂中学会审美判断，从而更好地对人格进行自我提升与改造。教师所要做的是帮助学生判断美的人格品质，并考虑如何结合教材中蕴含着的审美人格与学生个体的独特性，制定出个性化的审美人格修养目标。同时，教师还需要关注到社会发展，有意培养学生具有社会适应性的审美人格品质。

参 考 文 献

[1] 唐秋明. 个人学习环境构建：高中语文学习障碍点突破的新途径[M]. 上海：上海社会科学院出版社，2020.

[2] 郭吉成. 新课标高中语文课外读物导读与学习任务设计[M]. 杭州：浙江教育出版社，2020.

[3] 武春梅. 让学习走向主动：高中语文主动学习指导实践研究[M]. 上海：上海社会科学院出版社，2017.

[4] 于黔勋. 语文学习指导与能力训练（基础模块）上册[M]. 4版. 北京：高等教育出版社，2019.

[5] 许建中. 语文学习指导论[M]. 北京：语文出版社，2013.

[6] 董蓓菲. 语文学习心理学[M]. 北京：北京大学出版社，2015.

[7] 欧阳林. 批判性思维与中学语文学习[M]. 北京：中国人民大学出版社，2017.

[8] 吴欣歆. 语文学科核心素养教学实践 高中语文学习任务群教学笔记[M]. 北京：北京师范大学出版社，2020.

[9] 蒋念祖. 新课标高中语文学习与应试通典——高中语言文字运用[M]. 南京：东南大学出版社，2012.

[10] 蒋念祖. 新课标高中语文学习与应试通典——高中古诗文阅读[M]. 南京：东南大学出版社，2012.

[11] 陆震谷. 中学语文学习方法[M]. 上海：上海世纪出版股份有限公司发行中心，2010.

[12] 钱理群. 语文教育新论[M]. 上海：华东师范大学出版社，2010.

[13] [比] 易克萨维娜·罗日叶著；江凌译. 整合语文教学法[M]. 上海：华东师范大学出版社，2010.

[14] 蔡伟. 语文课堂教学技能训练[M]. 上海：华东师范大学出版社，2008.

[15] 韩雪屏. 语文教育的心理学原理[M]. 上海：上海教育出版社，2001.

[16] 韩雪屏. 语文课程知识初论[M]. 南京：江苏教育出版社，2011.

[17] 黄荣华. 生命体验与语文学习[M]. 上海：复旦大学出版社，2008.

[18] 蒋成瑀. 语文课解读学[M]. 杭州：浙江大学出版社，2000.

[19] 李桂森，李春冰. 高中语文能力素质训练[M]. 2 版. 北京：机械工业出版社，2006.

[20] 李海林. 言语教学论[M]. 上海：上海教育出版社，2004.

[21] 李如密. 中学课堂教学艺术[M]. 北京：高等教育出版社，2009.

[22] 李涛，周静，杨建伟. 课堂提问讲解技能及案例分析[M]. 北京：中国轻工业出版社，2017.

[23] 李文平. 教师教育与中学语文卓越教师培养研究[M]. 重庆：西南师范大学出版社，2016.

[24] 李晓文. 学生自我发展之心理学探索[M]. 北京：教育科学出版社，2001.

[25] 李政涛，吴玉如. "新基础教育"语文教学改革指导纲要[M]. 桂林：广西师范大学出版社，2009.

[26] 刘远. 语文名师经典课堂[M]. 太原：山西教育出版社，2017.

[27] 倪文锦，欧阳汝颖. 语文教育展望[M]. 上海：华东师范大学出版社，2002.

[28] 王荣生. 听王荣生教授评课[M]. 上海：华东师范大学出版社，2007.

[29] 王尚文. 语感论[M]. 上海：上海教育出版社，2006.

[30] 魏国良. 现代语文教育论[M]. 上海：华东师范大学出版社，2002.

[31] 吴玉如. 中小学生语文能力培养与实践[M]. 福州：福建教育出版社，2020.

[32] 徐云知. 语感和语感教学研究[M]. 北京：高等教育出版社，2004.

[33] 叶澜. "新基础教育"论——关于当代中国学校变革的探索与认识[M]. 北京：教育科学出版社，2006.

[34] 张大文. 中国特级教师文库·中学语文教学体系新探——在积累中实践 [M]. 北京：人民教育出版社，2005.

[35] 张敏. 教师学习的理论与实证研究[M]. 杭州：浙江大学出版社，2007.

[36] 张秋玲. 语文教学设计：优化与重构[M]. 北京. 教育科学出版社，2012.

[37] 张悦峰，牛凤敏. 中学数学课堂教学语言沟通技能[M]. 北京：首都师范大学出版社，2015.

[38] 章熊. 中国当代写作与阅读测试[M]. 成都：四川教育出版社，2000.

[39] 郑桂华. 中学语文教学设计[M]. 北京：高等教育出版社，2019.

[40] 周小蓬. 语文课堂教学技能训练教程[M]. 北京：北京大学出版社，2010.

[41] 周一贯. 研究性阅读教学探索[M]. 上海：上海教育出版社，2002.